校园
法律风险防控
教师手册

TEACHERS' BOOK ON SCHOOL LEGAL RISK PREVENTION

蒋 利 陈小英◎著

中国法制出版社
CHINA LEGAL PUBLISHING HOUSE

推荐序一

教师应加强法治运用能力培训

众所周知，继续教育是教师更新教育理念、优化知识结构和提升教学技能的重要途径，教师参加继续教育，有利于更好地适应新时代人才培养的需要以及教育改革创新发展的要求。从广东省的情况来看，近年来，继续教育为我省打造一支高素质专业化创新型的教师队伍，全面提高教学质量和水平提供了强有力的师资保障。但随着全面依法治国的纵深推进和人们法律意识的不断增强，我国的教师继续教育培训也面临一些新的挑战，其中突出表现之一就是，总体上我们对教师在法律领域的培训，主要还集中在法律法规知识的培训和一些典型司法案例的培训，具有培训内容层次较低和不够系统的特点，加上法律体系本身非常纷繁复杂，现实情况更是千奇百怪，客观上导致教师法制层面的继续教育效果不彰，即听得进去、用不上来。

从需求侧看，随着中国特色社会主义法律体系的建立和日益完善，尤其是随着习近平法治思想在学校与教育领域的进一步贯彻落实，学校和老师在日常教学、管理中对法律的需求，已不仅仅停留在“了解”的层面，而是早已上升到“应用”的层面。特别是“校闹”事件和“家校博弈”现象时有发生，给“学生、教职工和学校的合法权益保障”以及“学校秩序和社会稳定维护”

带来了一定的挑战，学校和老师都迫切需要运用法治思维和法治方式来应对风险、化解矛盾、解决问题、推动发展。由于教师大多缺乏法律专业知识背景，加之日常教学任务繁重，如果按部就班，法治运用能力的习得显然非一日之功，因此必须有专项成果的支撑，在这个意义上，本书的面世无疑是切中肯綮。

本书从强化教师法治运用能力建设的理念出发，充分结合学校教师日常教学和参与管理等一线实际工作需要，具有系统化和实操性强两大特点。具体而言，本书在学校与学生、学校与家庭、学校与教师、学校与社会的四重框架下，对学校与教育领域常见的法律风险行为分门别类地作了梳理，并结合有关案例和法条条分缕析，有针对性地提出了步骤化的法律操作参考指引，既便于学校和老师从整体上把握学校法律风险防控，又便于学校和老师根据现实需要按图索骥，可谓教师继续教育培训的上佳教材。

衷心期待本书的面世，能为我国教师继续教育制度带来更多、更好的启发、探索，共同建设具有良好思想品德修养和业务素质的教师队伍，引导全社会尊师重教，促进社会主义教育事业的发展。

广东省教师继续教育学会会长

华南师范大学教授

陈岸涛

2021 年 8 月

推荐序二

校园安全管理离不开法治保障

当前，国家层面尚未出台学校安全领域的专门立法，主要以校车安全、食品安全等专项立法为主，尚缺乏效力较高的学校安全领域综合立法，这在一定程度上已不能完全适应“总体校园安全观”的发展需要。2020 年，《广东省学校安全条例》的制定，对校园安全管理、校园周边安全管理、校外实习安全管理、安全教育与培训、教育惩戒与违法处理、突发事件与人身伤害事故处理、法律责任等均进行了较为明确的具体规定，而包括广东省在内的这些地方性立法探索也为我国学校安全领域的综合立法模式做了进一步的有益尝试，这事实上也反映了“校园安全管理离不开法治保障”的重要理念。

法律与管理的有机结合与融通是本书的最大特色之一，通观本书，其实许多内容都与校园安全管理有关，本书作者充分发挥了律师团队在学校与教育法律服务领域的实务经验优势，借鉴我国未成年人保护法的立法框架，构建起学校与学生、学校与家庭、学校与教师、学校与社会四重分析体系。更为难能可贵的是，本书在实操层面对我国校园安全管理的落地做了诸多系统性的总结，对学校和老师的日常教学、管理工作提供了很好的法律操作参考指引，思路和语言都非常贴近学校和老师的实际需要，便于学校和老师理解与掌握，不失为值得人手一册的校长、教师工具书，也有利于更好地保障学生、教职工和学校的合法权益，维护学校秩序和社会稳定。

校园安全管理是需要全社会持续关注的重大课题，近年来，广东省校园安全教育与管理协会一直致力于开展学校安全教育和管理研究，尤其是开展学校安全培训、宣传和评价等工作，获得了教育部门、学校和社会的广泛认可。但随着我国社会主要矛盾已经转化为人民日益增长的美好生活需要和不平衡不充分的发展之间的矛盾，人民在教育方面的要求日渐增长，校园安全作为建设教育强国的基石，校园安全管理课题还需要更多人的关注。因此，我们也十分期待能涌现出更多像本书一样的学校安全风险防控研究成果，综合教育、法律、心理、医疗等各方面资源和力量，共同推动校园安全教育与管理的理论和实践走得更深、走得更远，走向更加光明的未来。

广东外语外贸大学教育法制研究所所长、教授

张永华

2021 年 8 月

自序

让教师全面依法执教有尊严

自2018年起，笔者所在的律师团队有幸陆续开始担任180多家教育部门和各级各类学校（含中等职业学校、教师进修学校、普通中小学、幼儿园和特殊教育学校等）的常年法律顾问，同时为教育部门、学校提供了多项重大非诉讼专项法律服务和多个诉讼、仲裁案件的代理服务，开发“校园学生伤害事故危机处理”专项法律服务等多项法律服务产品，在学校与教育法律服务领域积累了较为丰富的实务经验。特别是在协助教育部门、学校处理师生伤害事故、信访、负面舆情、重大决策等疑难、复杂问题的过程中，以及创新开展全面依法治教、全面依法执教和家校共治共育等系列法治专题培训与“法律+教育”党建活动的过程中，我们深感教育部门、学校和老师们的信任和不易。因此我们也一直在思索，在法律规定较为笼统甚至部分缺位的情况下，针对日常教学、管理中常见的、各方面反映强烈的突出问题，如何能为更广泛意义上的教育部门、学校和老师们，在处理学校与学生、学校与家庭、学校与教师、学校与社会四重关系时，提供一份较为明确的法律操作工作指引？如何在尊重教育规律、以人为本的基础上，让学校全面依法办学有保障，让老师全面依法执教有尊严？

为此，我们将多年以来在学校与教育领域出具的书面法律服务成果全方位地深入梳理，形成了数百万字的汇编资料，经过通盘考虑、反复酝酿和慎重研究，最终为读者诸君呈现了本书。我们以为，本书具有以下四个方面的显著特点，对教育部门、学校和老师们的全面依法教学、管理，均具有较大的参考和借鉴意义。

一是价值性。教师作用的发挥，离不开学生、家长、学校、社会和教师自身行为的规范。在习近平法治思想统领和“全面依法治教”理念的框架下，加强对学生、家长、学校、社会和教师违法、违规或不当行为，以及对应风险后果的双重整体性研究，无疑有利于引导、约束各方更好地规范自身行为和塑造良好的教师职业群体形象，对我国教育事业的发展具有十分重要的理论意义和实践价值。

二是全面性。本书从教师与学生、家长、学校、社会的四重关系出发，从“厚爱”和“严管”两个角度，凸显家校共治共育，对学生、家长、学校、教师和社会各主体违法、违规或不当行为模式和风险后果，均进行了系统性的类型化研究，基本覆盖了日常教学与管理，尤其是对当前社会、教师普遍关注的重点领域和争议问题均有所反映，有助于构建起立体化的全面依法治教体系。

三是实操性。本书对直接相关的法律、法规、规章、规范性文件等进行了分门别类的系统梳理，通过对数百个案例的深入研究，用通俗的语言总结整理了实务应对的要点，同时采用“提取公因式”的方式形成了体系化的小结，具有很强的可操作性。

四是新颖性。本书在做法律分析时，充分依据了自2021年1月1日起施行的《民法典》，2020年修订的《未成年人保护法》《预防未成年人犯罪法》及2020年制定的《中小学教育惩戒规则（试行）》、2021年制定的《家庭教育促进法》《未成年人学校保护规定》

等，使法律适用达到了最新；与此同时，本书在归纳各类行为表现及引用有关案例时，也对当前学校和教育领域比较关心的校园欺凌、教育惩戒、家校共治共育、“校闹”治理乃至学校治理社会化等前沿问题一一做了回应。

本书是蒋利、陈小英筹划与主导的法律服务新业态丛书系列的第一本。我们清楚地知道，有且只有切合教育规律和一线实际，法治方式和法治思维才有可能真正服务于教育事业的改革、创新和发展。故我们也热切地期待，这本书能够得到广大老师的殷殷指正，让我们共同打造一本学校教师的经典法治培训教材，使“努力让每个孩子都能享有公平而有质量的教育”的理想成为建设教育强国征程上的生动实践。

诸君共勉之。

是为序。

蒋利

2021年8月于广州

本书阅读使用说明

本书主要面向的读者是高等教育以下学段的公办或民办学校（具体包括中等职业学校、技工学校、普通中小学、幼儿园、特殊教育学校、专门学校等，相应学段的校外培训机构等其他教育机构、托儿所等也可作为参照）的管理者（如校长、园长、副校长、副园长、主任、年级长等）和一线教师（含班主任）。本书同样可以作为教育行政主管部门及其工作人员和关心学校、教育事业的人们（尤其是为人父母者）的参考资料。

本书的创作目的是助力学校和老师在日常教学、管理中，运用法治方式和法治思维应对风险、解决问题、化解矛盾和推动发展，因此我们从学校与学生、家庭、教师、社会四重关系出发，分门别类地对学校常见的涉法涉诉行为做了梳理，并进一步通过配套的典型案例做了较为详细的法律风险分析与应对分享。但就如同医生的医疗诊断需以“望闻问切”为前提一样，由于涉及学校的每一宗法律事务均有其独特的现实背景，必须更有针对性地深入了解有关事实和证据，才能得出比较准确的法律意见，故本书中的全部法律建议均仅具有参考意义，不应作为学校和老师作出决策的直接依据。需要指出的是，本书所做的行为类型化梳理，是为了帮助学校和老师更好地理解本书内容，但实践中各种行为类型难免会出现交叉，因此有关的法律建议也需要学校和老师结合实际综合性地灵活判断与运用，不宜生搬硬套。

同时，由于我国社会主义法律体系仍在不断完善过程中，受写作时间的限制，对于本书中引用的所有法条，学校和老师在阅读使用时应注意核实其效力。此外，各地法院在学校与教育领域的案件审判中难免会有一定的认识差异，故本书中引用的法院案例也仅供参考。

此外，为满足普适性和通用性的需要，本书所做法律分析均系基于国家层面的规定，如法律、行政法规、部门规章、规范性文件等，实践中各地亦进一步制定了诸多地方性的细化规定，如地方性法规、地方政府规章、地方规范性文件等，地方性的细化规定往往更具有直接的实操指引价值，因此建议学校和老师在适用有关规定时，进一步检索所在地有无配套的具体规定。

另，囿于主客观各方面原因，教育相关法律法规和规定难以通过网络途径一一找全，尤其是一些教育领域政策规定还有一定的保密要求，且有些问题还没有针对性的法律规定，笔者也无从进行确凿的法律分析，需要结合实践惯例进行处理。故我们慎重建议，学校和老师在日常教学、管理过程中遇到重大法律问题时，应当及时征求教育部门意见。

最后，对于学校与教育领域较为疑难、复杂的法律事务，或者是关乎师生重大切身利益的事项，或者是引起社会普遍关注以及进入仲裁或诉讼等案件程序的案件，建议学校和老师视情况进一步寻求法律专业人士的帮助，并在日常教学、管理之中引起重视，建立、健全学校办学和老师执教的法律支持与保障体系。

目　录
CONTENTS

第一章　学校与学生：教育、管理与保护

第二章　学校与家庭：共治共育共同体

第三章　学校与教师：履职尽责、平衡保护

第四章　学校与社会：权责明晰、良性互动

第一章　学校与学生

教育、管理与保护

1. 学校校舍、设备设施和物品等须符合标准且安全

典型案例

原告陈某与被告抚州市某学校等身体权纠纷一案中，学校主张其建筑与设计是在2012年1月1日前完工，2012年以前适用的是《中小学校建筑设计规范》（GBJ99—86）标准，且《中小学校设计规范》（GB50099—2011）标准8.1.7的条款不是强制性规范。对此二审法院认为，该学校在教学楼走廊铺设瓷砖，相对于限制民事行为能力或无民事行为能力的小学生而言，这种瓷砖地面构造极易造成人员的摔倒、滑倒，与《中小学校设计规范》（GB50099—2011）"8.1.7 以下路面、楼地面应采用防滑构造做法，室内应装设密闭地漏：……2 教学用房的走道……"的规定是相违背的；且在国家出台新的建筑设计规范后，该学校应按照新的标准设计对教学楼走廊进行防滑处理，不应以已达到旧标准为由抗辩来免除减少安全隐患的注意义务；该学校没有提交证据证明在本案事故发生地点即教学楼走廊做了有关防滑处理，虽然《中小学校设计规范》（GB50099—2011）标准8.1.7条款不是强制性规范，但是本案事故发生与地面未做防滑构造处理具有事实上的因果关系，应认定该学校对本案事故的发生具有过错，综合本案案

情，学校应承担35%的赔偿责任。[①]

法律风险分析与应对

1. 设立学校，须具备“有符合规定标准的教学场所及设施、设备等”的基本条件，否则将依法承担相应的责任

学校校舍、场地、设备设施是大数量、高密度的学生、老师长期学习、生活、使用的，其安全直接关系师生的生命安全，社会关注度高、影响面广。从办学条件来看，《未成年人保护法》第三十五条第二款规定，学校、幼儿园不得在危及未成年人人身安全、身心健康的校舍和其他设施、场所中进行教育教学活动。《教育法》第二十七条、《义务教育法》第十六条、《教师法》第九条和《学生伤害事故处理办法》第四条均规定，学校应符合国家规定的选址要求[②]和建设标准，应提供符合安全标准的校舍、场地、其他教育教学设施和生活设施，确保学生和教职工安全。《中小学幼儿园安全防范工作规范（试行）》等还从人防、物防、技防、安防等方面对学校的校舍、场地、设备设施作了进一步的细化规定。

具体而言，从整体性的标准角度看，包括《中小学校设计规范》（GB50099—2011，其中部分为必须严格执行的强制性条文）和《城市普通中小学校校舍建设标准》《农村普通中小学校建设标准》等。

从专项性的标准角度看，包括《中小学合成材料面层运动场

---

① 参见抚州市中级人民法院（2014）抚民一终字第334号二审民事判决书。

② 如某小学因选址不当，在2005年6月10日的洪水中，造成105名学生死亡，10名责任人受到党纪政纪处分或被刑事追责。参见马雷军、刘晓巍编著：《依法治校实务》，中国轻工业出版社2015年版，第74–75页。

地》（GB36246—2018）、《国家学校体育卫生条件试行基本标准》和《中小学校体育设施技术规程》等一系列行业标准和针对消防、环保、防雷、抗震、体育或实验[①]等设备设施的专项标准，部分为须严格执行的强制性条文，学校应根据实际需要充分掌握运用等。

如上述案例所示，需要提醒的是：第一，我国有关学校的设计、建设规范、标准处于不断完善的过程中，学校应对校舍、场地、设备设施根据有关设计、建设规范、标准及时更新改造，学校不得以已达到旧标准为由抗辩来免除减少安全隐患的注意义务；第二，国标层面有关设计、建设规范、标准中的强制性条文必须严格执行，司法实践中，非强制性条文在过错认定时也时常被参考适用，故学校应根据实际情况，尤其是对其中风险较大的情形，如地面防滑构造处理等，力争参照或优化执行；第三，由于各地情况差异较大，一些地方在国家标准基础上进一步细化、提升了相关要求，故学校校舍、场地、设备设施等在建造、安装过程中还应注意符合地方标准；第四，学校在执行有关校舍、场地、设备设施的国家或地方标准时，一定要特别注重细节，比如高层教室或宿舍的走廊护栏高度等，否则无异于“针眼大的窟窿，斗大的风”。

从法律责任来看，《教育法》第七十三条规定，明知校舍或教育教学设施有危险，而不采取措施，造成人员伤亡或重大财产损失的，对直接负责的主管人员和其他直接责任人员，依法追究刑

---

① 如某中学实验室内空气不畅通，也没有其他通风设备，有毒气体不能及时排除到室外，导致一年级数十名学生中毒。参见马雷军、刘晓巍编著：《依法治校实务》，中国轻工业出版社 2015 年版，第 32 页。

事责任。《学生伤害事故处理办法》第九条规定，学校的校舍、场地、其他公共设施，以及学校提供给学生使用的学具、教育教学和生活设施、设备不符合国家规定的标准，或有明显不安全因素，造成学生伤害事故的，学校应依法承担相应的责任。

2. 学校的校舍、场地、设备设施、物品在符合规定的标准基础上，不得有明显的不安全因素，重在预防和及时发现、处理

实践中，因学校校舍、场地、设备设施导致的学生伤害事故，还有不少是来自学校校舍、场地、设备设施有明显的不安全因素或学校不规范使用。比如，某中学楼梯 12 盏灯 11 盏没有灯泡，也就是 11 盏灯不亮，晚自习结束后，在几乎没有照明的条件下，1500 多名学生从东西两个楼道口蜂拥下楼，其间楼梯某处护栏突然坍塌，造成多名学生伤亡，而事发当天下午，有老师曾向校长反映灯泡照明问题，但校长以“管理灯泡人员不在”为由，没有及时处理潜在的安全隐患，最终于当天酿成惨剧。[①] 又如，某中学建有标准操场跑道，但该操场在晨跑时只提供给高三学生使用，高一及高二年级学生在学校组织晨跑时均沿教学楼外过道跑步，该过道系柏油路面。某学生在参加该中学组织的集体晨跑活动中，不慎摔倒，因其身后的四名同学无法及时反应和躲避，先后压在了该学生身上，致使其受伤，对此法院认为，某中学建有标准的操场，在组织学生晨跑时应到操场进行，但该中学组织学生沿教学楼外过道晨跑，该过道并不符合学校学生晨跑的标准，明显存

---

① 参见顾昂然主编：《七五普法 · 青少年以案学法读本》，人民日报出版社 2016 年版，第 35–36 页。

在安全隐患，故应承担 70% 的赔偿责任。[①]

基于此，学校和老师对学校校舍、场地、设备设施可能存在的“不安全因素”也要有敬畏之心，应结合社会形势、气候特征、学校区位等综合情况（必要时可以咨询有关学校安全风险防控专家意见），制定学校校舍、场地、设备设施的常见安全风险清单，合理预见、积极防范。具体如下：（1）在校内高地、水池、楼梯、井盖、坑道、围墙、护栏、扶手等易发生危险的地方设置“危险”“禁止打闹”“慢行”“靠右”“勿拥挤”等警示标志或采取防护设施；（2）在雨季、雪季，应对通往食堂、教室等可能拥挤的楼道及时采取防湿滑处理措施，并对校内积水处、积雪处进行清涝、围蔽等；（3）对已弃置不用的设备设施如篮球架等，应采取加固等防护措施，避免学生因攀爬而发生伤害，实践中有学校为此被法院一审判赔 80% 的责任，计 36 万余元[②]；（4）有条件的学校应建立校舍信息管理系统，充分发挥信息管理系统在年检、预警、信息发布、隐患排除、责任追究等方面的作用；[③] 等等。

需要注意的是，未成年学生长期在校内学习、生活，他们年龄较小，免疫力有限，待在室内时间长，很容易遭到有害物质的侵袭，学校除了要关注校舍、场地、设备设施等硬件安全以外，也要高度重视装修污染和校园空气质量治理，如在施工合同中明确要求使用国家规定的环保材料和约定完工后的空气质量检测标

---

① 参见张家口经济开发区人民法院（2019）冀 0791 民初 2213 号一审民事判决书。

② 参见雷思明著：《依法治校与学校规范化管理操作指南》，教育科学出版社 2018 年版，第 75 页。

③ 详见《国务院办公厅转发教育部等部门关于建立中小学校舍安全保障长效机制意见的通知》。

准及设置相应的违约责任；工程验收时，应委托国家权威的检测机构（经国家计量行政部门计量认证、检测报告有 CMA 标志）对室内空气质量进行检测；校舍、场地等未进行空气质量检测或检测不合格的，坚决不能投入使用，直至检测合格为止等，以充分保障师生的健康和安全。比如据报道[①],2016 年 8 月刚交付使用的南京某中学分校开学后，学校学生总数不足六百人，截至 9 月 9 日竟有一百多名孩子出现身体不适，除流鼻血外，有的孩子还出现头晕、呕吐、持续口渴，甚至淋巴结肿大、消化道出血等症状。

另外，学校对提供给学生使用的学具、校服等物品也不能大意，同样应严把质量和安全关。[②]

① 参见雷思明著:《依法治校与学校规范化管理操作指南》，教育科学出版社 2018 年版，第 81 页。

② 如 2012 年第四季度，某中学向某公司订购的学生演出服就在质监部门的抽查中检测出可分解致癌芳香胺染料。参见上海市教育委员会政策法规处编:《中小学校依法治校常见法律问题应对处置“校长手册”》，华东师范大学出版社 2018 年版，第 106 页。

2. 学校应保证学生的饮食和药品合规与安全

典型案例

2015年7月1日，经遂宁市安居区疾控中心应急小组调查，某小学当天共有52名学生和9名教职工在学校食堂就餐。首发病人约有50人出现头昏、呕吐症状。经排查疑似食物中毒病例10人，主要表现为腹痛、呕吐、乏力、腹泻，大便样呈黄色水样便。经检测，该小学此次出现食物中毒事件的原因是食堂在保存米饭时没放进冰箱，致使蜡样芽孢杆菌在28℃—35℃迅速繁殖。随后，白马镇教育助理员、该小学校长陈某，副校长罗某某，安卫办副主任唐某分别被免职，并给陈某行政警告、罗某某诫勉谈话、唐某行政记过处分。[①]

法律风险分析与应对

1. 学校饮食安全是全民高度关注的热点问题，学校应落实校园食品安全管理的主体责任[②]

学校向师生提供的食品、饮用水和用药安全具有涉及人数多、

---

① 参见《四川一小学学生吃未冷藏米饭食物中毒　校长被免职》，载中国新闻网，http://www.chinanews.com/gn/2015/07-08/7392441.shtml，最后访问于2020年6月4日。

② 详见《市场监管总局办公厅、教育部办公厅、国家卫生健康委办公厅、公安部办公厅关于落实主体责任强化校园食品安全管理的指导意见》（2019年12月2日）。

人群敏感等特点，稍有不慎便可能造成群死群伤的严重后果，故历来是食品、药品安全监管的重点领域，而教育、食品安全向来是社会关注的热点问题，校园食品安全事件叠加双重敏感因素，更容易引发舆论关注。2019 年，成都某实验学校食堂食品安全事件更是演变为引发全国关注的事件。[①] 为此，《中小学幼儿园安全管理办法》第二十一条明确规定，学校应严格执行《学校食品安全与营养健康管理规定》，严格遵守卫生操作规范，保障师生饮食卫生安全。以学校食堂食品安全为例，为贯彻《食品安全法》及其实施条例“最严谨的标准、最严格的监管、最严厉的处罚、最严肃的问责”的要求，2019年6月，市场监管总局等四部门印发《校园食品安全守护行动方案（2020—2022 年）》。

从学校职责的角度看，学校应落实校园食品安全管理的主体责任，具体包括：（1）实行校长（园长）负责制。应将食品安全作为学校安全工作的重要内容，建立健全并落实有关食品安全管理制度和工作要求，定期组织开展食品安全隐患排查。（2）应建立集中用餐陪餐制度，每餐均应有学校相关负责人与学生共同用餐，做好陪餐记录。有条件的应建立家长陪餐制度，健全相应工作机制。（3）应配备专（兼）职食品安全管理人员和营养健康管理人员，建立并落实集中用餐岗位责任制度。（4）学校食品安全与营养健康管理相关工作人员应按照有关要求，定期接受培训与考核。（5）应建立集中用餐信息公开制度，利用公共信息平台等

---

① 王灿、胡堃、石浩宇：《成都七中实验学校食堂食品安全事件舆情研究》，载法制网，http：//www.legaldaily.com.cn/The_analysis_of_public_opinion/content/2019-03/25/content_7809836.htm，最后访问于 2020 年 6 月 4 日。

方式及时向师生家长公开食品进货来源、供餐单位等信息，组织师生家长代表参与食品安全与营养健康的管理和监督。（6）应将食品安全与营养健康相关知识纳入健康教育教学内容，结合全国食品安全宣传周、全民营养周、中国学生营养日、全国碘缺乏病防治日等重要时间节点，通过主题班会、课外实践等形式开展经常性宣传教育活动，利用家长学校等方式对学生家长进行食品安全与营养健康相关知识的宣传教育。（7）在食品采购、食堂管理、供餐单位选择等涉及学校集中用餐的重大事项上，应以适当方式听取家长委员会或学生代表大会、教职工代表大会意见。（8）应畅通食品安全投诉渠道，听取师生家长对食堂、外购食品以及其他有关食品安全的意见、建议。（9）鼓励学校参加食品安全责任保险。（10）一般不得在校内设置小卖部、超市等食品经营场所，确有需要设置的，应依法取得许可，并避免售卖高盐、高糖及高脂食品等。①

2. 学校应加强食堂和外购食品管理，学校向学生提供的药品、食品、饮用水等不符合国家或行业的有关标准、要求，造成学生伤害事故的，应依法承担相应的责任

从食堂管理的角度看，学校的主要职责包括：（1）有条件的学校应根据需要设置食堂。学校自主经营的食堂应坚持公益性原则，不以营利为目的。实施营养改善计划的农村义务教育学校食

① 《市场监管总局办公厅、教育部办公厅、国家卫生健康委办公厅、公安部办公厅关于落实主体责任强化校园食品安全管理的指导意见》提出，“非寄宿制中小学、幼儿园原则上不得在校内设置食品小卖部、超市，已经设置的，要逐步退出。寄宿制中小学确需设置食品小卖部、超市的，应依法取得许可，原则上只售卖纯净水、矿泉水、预包装面包、牛奶等食品”。

堂不得对外承包或委托经营。（2）引入社会力量承包或委托经营学校食堂的，[①]应以招投标等方式公开选择依法取得食品经营许可、能承担食品安全责任、社会信誉良好的餐饮服务单位或符合条件的餐饮管理单位。（3）学校应与承包方或受委托经营方依法签订合同，明确双方在食品安全与营养健康方面的权利和义务，承担管理责任，督促其落实食品安全管理制度、履行食品安全与营养健康责任。（4）学校食堂应依法取得食品经营许可证，严格按照食品经营许可证载明的经营项目进行经营，并在食堂显著位置悬挂或摆放许可证。（5）学校食堂应建立食品安全与营养健康状况自查制度。经营条件发生变化，不再符合食品安全要求的，学校食堂应立即整改。有发生食品安全事故潜在风险的，应立即停止食品经营活动，并及时向所在地食品安全监督管理部门和教育部门报告。（6）学校食堂应建立健全并落实食品安全管理制度，应建立并执行从业人员健康管理制度和培训制度，从事接触直接入口食品工作的从业人员应每年进行健康检查，取得健康证明后方可上岗工作，必要时应进行临时健康检查，学校食堂从业人员的健康证明应在学校食堂显著位置进行统一公示。（7）学校食堂应建立食品安全追溯体系，如实、准确、完整记录并保存食品进货查验等信息，同时应建立食品、食品添加剂和食品相关产品进货查验记录制度。（8）学校食堂应建立安全保卫制度，采取措施，

① 《市场监管总局办公厅、教育部办公厅、国家卫生健康委办公厅、公安部办公厅关于落实主体责任强化校园食品安全管理的指导意见》提出，“具备条件的中小学、幼儿园食堂原则上采用自营方式供餐，不再引入社会力量承包或者委托经营食堂，不再签订新的承包或者委托经营合同”。

禁止非食堂从业人员未经允许进入食品处理区等[①]。

从外购食品管理的角度看，也需要特别注意。例如，某小学接受某饮料厂的推销为各班级订购豆浆，结果学生在饮用后有 71 人陆续出现恶心、呕吐现象，经学生家长举报后，市卫生局调查检验，发现豆浆中含有皂甙毒素；[②]又如，2012 年 3 月，某市某区所属 8 所学校学生和老师分批饮用了由某乳业有限公司生产的“高乳营养学生豆奶”后，有一大批学生出现中毒的食品安全事故。[③]具体来讲：（1）学校从供餐单位订餐的，应建立健全校外供餐管理制度，选择取得食品经营许可、能承担食品安全责任、社会信誉良好的供餐单位。学校应与供餐单位签订供餐合同，明确双方食品安全与营养健康的权利和义务，存档备查。（2）有条件的学校应实行大宗食品公开招标、集中定点采购制度，签订采购合同时应当明确供货者食品安全责任和义务。（3）学校食堂采购食品及原料，应依法查验许可相关文件，并留存加盖公章（或签字）的复印件或其他凭证。（4）学校应对供餐单位提供的食品随机进行外观查验和必要检验，并在供餐合同中明确约定不合格食品的处理方式。（5）学校需要现场分餐的，应建立分餐管理制度。在教室分餐的，应保障分餐环境卫生整洁。（6）学校外购食品的，

---

① 《学校食品安全与营养健康管理规定》还对食堂场所环境、设备设施、工艺流程、贮存、用水、备餐间或操作区、食品成品留样、厨余废弃物分类处理、明厨亮灶和禁止采购、使用、制售情形等管理作了明确规定。

② 参见上海市教育委员会政策法规处编：《中小学校依法治校常见法律问题应对处置“校长手册”》，华东师范大学出版社 2018 年版，第 5 页。

③ 参见顾昂然主编：《七五普法 · 青少年以案学法读本》，人民日报出版社 2016 年版，第 28 页。

应索取相关凭证，查验产品包装标签，查看生产日期、保质期和保存条件。不能即时分发的，应按照保证食品安全的要求贮存等。

从法律责任的角度看，在行政责任和刑事责任方面，《学校食品安全与营养健康管理规定》分门别类就学校、学校食品安全的相关工作人员、相关负责人及学校食品安全管理直接负责的主管人员和其他直接责任人员——明确了责任追究情形；在民事赔偿责任方面，依据《学生伤害事故处理办法》第九条，学校向学生提供的药品、食品、饮用水等不符合国家或行业的有关标准、要求，造成学生伤害事故的，应依法承担相应的责任。

3. 学校的安全管理制度须健全且落实到位

典型案例

晴隆县光照镇某中学七年级的两名在校寄宿制学生，某日下午放学后未向学校老师请假，相约五点后到水库玩耍，其中一名学生张某落水，另一名学生因为害怕被家长责骂，未将同学落水一事告知老师及家长。当晚宿管老师发现张某未回寝室后，因手机欠费停机未通知家长，也没有进行寻找。后该落水学生溺水死亡，学校支付了 15000 元给溺水学生家长。

法院认为，保护在校学生人身安全是教育管理机构的法定职责，张某属未成年人，且系寄宿制学生，该中学所应履行的教育管理义务应大于走读制学生。学校不仅应对学生进行思想上的安全教育，还应采取规范的制度有效防范住校学生发生安全事故。该校制定的寄宿制学生管理制度要求学生不回寝室住需要书面请假，在一定程度上预防了学生外出的安全隐患，但根据《贵州省校（园）学生宿舍安全管理制度》的相关规定，该校未提供证据证明本案案发时其已建立安全保卫机构和家校联系卡，也没有与寄宿制学生监护人签订住宿安全责任书，并且对寄宿学生在下午放学后至上晚自习期间未进行任何管理，任由学生自由出入校园，不能有效防止学生外出，对寄宿制学生的管理存在重大安全隐患，因此该中学对张某的死亡应承担40%的赔偿责任。[①]

法律风险分析与应对

1. 学校安全管理制度是一个系统的体系，包括整体和具体两个层面

校园应是最阳光、最安全的地方，安全是办学的底线，学校对校内安全管理负有主体责任，校园安全实行校长（园长）负责制[②]，因此从整体上看，依据《未成年人保护法》第三十五条第一款、第八十七条的规定，学校、幼儿园应当建立安全管理制度，对未成年人进行安全教育，完善安保设施、配备安保人员，保障未成年人在校、在园期间的人身和财产安全；地方人民政府及其有关部门应当保障校园安全，监督、指导学校、幼儿园等单位落实校园安全责任，建立突发事件的报告、处置和协调机制。依据《中小学幼儿园安全管理办法》《国务院办公厅关于加强中小学幼儿园安全风险防控体系建设的意见》等，遵循积极预防、依法管理、社会参与、各负其责的方针，学校应全方位构建覆盖学生和教职工的安全工作保障体系和长效机制，全面落实安全工作责任制和事故责任追究制，健全学校安全预警机制，制订突发事件应急预案并组织演练，完善事故预防措施，及时排除安全隐患。

具体而言，除本书已专章论述的相关内容外，学校安全管理

① 参见黔西南布依族苗族自治州中级人民法院（2015）兴民终字第1号二审民事判决书。

② 《未成年人学校保护规定》第四十一条规定，校长是学生学校保护的第一责任人；学校应当指定一名校领导直接负责学生保护工作，并明确具体的工作机构，有条件的，可以设立学生保护专员开展学生保护工作。

制度体系还应包括：（1）建立健全校内各项安全管理制度和安全应急机制，建立校内安全工作领导机构。（2）设立保卫机构，配备专职或兼职安全保卫人员，健全门卫制度，建立校外人员入校的登记或验证制度，禁止无关人员和校外机动车入内，禁止将非教学用易燃易爆物品、有毒物品、动物和管制器具等危险物品带入校园，尽可能地将来自外部的不安全因素阻挡在校门外。在校园内，学校应加强治安巡逻，建立健全护校教师值班、巡查制度，特别是要强化对教室、学生宿舍、操场、食堂、主要道路等重点区域和学生上学、放学、课间休息及夜间等重点时段的安全巡查。（3）建立校内安全定期检查制度和危房报告制度，维修、更换前应当采取必要的防护措施或设置警示标志。（4）学校是应实行严格管理的消防安全重点单位，故须落实消防安全制度和消防工作责任制，对政府保障配备的消防设施和器材加强日常维护，并设置消防安全标志，保证疏散通道、安全出口和消防车通道畅通，尤其是对教学楼、图书馆、食堂和学生集体宿舍等人员密集场所。（5）建立用水、用电、用气等相关设施设备的安全管理制度，定期进行检查或按照规定接受有关主管部门的定期检查。（6）有寄宿生的学校应建立住宿学生安全管理制度，并对学生宿舍实行夜间巡查、值班制度，配备专人负责并加强对女生宿舍的安全管理。（7）制定校内区域性安全风险清单，建立动态监测和数据搜集、分析机制及台账制度，健全风险评估和预防制度。（8）有条件的学校可探索建立学校安全风险防控专业服务机制，采购学校安全风险预防、安全教育相关的服务或产品。（9）完善学校安全技术防范系统，在校园主要区域要安装视频图像采集装置，有条件的要安装周界报警装置和一键报警系统，做到公共区域无死角。（10）设立学生求助电话和联系人，健全对校园内发生的安全风险或隐患的反馈渠道和响应机制，建立规范的核实处理程序。（11）建立安全工作档案，记录日常安全工作、安全责任落实、安全检查、安全隐患消除等情况，安全档案作为实施安全工作目标考核、责任追究和事故处理的重要依据等。

2. 学校安全管理制度重在管理和执行到位，不得有明显疏漏，同时应及时采取措施杜绝重大安全隐患

再完善的制度体系，如果不能落到实处也只是一场空。如上述案例所示，学校虽已在开学时对学生进行了安全知识的教育，并针对寄宿制学生制定了相应的管理制度，即要求寄宿制学生不回寝室住宿必须请假，但每天下午放学后即 4 点 35 分至 7 点这段时间对寄宿制学生没有进行任何管理，也没有建立安全保卫机构防止学生外出，最终在发生学生伤害事故时，法院认定该校对寄宿制学生的管理存在重大安全隐患。又如，实践中因违规用火用电、电气线路老化、人为违反消防安全管理制度和消防安全措施不到位等原因导致的校园火灾重大伤害时有发生等，因此学校的长治久安与和谐稳定，无疑离不开警钟长鸣。

同时，校门是沟通学校与社会的纽带，学校还应对外来人员和流浪猫、狗提高警惕，加强校园门岗管理，避免无关外来人员和流浪猫、狗等入校[①]，或在不慎使动物入校后及时围捕，杜绝猫、狗等动物伤人事件，并加强对学生的防猫、狗咬安全教育。例如，某初中学生张某在校内正常走动时被学校附近居民朱某饲养的狗

① 《未成年人学校保护规定》第二十九条第二款规定，学生在校期间学校应当对校园实行封闭管理，禁止无关人员进入校园。

咬伤食指住院，法院认为，该初中疏于校园安全管理，是损害发生的次要原因，应承担相应的责任。[①]又如，一名校外人员吴某喝醉酒后骑摩托车回家，但为了避免绕远路，于是想到横穿学校，由于天黑看不清路，加上吴某醉酒后车速很快，在校园内将下晚自习的学生朱某撞成重伤，后来经调查得知，学校门口传达室的保安人员在值班期间，未经批准私自到校外网吧上网，疏于管理，才酿成惨剧，学校也依法需承担补充赔偿责任。[②]再如，学校普遍种植了大量树木，在大风大雨等恶劣天气下，依据《民法典》第一千二百五十七条，因林木折断、倾倒或者果实坠落等造成他人损害，学校作为林木的所有人或管理人不能证明自己没有过错的，也应承担侵权责任。

依据《学生伤害事故处理办法》第九条，学校的安全保卫、消防、设施设备管理等安全管理制度有明显疏漏，或者管理混乱，存在重大安全隐患，而未及时采取措施，造成学生伤害事故的，学校应依法承担相应的责任。从实操来看，学校安全管理制度的落地从根本上有赖于常抓不懈、久久为功的教职工安全教育，具体可以依照《中小学幼儿园安全防范工作规范（试行）》并参考《中小学校岗位安全工作指南》，将安全工作的各项职责进行层层分解，落实到人，每一个班主任、任课教师都要担负起对学生进行安全管理和教育的责任。

---

① 参见上海市教育委员会政策法规处编：《中小学校依法治校常见法律问题应对处置"校长手册"》，华东师范大学出版社 2018 年版，第 53-54 页。

② 参见马雷军、刘晓巍编著：《依法治校实务》，中国轻工业出版社 2015 年版，第 227 页。

4. 学校应依法有效防控传染病风险

典型案例

益阳市桃江县疾控中心的一位工作人员向记者表示，经过筛查，某中学发现有30余例肺结核疑似病例，其中20余例已确诊。从县政府发布的消息来看，他们得知此事时已到了8月19日，这时距离最初发现患者的时间已经过去了一个月左右。从学校层面看，班主任和学生知道班里有人患上肺结核的时间是在2017年暑假，在8月10日的检查中，查出7人患有肺结核。直到8月19日，在部分家长的要求下，才陆续有家长带学生前往医院检查。11月16日，桃江县委宣传部在官网发布消息称，截至11月15日，近90%的患病学生经省结核病防治所专家组会诊确定，已经复学或可以复学。[①]

法律风险分析与应对

1. 新冠疫情充分表明，学校对传染病风险的防控，应重在及时、有效的事前预防

《未成年人保护法》第三十四条规定，学校、幼儿园应当提供

① 参见高扬:《学生群发性肺结核，这事可不小》，载《检察日报》2017年11月17日。

必要的卫生保健条件，协助卫生健康部门做好在校、在园未成年人的卫生保健工作。学校安全工作具有极端重要性，从疫情防控来看，较其他安全风险而言，传染病风险存在传播速度快、影响范围广、持续时间长、不良后果严重等特点，因此也存在防控更难、责任更重等问题。尤其是学生属于易感人群，学校是学生高度聚集的公共场所，校内人员多、流动频繁，更是传染病风险的高发地带，同时又很容易通过家庭迅速波及社会，演变为严重的公共卫生事件，因此学校传染病风险防控直接关系广大师生的人身安全，也关乎亿万家庭幸福和社会和谐稳定，必须从专项风险防控体系建设的角度，将之列为工作重中之重，予以更加高度重视。

从事前预防的角度看，就学校自身层面而言，依据《传染病防治法》《学校卫生工作条例》《学校和托幼机构传染病疫情报告工作规范（试行）》《托儿所幼儿园卫生保健管理办法》等，学校应从人防、物防、技防、安防等各方面全方位做好校园传染病疫情防控工作：（1）应建立卫生制度，加强对学生个人卫生、环境卫生以及教室、宿舍卫生的管理。（2）应建立健全本单位传染病疫情等突发公共卫生事件的发现、收集、汇总与报告管理工作制度。（3）应建立学生健康管理制度，组织学生定期体检，尤其是要建立学生晨检、因病缺勤病因追查与登记制度，建立由学生到教师、到学校疫情报告人、到学校领导的疫情监测制度与流程。（4）应根据需要，制订应对传染性疾病等突发事件的预案，配备相应设施并进行必要的演练，增强未成年人的自我保护意识和能力。（5）应依法设卫生室，根据需要配备专职卫生技术人员或者配备专职或兼职保健教师（托幼机构应聘用符合国家规定的卫生保健人员），开展学校卫生工作。（6）新生入学应当提交体检证明。托幼机构与小学在入托、入学时应当查验预防接种证。儿童入托幼机构前应当经医疗卫生机构进行健康检查，合格后方可进入托幼机构。儿童离开托幼机构3个月以上应当进行健康检查后方可再次入托幼机构。（7）应指定专人或兼职教师负责本单位内传染病疫情等突发公共卫生事件、因病缺勤等健康信息的收集、汇总与报告工作。（8）应组织开展对本单位全体人员传染病防治知识的宣传教育，如将传染病防治法律、制度和卫生等知识纳入教师培训规划，依法开设健康教育课对学生进行卫生健康和传染病预防知识的教育，面向教职工、学生开展卫生健康咨询活动或讲座（如主题班会、队会、黑板报、广播、健康卫生课）。（9）应结合各类常见传染病的季节性特点，开展有针对性的防控工作，如冬春季是呼吸道传染病高发季节，也是结核病、水痘、麻疹、流行性腮腺炎、流行性脑膜炎等传染病高发期，故各级各类学校在临近期末、寒假、春季开学前后，对流感等传染病防控工作一定要引起高度重视等。

就家校携手层面而言，若将学校比喻成传染病防控的“前方阵地”，那么家庭则是防控取得胜利的坚实“后方基地”，故家长无疑是学校传染病防控的坚强后盾。结合相关规定及实践，学校可通过发放学生假期生活提示、学生健康教育宣传手册、告家长书、致家长的建议函、家长主题班会、家长专题培训等形式，让家长了解传染病风险，向家长宣传常见传染病防治知识和学校传染病防控工作要求，明确告知家长负有配合学校对学生进行安全教育的义务，以取得家长的配合与支持，争取让家长自觉配合学校对子女进行健康知识及传染病预防知识的教育，提高子女的防范意识，同时加强家长与学校之间关于子女身体健康状况的沟通，及时告知学校子女的健康情况，全面协助学校落实就传染病防控所采取的各项措施，使家长明确拒不执行传染病防治有关法律法规规定可能引发的不利法律后果等。

就社会协作层面而言，传染病风险的事前预防仅凭学校单方力量很难做到周全。由于传染病防治相关规定数量众多、分散，且涉及大量的医疗、卫生技术知识，学校教职工并非法律和医卫专业人士，短时间内很难完全熟练掌握，故学校在日常教学、管理中可依据《国务院办公厅关于加强中小学幼儿园安全风险防控体系建设的意见》，单独或联合探索建立学校安全风险防控专业服务机制，包括聘请疾病预防控制机构、法律服务机构、专业化社会组织等，研发、提供学校传染病风险预防、安全教育相关的服务或者产品，协助制定、审核学校安全风险防控预案和相关标准，组织、指导学校有针对性地开展专项法治或医卫培训、安全演练、预防和转移安全风险等工作。

2. 学校应从事中控制和事后跟踪角度加强对传染病风险的防控

首先，从事中控制的角度看，其一，学校应立即启动应对传染病突发事件的应急预案，快速反应，必要时应马上成立应急工作领导小组统筹推进；其二，学校应严格按照有关规定履行传染病疫情报告职责；其三，学校应协助疾病预防控制机构对本单位发生的传染病疫情等突发公共卫生事件，在控制传染源、切断传播途径和保护易感人群的基础上进行调查和处理；其四，学校应在有关部门、机构指导下，本着对全校师生、家长和社会负责的原则充分发挥主观能动性，视具体情况通过官方网站、微信公众号、班级家长微信群、召开情况通报会等形式，及时向家长通报疫情情况及学校已采取的疫情控制措施，并及时告知家长家庭可采取的防控措施，做好沟通解释工作；其五，根据相关法律、政策要求及工作指引，学校需发动各班班主任及相关教师，全面了解所在班级学生及其家庭成员疫情期间的行踪动态，通过微信、电话或微信小程序等方式收集登记教职工、学生及其家庭成员疫情期间的健康情况（但需做好个人信息保护工作），狠抓疫情控制相关规定、政策要求的落地实施，防治疫情扩大；其六，学校还应全力做好家长情绪疏导和教职工、学生心理引导工作，针对患病学生的不同病情，为居家治疗学生通过网络教学、抽调骨干教师"一对一"上门辅导等减少对学生成长的影响，对社会舆论进行引导等。

其次，从事后跟踪的角度看，为建立健全学校防控传染病风险的长效机制，学校还应从"自测、自查、自补"三个方面做好疫情事后跟踪工作：（1）组建事后疫情监测小组，就疫情过后的安全隐患进行自我监测；（2）对疫情防控的事中控制工作进行全方位自我检查，纠错补漏，总结经验教训；（3）对事前预防各项制度、流程及预案等进行自我补充完善等。

最后，从责任追究的角度看，依据《学生伤害事故处理办法》第九条，学生在校期间突发疾病或受伤，学校发现，但未根据实际情况及时采取相应措施，导致不良后果加重的，学校应依法承担相应的责任。需要特别强调的是，鉴于学校传染病风险后果的极端严重性，对学校传染病风险防控不力的追责，绝不仅限于民事赔偿法律责任，而是包括行政处罚、刑事追究甚至是政治处理在内的一系列严重后果。

5. 学校不得违规安排学生从事不适宜的劳动、体育运动或其他活动

典型案例

案例 1：老师不宜组织学生从事高楼户外擦窗等高风险性的劳动[①]

某日早操后，某小学五年级班主任李老师环顾教室，发现有一扇窗帘脱落了，就随口说了声："窗帘脱落了，谁去挂好？"第一节课后，班上劳动委员张某（只有 11 岁）觉得挂窗帘是自己负责的事，就让同学拾起掉在地上的窗帘，然后他从课桌攀上窗台，让同学将帘子递给他，并试着挂上去。由于张某个子不高够不着，就一脚跨出窗户外，加上窗沿光滑，又无凹口，一不小心，从五楼坠下，当即被送往医院抢救，经治疗无效死亡。

案例 2：学校和老师应对班干部维持纪律不当的侵权行为承担责任[②]

上午第四节课，某小学一年级（1）班学生在没有教师在场的

---

① 参见谭晓玉：《学生校内劳动致伤害的两个案例解析》，载《思想理论教育》2007 年第 6 期。

② 参见顾昂然主编：《七五普法 · 青少年以案学法读本》，人民日报出版社 2016 年版，第 26 页。

情况下做作业。教师在上课前曾到教室给该班学生布置作业，并让各小组组长维持纪律。7岁的陈某在写作业时，多次与同桌说话。陈某所在小组组长郭某（7岁）便拿起课本击打陈某的头部数下，致使陈某当场昏倒在地。事故发生后，学校立即派人把陈某送往医院，经诊断为癫痫病（击打行为系诱发因素）。

法院认为，学校应对教师疏于管理、安排未成年班干部维持课堂纪律的职务行为承担侵权责任。郭某是无民事行为能力人，是按教师的指示维持课堂纪律，对此造成的后果应由学校承担，受害人陈某虽有违纪行为，但并不能成为他人实施侵权的理由，陈某本人没有责任。

法律风险分析与应对

1. 学校不得违反有关规定，组织或安排未成年学生从事不宜未成年人参加的劳动、体育运动或其他活动

首先，从整体上看，根据《未成年人保护法》第四条、第三十五条，处理涉及未成年人事项，应当符合“适应未成年人身心健康发展的规律和特点”的要求；学校、幼儿园安排未成年人参加文化娱乐、社会实践等集体活动，应当保护未成年人的身心健康，防止发生人身伤害事故。《中小学幼儿园安全管理办法》第二十八条第二款规定，学校组织学生参加的集体劳动、教学实习或社会实践活动，应符合学生的心理、生理特点和身体健康状况。《教育部等十一部门关于推进中小学生研学旅行的意见》明确“研学旅行要结合学生身心特点、接受能力和实际需要”等。

以劳动教育为例，《中共中央、国务院关于全面加强新时代大中小学劳动教育的意见》提出“根据教育目标，针对不同学段、类型学生特点，以日常生活劳动、生产劳动和服务性劳动为主要内容开展劳动教育”和“小学低中年级以校园劳动为主，小学高年级和中学可适当走向社会、参与集中劳动”；《大中小学劳动教育指导纲要（试行）》明确学校“要依据学生身心发育情况，适度安排劳动强度、时长，切实关注劳动任务及场所设施的适宜性”。《学校卫生工作条例》第十一条、第十二条规定，学校应根据学生的年龄，组织学生参加适当的劳动，并对参加劳动的学生，进行安全教育，提供必要的安全和卫生防护措施；学校在安排体育课以及劳动等体力活动时，应注意女学生的生理特点，给予必要的照顾。

体育活动方面，《全民健身条例》第二十一条规定，学校应根据学生的年龄、性别和体质状况，组织实施体育课教学；《学校卫生工作条例》第十条规定，运动项目和运动强度应适合学生的生理承受能力和体质健康状况，防止发生伤害事故；《学校体育运动风险防控暂行办法》第九条规定，学校应按规定安排学生健康体检，建立学生健康档案，对不适合参与体育课或统一规定的体育锻炼的学生，学校和教师应当减少或免除其体育活动。

其次，具体而言，结合《未成年人学校保护规定》第七条第一款等有关规定，学校不得组织或安排未成年学生从事的不宜未成年人参加的劳动、体育运动或其他活动主要包括：（1）学校不得组织学生参加抢险、救灾、扑火等应当由专业人员或成人从事的活动；（2）学校不得组织学生参与制作烟花爆竹、有毒化学品等具有危险性的活动；（3）学校不得组织学生参加商业性活动；（4）职业学校不得违规安排学生实习活动；（5）普通中小学校组织学生参加劳动，不得让学生接触有毒有害物质或者从事不安全工种的作业，不得让学生参加夜班劳动等。结合实践来看，学校还不得安排学生巡查江河湖泊岸线、堤防、山塘、水库，不宜组织学生从事高楼户外擦窗等高风险性的劳动，等等。

最后，依据《教师法》第七条，教师有权“进行教育教学活动，指导学生的学习和发展”，但必须指出的是，教师的这种教学管理权是一种职权，是与《教师法》第三条规定的“教师是履行教育教学职责的专业人员”的职业定位和第十条规定的“国家实行教师资格制度”的制度定位相匹配的，因此这种教学管理权只能依法专属行使，而不能随意转让给学生代行。未成年学生不具备完全的辨认和控制能力，老师要对未成年学生尚未成熟的心智有充分的认识。老师在安排班干部维持纪律前和班干部维持纪律的过程中，都应进行必要的教育、管理和保护，而不能将管理学生的职责交给未成年的班干部，这显然是不符合法律规定和教育要求的。学校需对教师疏于管理、安排未成年班干部维持课堂纪律的职务行为承担侵权责任，班干部系按照老师的指示维持纪律，其不当活动造成的后果通常也不应由班干部本人及监护人承担。尤其需要注意的是，实践中，一些未成年学生班干部由于心智尚未成熟，觉得自己有特权，高高在上，可任意发号施令，随意处分其他同学，进而引发不必要的学生伤害事故，对此老师应予以重视和防范，履行好安全教育和管理职责。例如，在安徽某小学六年级一个只有 7 名学生的班里，13 岁的副班长拥有检查作业、监督背书等权力，他据此向包括正班长在内的 6 名同学要钱，不给够就强逼其他孩子喝尿吃粪，还让孩子骑车接送他上学甚至是上网，并由专门的孩子帮他保管要来的钱……后经学生、家长反映，当地警方和教育局查证了部分事实，涉事班主任被撤销教师资格，校长也被撤职，且均被调离所在小学。[①]

2. 学校违反有关规定，组织或安排未成年学生从事不当活动，造成学生伤害事故的，应依法承担相应的责任

从责任承担角度看，依据《学生伤害事故处理办法》第九条，学校违反有关规定，组织或安排未成年学生从事不宜未成年人参加的劳动、体育运动或其他活动，造成学生伤害事故的，学校应当依法承担相应的责任。如上述案例 1 所示，表面上看，老师只是随口说了那么一句，主要是因为张某自告奋勇且自己不小心导致坠楼而亡，但置身到学校这个特殊场所中，充分考虑未成年学生的心智状况，结合学校应尽的对学生的法定教育、管理和保护职责，再联系事发的前因后果，就不难发现，学校和老师对该同学的死亡负有不可推卸的责任。张某年仅 11 岁，属于限制民事行为能力人，缺乏对危险的足够认识和判断能力，当老师“随口”询问有谁愿意为集体做好事，将掉落的窗帘挂好时，该同学出于好意，承担了他这个年龄的学生所不能承担的事，而老师应特别注意自己在学生面前的言行，应当预见到让一个五年级学生攀上五层楼的窗户挂窗帘的危险性，却没有预见到或可能预见到却轻信能够避免危险，结果造成了重大伤害事故的发生。[②]

---

① 参见雷思明著：《依法治校与学校规范化管理操作指南》，教育科学出版社 2018 年版，第 111 页。

② 参见谭晓玉：《学生校内劳动致伤害的两个案例解析》，载《思想理论教育》2007 年第 6 期。

6. 对已知或应知学生有特异体质或特定疾病的，学校应予以必要注意

典型案例

2014 年 1 月，某市第 × 小学学生王某某患有先天性心脏病、主动脉瓣单瓣畸形、主动脉瓣狭窄（重度）。家长将王某某患病的情况告知了学校，学校不让王某某参加任何体育活动，王某某也未参加任何体育活动。2014 年 4 月，该学校大课间操期间，王某某参加了学校组织的新的大课间操活动，老师在王某某至少跑了两圈晕倒后才发现王某某在队伍中。事发后，王某某被送至某医院进行抢救，因抢救无效死亡，死亡原因为猝死头颈胸闭合性损伤。

一、二审法院认为：王某某系限制民事行为能力人且学校明知其患有特定疾病，在学校课间操过程中，学校未尽到必要的管理与注意义务，导致王某某参加了跑步，学校存在过错，应承担一定的责任。另，若王某某自身未患有特定疾病，跑步两圈半导致猝死的概率极小，故王某某患有特定疾病亦是其死亡结果的原因。故，第 × 小学在本案中承担 50% 的责任（208974.92 元）。①

① 参见银川市中级人民法院（2015）银民终字第 1817 号二审民事判决书。

法律风险分析与应对

1. 学生有特异体质或特定疾病，不宜参加某种教育教学活动，学校知道或应当知道，但未予以必要注意，造成学生伤害事故的，应依法承担相应的责任

依据《未成年人保护法》第二十九条、第三十条，学校对身心有障碍的学生，应当提供关爱；学校对行为异常的学生，应当耐心帮助；学校应当根据未成年学生身心发展特点，进行社会生活指导、心理健康辅导、青春期教育和生命教育。[①]《学生伤害事故处理办法》第九条第七项规定，学生有特异体质或特定疾病，不宜参加某种教育教学活动，学校知道或应当知道，但未予以必要的注意，造成学生伤害事故的，应依法承担相应的责任。

2. 新生入学应提交体检证明，学校应建立学生健康档案，组织学生定期体检，否则可能面临行政处罚

对于普通学生，学校通常情况下只需要尽到正常应尽的法定教育、管理及保护职责，但对于有特异体质或特定疾病的学生，学校若不给予高于普通学生的注意及特殊保护，则其很容易发生自伤或伤人的事故。基于此，为便于学校和老师在新生入学时就了解学生健康状况，同时及时掌握学生在校期间的身体状况，避免相应伤害风险，依据《中小学幼儿园安全管理办法》第二十三条第二款，新生入学应提交体检证明，托幼机构与小学在入托、

---

① 值得注意的是，《未成年人保护法》第七十条第二款规定，学校发现未成年学生沉迷网络的，应当及时告知其父母或者其他监护人，共同对未成年学生进行教育和引导，帮助其恢复正常的学习生活；第七十一条则对应规定了父母等监护人有效预防未成年人沉迷网络的责任。

入学时应查验预防接种证，学校应建立学生健康档案，组织学生定期体检。

具体而言，以中小学生为例，依据《学校卫生工作条例》第十四条、《中小学生健康体检管理办法》第二条、《中小学生学籍管理办法》第七条和《学校体育运动风险防控暂行办法》第九条，在校学生每年进行 1 次健康体检；学校应从学生入学之日起 1 个月内为其建立学籍档案，学生学籍档案内容包括体质健康测试及健康体检信息、预防接种信息等（涉及学生个人隐私的，学校负有保密义务）；学校应建立学生健康管理制度，根据条件定期对学生进行体格检查，建立学生体质健康卡片，纳入学生档案。

以幼儿为例，依据《托儿所幼儿园卫生保健管理办法》第十五条、第十八条和第十九条，托幼机构卫生保健工作包括"建立健康检查制度，开展儿童定期健康检查工作，建立健康档案。坚持晨检及全日健康观察，做好常见病的预防，发现问题及时处理"。儿童入托幼机构前应经医疗卫生机构进行健康检查，合格后方可进入托幼机构。儿童离开托幼机构 3 个月以上应进行健康检查后方可再次入托幼机构。托幼机构招收未经健康检查或健康检查不合格的儿童入托幼机构的，由卫生行政部门责令限期改正，通报批评，逾期不改的，给予警告，情节严重的，由教育部门依法给予行政处罚。

3. 父母发现子女有特异体质、特定疾病或异常心理状况的，应及时告知学校，学校也可根据实际情况由家长出具相应的告知或承诺

《学校体育运动风险防控暂行办法》第九条第一款规定，学生新入学，学校应要求学生家长如实提供学生健康状况的真实信息。

《中小学幼儿园安全管理办法》第三十七条第一款规定，监护人发现被监护人有特异体质、特定疾病或异常心理状况的，应及时告知学校；依据该管理办法第三十七条第二款，生理、心理状况异常不宜在校学习的学生，应当休学，由监护人安排治疗、休养。依据《学校卫生工作条例》第十四条第二款，学校对体格检查中发现学生有器质性疾病的，应配合学生家长做好转诊治疗。因此，对在校期间身体、心理、情绪和行为有异常的学生，即疑似有特异体质、特定疾病但尚未确诊的学生，学校应依据前述规定，参照适用本书第二章中《父母须配合学校对异常或特殊学生的合理教育方式》一文的有关建议，督促该学生父母履行法定职责，配合学校对该学生的教育、管理和保护。

4. 对已知或应知的存在特异体质或特定疾病的学生，学校应避免安排该生参加不适宜的教学活动，给予适当的注意、必要的保护和及时的救助

《中小学幼儿园安全管理办法》第三十七条第二款规定，学校对已知的有特异体质、特定疾病或异常心理状况的学生，应给予适当关注和照顾。《未成年人学校保护规定》第十一条第二款规定，对身心有障碍的学生，应当提供合理便利，实施融合教育，给予特别支持；对学习困难、行为异常的学生，应当以适当方式教育、帮助，必要时，可以通过安排教师或者专业人员课后辅导等方式给予帮助或者支持。《学校卫生工作条例》第十四条第三款规定，学校对残疾、体弱学生，应加强医学照顾和心理卫生工作。《学校体育运动风险防控暂行办法》第九条第二款规定，对不适合参与体育课或统一规定的体育锻炼的学生，学校和教师应减少或免除其体育活动。

实践当中，存在特异体质或特殊疾病的学生在校期间发生伤害，大部分都是由于学生参加了不适宜的教育教学活动，如学校已知医院体检报告或诊疗证明中注明了学生不宜进行剧烈运动，但由于老师疏忽大意、过于自信，或学校内部信息不对称导致部分老师知情而部分老师不知情等，未给予特殊学生适当的关注和照顾，如减少或免除其体育活动等，导致发生伤害。因此，学校要做到对有特异体质或特殊疾病的学生给予必要注意和特殊保护，教师就必须强化在组织教学活动时对学生的针对性安全教育，并将相应的必要注意和特殊保护纳入教师规范化履职尽责考评之中，同时建立、落实学校、班主任和任课教师之间的有关信息通报机制。

另外，需要强调的是，学校还应通过学生在校期间的身体健康状况的外在表现，如突发某种疾病，或存在某些奇怪的行为等，来综合判断该学生是否不适宜参加某种教学活动。对于该类学生，学校也应给予必要的注意及特殊保护。例如，某学生曾经在学校期间双膝受过伤且还在康复中，学校安排该学生参加劳动（抬饭，重体力活动），致该学生在劳动过程中再次受伤，那么学校将承担主要责任。[①]

5. 若家长坚持要求学生参加不适宜的教学活动，学校应与家长充分沟通，并可要求家长出具相应的安全责任承诺

《学校体育运动风险防控暂行办法》第四条第二款规定，学校不得以减少体育活动的做法规避体育运动风险。然而，对于学校已经知晓或应当知晓的有特异体质或特定疾病的学生，若学校不安排该学生参加不适宜的教学活动，学生家长对此提出异议，且

① 参见长沙市中级人民法院（2012）长中民未终字第2618号二审民事判决书。

主动要求学校安排该学生参加某教学活动，学校就需要做好与家长之间的沟通工作。

学校可通过家访、电话、短信、微信、约谈等有据可查的方式与家长沟通，尽量说服家长配合学校的教育、管理安排，若家长仍坚持要求学生参加教育活动，建议学校通过书面函告的方式，向家长充分说明该学生不适宜参加该教学活动的情况以及可能给学生带来的伤害，并引用前述有关法条充分告知家长相关法律后果及责任承担的问题，且由家长向学校出具相应的安全责任承诺书。但是，对于以学生身体情况明显不适宜参加且一旦参加将极有可能给学生带来身体伤害的教学活动，即使家长再三要求，学校也不可随意安排学生参加，在此情况下，即使家长知晓了相应责任及后果承担，并向学校出具了相应的承诺书，可能也无法免除或减少学校未尽到必要注意及特殊保护的相关责任。

7. 学校要在普通课堂和日常教学活动中对学生进行安全教育并采取安全措施

典型案例

案例 1：学生课间休息厮打受伤，学校未尽职需担责

下午课间休息期间，厉某某与同班同学盛某玩耍时，因脚不慎绊倒盛某，双方发生轻微厮打。上课后，厉某某回到座位，但盛某走上前将其脸部划伤。法院经审理后认为，本案中，事发之时原、被告均为无民事行为能力人，被告某小学应对双方强化安全教育，并进行适当管理和保护，但某小学未能尽到教育、管理和保护职责，对原告的损害后果负有一定比例的责任。①

案例 2：因未及时打开一扇临时宿舍楼铁门引发拥挤踩踏事故

2013 年 2 月 27 日，新学期的第三天，老河口市薛集镇秦集小学发生一起因拥挤引起的踩踏事故，11 名学生受伤，其中 4 名孩子经抢救无效死亡。据了解，由于学校的新宿舍楼还在建设中，四层的综合楼被改造成了临时学生宿舍楼，该校一至六年级在校学生有 952 人，其中 502 名住校生住在这栋楼的第二、三、四层，

① 参见顾昂然主编：《七五普法·青少年以案学法读本》，人民日报出版社 2016 年版，第 16–17 页。

生活老师寝室则在二楼西侧，一楼楼梯口是整栋楼的出口，装有两扇铁栅栏门。老河口市政府通报称，踩踏事故发生在早晨6时许，很多学生起床后急于出门，下楼时相互拥挤，而值班老师张某某、杜某某没有按时打开一楼铁栅栏门，学生拥挤中将铁栅栏门挤开，之后发生踩踏。[①]

法律风险分析与应对

1. 学校组织学生参加普通课堂和日常教学活动，应对学生进行相应的安全教育，并在可预见的范围内采取必要的安全措施

《未成年人保护法》第三十五条、第三十七条规定，学校、幼儿园应当建立安全管理制度，对未成年人进行安全教育，完善安保设施、配备安保人员，保障未成年人在校、在园期间的人身和财产安全；学校、幼儿园应当根据需要，制订应对自然灾害、事故灾难、公共卫生事件等突发事件和意外伤害的预案，配备相应设施并定期进行必要的演练。在普通课堂和日常教学活动中，依据《中小学幼儿园安全管理办法》等，结合有关司法实践，学校应充分履行相应的安全教育和采取适当的安全措施职责，具体包括[②]：（1）学校应按照国家课程标准和地方课程设置要求，将安全教育纳入教学内容，对学生开展安全教育，培养学生的安全意识，提高学生的自我防护能力。（2）学校应在开学初、放假前，通过学生手册、主题班会、黑板报、国旗下讲话、普法培训、学生安

---

① 参见《老河口秦集小学发生踩踏事故》，载襄阳市人民政府网，http://www.xf.gov.cn/zxzx/xwzt/lhk227/201302/t20130228_679275.shtml，最后访问于2021年8月27日。

② 对于部分安全教育事项，《中小学幼儿园安全管理办法》和《中小学幼儿园安全防范工作规范（试行）》等还明确规定了次数要求，需要注意。

全教育须知、安全知识竞赛等形式有针对性地对学生集中开展安全教育。新生入校后，学校应帮助学生及时了解相关的学校安全制度和安全规定。（3）学校应对学生开展安全防范教育（如防溺水、防电、防火、防盗抢、交通、消防、防溺水、防自然灾害、防网络沉迷、反欺凌、反暴力、反邪教、禁毒、反恐怖行为、防范未成年人犯罪等），将安全教育与法治教育、健康教育等有机融合，使学生掌握基本的自我保护技能，应对不法侵害。（4）学校可根据当地实际情况，组织师生按照《中小学幼儿园应急疏散演练指南》开展多种形式的事故或灾害预防演练，广泛开展“安全防范进校园”等活动。（5）学校应制订教职工安全教育培训计划，树立“学生安全人人有责”的安全责任意识，通过多种途径和方法，使教职工熟悉安全规章制度、掌握安全救护常识，学会指导学生预防事故、自救、逃生、紧急避险的方法和手段，落实《中小学校岗位安全工作指南》。（6）任课老师应严格按照学校的课时安排，按时上下课，不得擅自更改课堂内容[①]，不得提前宣布下课或拖堂[②]，不得以回办公室取教具、上厕所或外出看病等理由中途离开教室，确因情况特殊必须离开课堂的，应提前报批并与代课老师做好衔接[③]。（7）学校对学生进行安全教育、管理和保护，应针对学生年龄、认知能力和法律行为能力的不同，采用相应的内

① 值得注意的是，《未成年人保护法》第三十三条第三款规定，幼儿园、校外培训机构不得对学龄前未成年人进行小学课程教育。

② 《学校卫生工作条例》第五条第二款规定，学校或教师不得以任何理由和方式，增加授课时间和作业量，加重学生学习负担。

③ 参见雷思明著：《依法治校与学校规范化管理操作指南》，教育科学出版社2018年版，第21页。

容和预防措施。（8）学校应引导学生监护人与学校互相配合，在日常生活中加强对被监护人的各项安全教育等。

最后，如上述案例所示，依据《学生伤害事故处理办法》第九条，学校组织学生参加教学活动，未对学生进行相应的安全教育，并未在可预见的范围内采取必要的安全措施，造成学生伤害事故的，学校应依法承担相应的责任，这也就要求学校应建立有关已进行相应安全教育和已采取必要安全措施的工作档案，留存记录（含监控视频）。

2. 学校尤其要注重保障学生课间安全并防止发生拥挤踩踏伤害事故

未成年学生有大量时间在校园中度过，课间正常玩耍嬉闹亦是孩子天真烂漫童年不可或缺的重要活动，在目前的条件下，要求学校、老师在学生（幼儿除外）课间等休息时间全程随时随地陪护是不现实的，对于学校教育、管理和保护职责不应苛求[①]，当然学校也不能疏于管理，而应在保护未成年学生和维护学校正常教学秩序间寻求平衡，如制定、落实《学生课间行为准则》。事实上，未成年学生在课间休息时因彼此追逐、玩耍、打闹、开玩笑等行为而引发伤害事故，是较为常见和多发的，如果学生的课间玩耍在正常范围内，学校未予禁止，只是由于偶然的和难以防范的意外而发生伤害，通常不应构成学校的管理过错。[②]但是，未

---

① 当然，前提是学校应尽的其他对学生的法定教育、管理和保护职责充分履行，如设施达标、制度健全、教育落实、管理到位、救护及时。

②《未成年人学校保护规定》第八条规定，学校不得设置侵犯学生人身自由的管理措施，不得对学生在课间及其他非教学时间的正当交流、游戏、出教室活动等言行自由设置不必要的约束。

成年学生对危险的认识毕竟是有限的，学校和老师有义务在平时有针对性地对学生加强课间安全教育，同时建立课间巡查制度，晚自习时在学生没有离校之前，学校应有负责人和教师值班、巡查，发现学生的明显危险行为时，仍有义务制止、告诫。但凡发生学生伤害事故，就认为学校对学生的教育、管理存在问题，这种看法显然是片面和站不住脚的，学校有无过错须在具体的情境中综合考虑。[①]然而，对事故责任的判断终究是难以完全客观化的，关键还是以学校、教师是否根据专业的知识、职业道德，尽到了谨慎管理者的职业义务为依据，须在具体的案件中具体地分析。[②]司法实践中，在处理学生伤害事故案件时，法院一般会从事前预防、事中管理和事后处置等方面综合审查学校是否有过错。

另外，中小学校一是要通过各种丰富多彩的活动，如团队活动、主题班会、黑板报等多种途径和形式对学生深入开展预防拥挤踩踏事故的专题教育，让学生充分认识发生拥挤踩踏事故的主要原因、严重后果及其防范措施，了解在楼梯间打闹和搞恶作剧、在拥挤的人群中逆行或捡东西或系鞋带、通行速度过快、争先恐后凑热闹等的危险性；二是要在教学楼楼梯间设置指示、警示标志，告诫学生上下楼梯相互礼让，靠右行走，遵守秩序，注意安全；三是要制订应急疏散预案，每学期组织学生演练一次，提高学生应对突发事件的实际能力；四是学生晚间自习，必须有教师值班，出现停电或楼梯间照明设施损坏时，要及时开启应急照明设备，

① 参见马雷军、刘晓巍编著：《依法治校实务》，中国轻工业出版社 2015 年版，第 233 页。

② 参见顾昂然主编：《七五普法·青少年以案学法读本》，人民日报出版社 2016 年版，第 15–16 页、第 20 页。

同时学校领导与值班教师要立即到现场疏导；五是学生在教学楼进行教学活动和晚自习时，学校应合理安排学生疏散时间和楼道上下顺序，同时安排人员巡查，防止发生拥挤踩踏伤害事故；等。

8. 学校要对学生进行体育、实验等风险课程安全教育并采取安全措施

典型案例

原告肖某系被告兰陵县某特殊教育中心学生，某日下午原告在上学校安排的劳动课时，在教室外走廊里拖地，发生意外向前摔倒，造成门牙冠折，司法鉴定为：不构成伤残等级。发生意外时，教室里没有教师，原告的班主任黄某老师有孕在身，因地面湿滑也未在教室。

法院认为，被告兰陵县某特殊教育中心负有教育、管理、保护职责，在组织学生参加劳动课时，应对学生进行相应的安全教育，并在可预见的范围内采取必要的安全措施，但发生事故时，没有教师在场，被告也未提供任何证据证明其尽到了安全教育、保护职责，且原告身体状况特殊，对危险的认知要低于同龄的正常儿童，被告应对事故的发生负全部责任，共 10887.68 元。[①]

① 参见兰陵县人民法院（2017）鲁 1324 民初 4054 号一审民事判决书。

法律风险分析与应对

1. 学校组织学生参加体育、实验、劳动、实践等风险课程，应对学生进行相应的安全教育，并在可预见的范围内采取必要的安全措施

《未成年人保护法》第一条明确“促进未成年人德智体美劳全面发展”，《中共中央办公厅、国务院办公厅关于全面加强和改进新时代学校体育工作的意见》要求“开齐开足上好体育课”等。但与普通课堂的教学活动相比，体育、实验、劳动、实践等课堂活动的风险性往往更高，更容易发生学生伤害事故。而学校开展一切教学活动，都是为了促进学生的身心健康发展，在高风险课堂中更要高度重视学生的生命安全，要切实树立健康第一的指导思想。

具体而言，依据《中小学幼儿园安全管理办法》《学校体育运动风险防控暂行办法》和《国务院办公厅关于强化学校体育促进学生身心健康全面发展的意见》等，结合有关司法实践，对体育、实验、劳动、实践等风险课程，学校应充分履行有针对性的安全教育和采取适当的安全措施职责，以体育课为例，包括：（1）应建立校内多部门协调配合、师生员工共同参与的学校体育运动风险防控机制，制订风险防控制度和体育运动伤害事故处理预案，明确教务、后勤、学生管理、体育教学等各职能部门的职责。（2）应严格按照国家有关产品和质量标准选购体育器材设施，没有国家标准和行业标准的，应要求供应商提供第三方专业机构的安全检测及评估报告，同时应建立体育器材设施与场地安全台账制度。（3）应对体育器材设施及场地的使用安全情况进行巡查，定期进行维护，根据安全需要或相关规定及时更新和报废相应的体育器材设施，及时消除安全隐患。（4）应根据体育器材设施及场地的安全风险进行分类管理。具有安全风险的体育器材设施应设立明显警示标志和安全提示。需要在教师指导和保护下才可使用的器材，使用结束后应屏蔽保存或专门保管，不得处于学生可自由使用的状态；不便于屏蔽保存的，应有安全提示。教师自制的体育器材，应组织第三方专业机构或人员进行安全风险评估，评估合格后方能使用。（5）应将早操、跑步等体育活动尽量安排在校内进行，严禁组织学生在主要街道和交通要道上集体跑步。校内体育活动场地不足的，学校要采取错开时间、开展不同形式的活动内容等方式解决。农村学校如确因体育场地欠缺，只能安排在校外开展体育活动的，应尽量选择在附近的安全场所内进行，应避开交通要道，要选择适宜的路线和场所，并周密计划，确保学生的生命安全。（6）开展大型体育活动，必须经过主要街道和交通要道的，应事先征得公安交通管理部门的同意和支持，采取必要的安全防护措施。（7）教师在体育课教学、体育活动及体育训练前，应认真检查体育器材设施及场地，并对学生进行针对性的安全教育。体育课教学、体育活动及体育训练中，应强化安全防范措施，对技术难度较大的动作应按教学要求（因教学内容超纲而导致学生伤害的，学校须担责），详细分解、充分热身，并采取正确的保护与帮助，老师应确保上课中的每一名学生都在视线范围内，及时制止学生的危险行为，不得擅离职守。例如，在某中学练习弯道跑的体育课上，两名学生在弯道处相撞致一人受伤，法院认为该中学在组织学生上体育课的过程中，未对弯道跑的技巧、安全注意事项进行充分讲解，在发现学生串道时未及时采取吹哨等警示、制止措施，故判定学校承担 30% 的赔偿责任（5 万元）[①]。（8）应利用开学教育、校园网络、家长会等进行体育安全宣传教育，普及体育安全知识，宣讲体育运动风险防控要求和措施，引导学生和家长重视和理解体育运动风险防范，提高学校体育从业人员运动风险管理意识和能力，提高学生的伤害应急处置和救护能力。（9）完善校方责任险，探索建立涵盖体育意外伤害的学生综合保险机制，试行学生体育活动安全事故第三方调解机制等。

以实验课为例，《中小学幼儿园安全管理办法》第四十条规定，学校应针对不同课程实验课的特点与要求，对学生进行实验用品的防毒、防爆、防辐射、防污染等的安全防护教育。为更好防控实验室安全风险，学校也应：（1）建立实验室安全管理制度，并将安全管理制度和操作规程置于实验室显著位置，同时严格建立危险化学品、放射物质的购买、保管、使用、登记、注销等制度；（2）建立健全实验教学管理制度、实验准备制度、实验记录制度、设备维修保管制度、工作考核奖惩制度、安全防护制度及开放实验室等制度；（3）制定《学生实验守则》《实验室安全操作规程》等。

以劳动课为例，《未成年人保护法》第三十一条规定："学校应当组织未成年学生参加与其年龄相适应的日常生活劳动、生产劳动和服务性劳动，帮助未成年学生掌握必要的劳动知识和技能，养成良好的劳动习惯。"依据《中共中央、国务院关于全面加

---

① 参见雷思明著：《依法治校与学校规范化管理操作指南》，教育科学出版社 2018 年版，第 23 页。

强新时代大中小学劳动教育的意见》《大中小学劳动教育指导纲要（试行）》，“学校要发挥在劳动教育中的主导作用”，具体包括：（1）要依据学生身心发育情况，适度安排劳动强度、时长，切实关注劳动任务及场所设施的适宜性，科学评估劳动实践活动的安全风险；（2）认真排查、清除学生劳动实践中的各种隐患特别是辐射、疾病传染等；（3）建立健全安全教育与管理并重的劳动安全保障体系，在场所设施选择、材料选用、工具设备和防护用品使用、活动流程等方面制定安全、科学的操作规范，强化对劳动过程每个岗位的管理，明确各方责任；（4）各学校要把劳动安全教育与管理作为组织实施的必要内容，加强对师生的劳动安全教育，强化劳动风险意识；（5）制订劳动实践活动风险防控预案，完善应急与事故处理机制；（6）鼓励购买劳动教育相关保险等。

2. 学校组织学生参加体育、实验、劳动、实践等风险课程未尽职履责的法律责任

总的来说，对体育、实验、劳动、实践等风险课程，学校、老师在组织备课时一定要有“备安全”的意识，具体包括备课时的安全设计、课前的安全教育、课中的动作或操作规则的透彻演示、课堂上对学生的监管和保护等[①]。

否则，如上述案例所示，依据《学生伤害事故处理办法》第九条，学校组织学生参加体育、实验、劳动、实践等风险课程，未对学生进行相应的安全教育，并未在可预见的范围内采取必要的安全措施，造成学生伤害事故的，学校应依法承担相应的责任。

---

① 参见雷思明著:《依法治校与学校规范化管理操作指南》，教育科学出版社2018年版，第24–25页。

同时，“进行相应的安全教育”和“采取必要的安全措施”两个条件须同时满足（一般统称为安全注意义务），不得以安全教育代替安全措施，如体育课上老师对安排自由活动的学生强调不得玩单双杠，但如果学校和老师未对单双杠区在可预见范围内采取必要安全措施，导致擅自去玩单双杠的学生受伤，学校仍应承担一定责任。①

① 参见马雷军、刘晓巍编著：《依法治校实务》，中国轻工业出版社 2015 年版，第 190–191 页。

9. 学校组织学生大型集体活动，要进行安全教育并采取安全措施

典型案例

某市曾组织中小学生在场馆内举行近800人参加的汇报演出，由于舞台上方光柱灯烤燃附近纱幕引发大火，火势迅速蔓延，约一分钟后电线短路，灯光熄灭；剧厅内各种易燃材料燃烧后产生大量有毒有害气体，致使众人被烧或窒息，造成重大责任事故，伤亡极为惨重；后经调查，此次活动的主办者和组织者，事先没有考虑和检查安全问题，火灾发生后又没有及时、有效地指挥疏散，属于严重失职渎职，最终包括学校在内的责任人员均遭到严厉惩处，直至被追究刑事责任。①

法律风险分析与应对

1. 学校组织学生大型集体活动，应对学生进行相应的安全教育，并在可预见的范围内采取必要的安全措施

《未成年人保护法》第三十五条规定，学校、幼儿园安排未成

① 参见顾昂然主编：《七五普法·青少年以案学法读本》，人民日报出版社2016年版，第33–34页。

年人参加文化娱乐、社会实践等集体活动，应当保护未成年人的身心健康，防止发生人身伤害事故。学校通常是学生大型集体活动的主办者、组织者，对参与活动的学生负有安全教育和管理职责，一旦发生伤害事故，履职不当的校方就要承担民事赔偿责任；发生群死群伤等重大安全事故的，负有安全职责的学校教师等有关人员还可能被追究行政责任和刑事责任。

具体而言，依据《中小学幼儿园安全管理办法》《学校体育运动风险防控暂行办法》等，结合有关司法实践，学校组织学生参加大型集体活动，应充分履行专门的安全教育和采取适当的安全措施职责，包括：（1）学校组织学生参加大型集体活动，应采取"成立临时的安全管理组织机构""有针对性地对学生进行安全教育""安排必要的管理人员，明确所负担的安全职责"和"制定安全应急预案，配备相应设施"等安全措施。例如，某小学组织100多名学生的集体鼓号队训练，仅安排一名年轻老师在场，其中一名小学生在中途休息时未按要求将队鼓卸下，以致集合时不慎摔倒被队鼓压伤。小学生身体发育尚未成熟，身材不高，在胸前背上一个大鼓，必然遮挡视线，学校应预料到学生在剧烈活动或奔跑时有可能发生事故，但未做好防范措施，故法院认为学校存在管理过错。[①]（2）学校组织开展大型体育活动或体育比赛，应"成立安全管理机构""制订安全应急预案""检查体育器材设施及场地""设置相应安全设施及标识""设置现场急救点，安排医务人员现场值班"和"对学生进行安全教育"。（3）城镇学校的早操、

① 参见马雷军、刘晓巍编著：《依法治校实务》，中国轻工业出版社2015年版，第215–217页。

跑步等体育活动要尽量安排在校园内进行，严禁学校组织学生在主要街道和交通要道上进行集体跑步等体育活动。农村学校如确因体育场地欠缺，只能安排在校园外开展体育活动，可以组织在附近的安全场所内进行，应避开交通要道，要选择适宜的路线和场所，并周密计划，确保学生的生命安全。（4）学校开展大型体育活动以及其他大型学生活动，必须经过主要街道和交通要道的，应事先征得公安交通管理部门的同意和支持，采取必要的安全防护措施。（5）在学生放学（含下晚自习）、参加升旗仪式、做操、集会、下课或就餐等群体活动的上下楼过程中，要专门针对预防学生拥挤踩踏事故建立制度和预案，采取措施、组织演练。要从学生实际出发，在上操、集合等上下楼梯的活动中，不强调快速、整齐，适当错开时间，分年级、分班级逐次下楼，并安排教职工在楼梯间负责维持秩序，管理学生。[①]（6）学校组织学生参加大型集体活动期间，发现学生行为具有危险性，应及时进行必要的管理、告诫或制止。（7）公共场所发生突发事件时，应当优先救护未成年人。（8）组织学生参加大型集体活动，有条件的学校可购买校方责任保险，学校也可鼓励和提倡监护人自愿为学生购买意外伤害保险等。

需要特别强调的是，学校组织学生参加大型集体活动，如该活动为体育项目且在校外进行，在安全教育和安全措施上尤其要慎之又慎。例如，2005年11月14日早晨，长治市沁源县某中学初中二、三年级800多名学生，在17名教师的组织带领下，在马

① 详见《教育部关于进一步加强中小学安全工作，预防学生拥挤踩踏事故的通知》。

路上出早操跑步，返校途中，一辆大货车撞入学生队伍，酿成21名师生死亡、18名学生受伤的特大交通事故[①]。

2. 学校组织学生参加大型集体活动未尽职履责的法律责任

如上述案例所示，依据《学生伤害事故处理办法》第九条，学校组织学生参加大型集体活动，未对学生进行相应的安全教育，并未在可预见的范围内采取必要的安全措施，造成学生伤害事故的，学校应依法承担相应的责任。另外，依据《中小学幼儿园安全管理办法》第六十二条，学校不履行安全管理和安全教育职责，对重大安全隐患未及时采取措施的，有关主管部门应责令其限期改正；拒不改正或者有规定情形之一[②]的，教育部门应对学校负责人和其他直接责任人员给予行政处分；构成犯罪的，依法追究刑事责任。

---

① 详见《教育部关于加强学校体育活动安全防范工作的紧急通知》。

② 具体包括：（1）发生重大安全事故、造成学生和教职工伤亡的；（2）发生事故后未及时采取适当措施、造成严重后果的；（3）瞒报、谎报或缓报重大事故的；（4）妨碍事故调查或提供虚假情况的；（5）拒绝或不配合有关部门依法实施安全监督管理职责的。《民办教育促进法》及其实施条例另有规定的，依其规定执行。

10. 教师等发现学生行为有危险性，应进行必要的管理、告诫或制止

典型案例

张某与李某是太某中学一年级学生。2016 年 11 月 16 日下午，张某与李某上学来到校园内，李某在追逐跑动过程中趁张某不备将其拉倒，致使张某左股骨干中上段骨折。

一、二审法院认为：本案张某与李某双方在发生事故时均不满八周岁，是无民事行为能力人。张某与李某双方在下午上课前进到校园内，监护人仍有监护责任，同时太某中学具有教育、管理职责。太某中学提供的证据证明学校在张某受伤后进行了积极抢救，但未提供证据证明对学生在校园内危险行为进行必要的管理、告诫、制止，学校在管理上存在一定的疏漏。李某拉倒张某的行为是侵权行为，该侵权行为造成张某受伤，其监护人应承担赔偿责任。法院综合确定太某中学承担 50% 的民事赔偿责任（25817.45 元），李某的监护人承担 50% 的民事赔偿责任。[①]

① 参见新乡市中级人民法院（2017）豫 07 民终 4814 号二审民事判决书。

法律风险分析与应对

1. 对于较为常见的学生危险行为，学校需具有一定的预知性，且做好事前教育、管理及预防工作

未成年学生具有活泼好动的天性，会有意、无意地做出一些危险行为，这些危险行为不仅可能伤害到学生自己，还容易伤及其他学生，甚至会引发群体性的伤害。《未成年人保护法》第二十五条第二款规定，学校应当建立未成年学生保护工作制度，健全学生行为规范，培养未成年学生遵纪守法的良好行为习惯。[①]因此，学校和老师应在履职期间，预知到学生可能会做出的危险行为，同时在事前对学生进行教育、管理且采取相应的预防措施，力争从源头上大大减少学生伤害事故的发生。

笔者经公开渠道检索相关真实案例，并结合为近180所各级各类学校提供常年法律顾问服务的实务经验，就常见的具有较高危险性的学生行为进行了梳理，主要包括但不限于如下18种类型：

（1）学生在校园内相互追逐、打闹而导致学生摔倒受伤，如门牙摔断、手部或锁骨骨折等。

（2）学生在校园内快速奔跑，与其他同学发生碰撞，导致自己或其他同学牙齿脱落、肩胛骨骨折等。

（3）学生在校园内的宿舍晾衣服或晒被子时将身体探出阳台，或是因为捡东西等而将身体探出教室窗外，从高空坠落导致受伤

---

① 《家庭教育促进法》第四十三条规定，中小学校发现未成年学生严重违反校规校纪的，应当及时制止、管教，告知其父母或者其他监护人，并为其父母或者其他监护人提供有针对性的家庭教育指导服务；发现未成年学生有不良行为或者严重不良行为的，按照有关法律规定处理。

甚至死亡。

（4）学生在校园内攀高，如树木、围墙、篮球架、国旗杆、电线杆等，或跳台阶、乒乓球台、桌椅等，或骑着栏杆扶手滑行，从高处坠落导致受伤甚至死亡。

（5）学生携带烟花爆竹在教室内燃放，导致自己或其他同学的眼睛、手指等部位被炸伤。

（6）学生携带打火机、火柴等到教室内玩火将教室烧毁或导致学生受伤。

（7）学生在校园内自行玩如叠罗汉、跳山羊、斗鸡、背人和拐推人等危险游戏导致受伤。

（8）学生携带危险化学物品到校园内导致多名学生受伤，如携带农药到校且开玩笑倒入同学饭菜导致多名学生中毒；携带硫酸到校且因与同学发生口角，向同学泼硫酸导致多名同学严重受伤；携带化学药剂金属钠到校且投放到水桶中，导致水桶爆炸并炸伤多名同学等。

（9）学生在校园内不当使用一些锋利、尖锐的工具、玩具，如弹弓、飞镖、小刀、剪刀、螺丝刀、圆规、锋利的铅笔等，划伤、刺伤同学身体，或戳伤同学眼睛等。

（10）学生在校园内用力关门或关窗户，夹到自己或其他同学的手指或头部，导致手指关节坏死、头部受伤，或抽走其他同学的椅子导致伤害等。

（11）学生在体育课上不按照体育老师的指示操作，不正确使用体育器械或用品导致自己或其他同学受伤，如将铅球直接扔向同学、将篮球或足球直接用力扔向或踢向同学、用羽毛球拍直接追打同学等。

（12）学生在校园内用力击打学校窗户、玻璃门、电灯泡等易碎物品，导致自己或其他同学被碎玻璃弄伤。

（13）学生在校园内快速骑行自行车、电动车甚至驾驶机动车等撞伤其他同学。

（14）学生在校园内从宿舍或教室窗户往外扔水瓶或书本等，砸伤在楼下行走的同学或老师。

（15）学生携带具有攻击性的动物进校园，如狗、蛇等，咬伤其他同学。

（16）学生带校外人员进入校园，殴打其他同学，导致同学受伤。

（17）学生在校园内或在参加学校组织的校内外大型集体活动中发生拥挤从而引发踩踏事件。

（18）学生在校园内从事自残、自杀的行为，如用小刀划伤自己，从高层往下跳等，从而导致受伤甚至死亡等。

对上述常见的学生危险行为，建议学校结合本书第一章的内容对相关安全教育和安全措施进行提前预防。

值得一提的是，依据《中小学幼儿园安全防范工作规范（试行）》第十四条、第十五条，学校应在大门口、教学楼、学生宿舍楼主要出入口、走廊，食堂操作间、配餐间、留样间内和储藏室的出入口，操场等人员聚集场所设置视频图像采集装置，在易燃易爆等危险化学品储存室、财务室、实验室等重要场所在安装视频图像采集装置的基础上安装入侵警报装置，学校各部位的视频监控应不间断地进行图像采集，学校重点部位和区域可根据需要设置电子巡查装置及其他技术防范措施。同时，依据《中小学幼儿园安全管理办法》第三十二条第二款，晚自习学生没有离校之前，学校应有负责人和教师值班、巡查。因此，为及时发现学生危险行为，学校和老师可充分发挥视频监控和巡查制度的作用。

2. 学校发现学生从事危险行为应及时告诫或制止，并与学生监护人进行沟通

依据《中小学幼儿园安全管理办法》第三十五条第二款，学校教师发现学生行为具有危险性的，应及时告诫、制止，并与学生监护人沟通。《未成年人学校保护规定》第三十条规定，学校应当以适当方式教育、提醒学生及家长，避免学生使用兴奋剂或者镇静催眠药、镇痛剂等成瘾性药物；发现学生使用的，应当予以制止、向主管部门或者公安机关报告，并应当及时通知家长，但学生因治疗需要并经执业医师诊断同意使用的除外。依据《中小学教育惩戒规则（试行）》第七条、第十一条，学生有“实施有害自己或者他人身心健康的危险行为”等情形的，学校及其教师应当予以制止并进行批评教育，确有必要的，可以实施教育惩戒；学生扰乱课堂或者教育教学秩序，影响他人或者可能对自己及他人造成伤害的，教师可以采取必要措施，将学生带离教室或者教学现场，并予以教育管理；教师、学校发现学生携带、使用违规物品或者行为具有危险性的，应当采取必要措施予以制止；发现学生藏匿违法、危险物品的，应当责令学生交出并可以对可能藏匿物品的课桌、储物柜等进行检查；教师、学校对学生的违规物品可以予以暂扣并妥善保管，在适当时候交还学生家长；属于违法、危险物品的，应当及时报告公安机关、应急管理部门等有关部门依法处理。依据《学生伤害事故处理办法》第九条第十项，学校教师或其他工作人员在负有组织、管理未成年学生的职责期间，发现学生行为具有危险性，未进行必要的管理、告诫或制止，造成学生伤害事故的，学校应依法承担相应的责任。同时，依据《学生伤害事故处理办法》第十条，学生行为具有危险性，学校、教师已经告诫、纠正，但学生不听劝阻、拒不改正的，由此造成的学生伤害事故，由学生及未成年人监护人依法承担相应的责任。

11. 学生在校期间突发疾病或受伤，学校要及时采取适当救助措施

典型案例

被告某学校是民办寄宿制小学，对学生实行封闭式管理。吴某与朱某为该校一年级学生，在同一宿舍。某日晚10时许，吴某与朱某在各自床上休息时，朱某将一个橘子扔到吴某右眼上，致吴某右眼受伤。吴某受伤后哭泣，老师发现后即送吴某到校医务室治疗。10多天后，该学校将吴某受伤一事通知给吴某的父母。吴某的父母带吴某到医院治疗。经法医鉴定，原告吴某右眼低视力1级，伤残程度为10级。

法院认为：吴某在晚10时许受到伤害，此时早已是寄宿学生熄灯就寝的时间。吴某、朱某等人超过规定时间未入睡，对这一异常情况，学校没有及时发现并管理，以致发生本可避免的伤害事故。伤害事故发生后，学校不仅未给吴某提供及时有效的治疗措施，且滞后10多天才向监护人通知吴某受到伤害的情况，以致吴某伤情加重。学校虽然对在校未成年学生没有监护职责，但有教育、管理和保护的义务。学校对未成年学生没有充分履行教育、管理和保护的义务，主观上有一定过错，故判决由该学校赔偿吴

某各项费用及损失的70%即4454633元。[①]

法律风险分析与应对

依据《民法典》第一千零五条、《未成年人保护法》第三十七条和《学生伤害事故处理办法》第十五条的规定，未成年人在校内、园内或者本校、本园组织的校外、园外活动中发生人身伤害事故的，学校、幼儿园应当立即救护，妥善处理，及时通知未成年人的父母或者其他监护人，并向有关部门报告；有条件的，应采取紧急救援等方式救助。依据《学生伤害事故处理办法》第九条第八项，学生在校期间（包括学校在负有组织、管理未成年学生的职责期间）突发疾病或受伤，学校发现，但未根据实际情况及时采取相应措施，导致不良后果加重的，学校应依法承担相应的责任。具体而言，学校可从如下四个方面做好相应的救助工作，以防止损害结果加重：

1. 建立、健全安全制度及应急机制

《义务教育法》第二十四条规定，学校应建立、健全安全制度和应急机制，对学生进行安全教育，加强管理，及时消除隐患，预防发生事故。

一方面，司法实践当中，在学生伤害事故案件审理过程中，法院普遍都会查明学校是否建立了相应的安全制度及应急机制，若学校未建立或所建立的安全制度及应急机制不合理、不合法或不具备实操性，那么法院则很有可能认定学校管理混乱，即使发

① 参见“吴某诉朱某、某学校人身损害赔偿纠纷案”，载《最高人民法院公报》2006年第12期。

生伤害事故的直接原因与学校无关，法院也很可能因此判决学校承担一定的责任。

另一方面，当学校发生学生伤害事故时，第一时间进行现场处理的一般都是学校的任课老师或负责综治维稳的老师，处理事故的人员无法固定，则导致在处理方式上存在一定的差异性，而这种差异性若没有统一的操作规范进行规制，就可能存在处理不当从而加重责任的情形。因此，建立、落实较为规范的安全制度及应急机制可让学校在发生学生伤害事故时“有章可循”，及时采取适当的救助措施，防止损害结果的扩大及加重。

2. 发生伤害事故时应第一时间查看现场情况，消除伤害源头及安全隐患，及时联系救护部门

第一，当教职工发现学生受伤或突发疾病时，应首先全面了解受伤学生的基本情况，如班级、性别、年龄等，以便准确掌握受伤过程，及时告知家长及上报给学校领导或教育部门，同时也不排除后续需要将受伤情况及过程向法院进行精准陈述的可能。

第二，生活中，对于学生向老师提出的身体不适等无明显外伤的情形，学校和老师不应不闻不问，任由学生趴在课桌上休息或让学生自行去医务室或回宿舍休息，也不能在家长不在场的情况下，仅停留在口头劝导学生去医院或回家治疗，消极等待家长到学校来接人，而应积极、稳妥地采取适当的救治措施，否则很可能延误救助时机或发生意外，进而很可能导致学校和老师承担相应的过错责任。[①]

① 参见雷思明著：《依法治校与学校规范化管理操作指南》，教育科学出版社2018年版，第106页。

第三，当学校发现存在外力导致学生受伤的情况，应立即消除造成伤害的危险因素及安全隐患，阻断学生受到持续性的伤害。同时，还需及时进行人员疏散，保持空气流通，并做好其他在现场的同学的心理疏导和安抚工作。

第四，法院通常认为，普通老师并非专业医护人员，但在第一现场处理事故的老师或其他工作人员，应符合一般人的正常反应①，如在初步观察学生伤势的情况下，作出应急判断，若学生无明显重大伤势，可先行通知学校卫生室，由学校的专职卫生人员前往现场进行查看；若卫生人员认为伤势较为严重，则应及时送往医院进行治疗；若学生身体表面有明显重大伤痕或虽无明显伤痕但学生处于昏迷状态或存在高空坠落、重物打击等情况，学校在通知卫生室的同时应及时拨打急救电话，不可随意挪动学生。

第五，学校需严格按照《学校卫生工作条例》第二十条、《国家学校体育卫生条件试行基本标准》等相关规定，配备专职卫生技术人员或兼职保健教师，专职卫生技术人员应持有卫生专业执业资格证书，专职卫生技术人员和保健教师应接受学校卫生专业知识和急救技能培训，并取得相应的合格证书。另外，在实践当中也存在学校对保健室、卫生室的功能定位不清的情况，比如发生伤害事故时，老师通知保健室的保健人员到现场查看伤势并采取急救措施，可能被法院认定为保健人员不具备相应的医卫专业执业资格，采取措施不当等。

---

① 参见上海市教育委员会政策法规处编：《中小学校依法治校常见法律问题应对处置"校长手册"》，华东师范大学出版社 2018 年版，第 9–10 页。

3. 及时联系家长，告知家长学生受伤情况及救助情况，实时了解学生治疗及康复情况，做好探望及家长安抚的工作，并视情况及时向主管教育部门及有关部门报告

依据《未成年人保护法》第三十七条和《学生伤害事故处理办法》第十五条、第十六条，发生学生伤害事故，学校应及时告知未成年学生的监护人和向有关主管部门报告；情形严重的，学校更应及时向主管教育行政部门及有关部门报告。《未成年人学校保护规定》第四十六条第二款规定，学校应当建立学生重大生理、心理疾病报告制度，向家长及时告知学生身体及心理健康状况；学校发现学生身体状况或者情绪反应明显异常、突发疾病或者受到伤害的，应当及时通知学生家长。例如，学校需将学生受伤的大致经过及伤势、学校已经采取的救助措施，以及学校下一步要采取的救助措施等告知家长，以让家长全面了解学生目前的情况。同时，视情况书面上报给教育局等有关部门。

实践当中，学校通常会在学生发生事故后及时联系家长，很多时候家长都会主动向学校提出等待其到学校后带学生去就医，但如果家长正在上班或外出，或是家距离学校有点远，无法及时赶到学校，学校则会面临在等待的过程中，学生的身体伤害可能会加重或耽误最佳治疗时间等情况。实践中就曾出现过在家长主动提出自行到校送医后，在等待家长到校期间学生肩膀脱臼加重，家长到校后责怪学校不及时送医的情况。

对此，建议学校综合考虑学生的伤情及家长的意见，采取适当的措施。比如说，若家长坚持要求自行送学生去医院，学校应视情况决定是否同意，若同意则老师在陪同学生等待家长到来的过程中需密切关注学生的伤势变化，不能一味地消极等待，否则有可能因导致学生在此期间伤情加重而被法院认定要担责[①]；若不同意，则学校应先行采取救助措施，如及时将学生送往附近医院并及时告知家长医院名称及位置，若家长赶到医院后认为该医院医疗水平有限，则由家长自行办理转院手续。

另外，无论学生出于什么原因发生伤害事故，都建议学校后续及时了解学生的治疗及康复情况，并做好探望及对学生、家长的安抚工作。若学生因此耽误正常上课，学校还可视情况安排老师进行一对一的辅导。

4. 及时保存事故视频监控及其他相关证据材料

一旦发生学生伤害事故，事故发生时的视频监控是最好的能还原整个事故发生经过的证据。但实践当中，经常会出现学校监控因未及时拷贝而被更新替换，或因保管不当而被删除等情况，一旦发生纠纷，学校就无法提供视频监控资料以准确还原事故经过，从而导致学校处于比较被动及不利的局面。因此，为避免出现学校与家长对学生受伤过程各执己见，发生纠纷甚至诉之法院的情况，本着实事求是的原则及态度，建议学校在发生学生伤害事故后，及时拷贝视频监控并妥善保管。

此外，学校还应当注意收集并保存好与医疗机构、家长等之间的与处理该学生伤害事故有关的全部证据材料（包括学校垫付的医疗费用等票据），目的在于能够准确把握对学生进行救助的整个过程及细节，也让学校事后可对整个事件的处理进行全面总结、确定责任，以进一步健全、完善学校安全管理制度及应急机制。

---

① 参见马雷军、刘晓巍编著：《依法治校实务》，中国轻工业出版社 2015 年版，第 232 页。

12. 学校组织学生外出活动须充分保障学生的安全

典型案例

李江（化名）是阜阳市颍上县某镇中心校的一名学生。某日早晨，李江在学校老师带领下到学校旁的一广场上跑步。其间，李江重心不稳，撞到了路边的行人李某。而李某被撞后，一个踉跄扑倒了在他身前的居民汪某。当李江和李某爬起来后，发现汪某躺在地上起不来了。经诊断后鉴定，汪某的损伤构成十级伤残。

法院认为，李江晨跑时并无伤害汪某之意，但他的行为直接造成汪某伤害结果的发生，应承担相应责任。李某对自己的行为虽然暂时没有意识或失去控制，但对造成汪某损害有过错，也应承担责任。但汪某未对李某主张权利，法院准允。未成年人在校学习期间，无论是上课还是课间，学校和教师都负有教育、管理、保护的责任，因此李江所在的学校也应承担责任。最终，法院确认汪某的合理损失合计为 12 万多元，学校承担 60% 的责任，赔偿汪某 7 万多元。①

① 参见《学校组织学生外出跑步引连环撞致路人骨折　学校学生各自担责》，载安徽网，http：//www.ahwang.cn/anhui/20180125/1731547.shtml，最后访问于 2020 年 6 月 6 日。

法律风险分析与应对

1. 学校组织学生参加校外活动，应对学生进行相应的安全教育，并在可预见的范围内采取必要的安全措施

学校组织学生集体外出活动，如春游、秋游、参观博物馆、观看演出、参加社会实践或社会调查活动等，由于未成年学生活泼好奇、参加人数众多、活动环境开放、不可控因素聚集，故校外活动往往有较大的安全风险，常见的既有摔伤、磕伤、碰伤等个体伤害，也不乏火灾、拥挤踩踏、活动场地坍塌、交通事故、食物中毒等群死群伤[①]。

结合《中小学幼儿园安全管理办法》《学校体育运动风险防控暂行办法》等有关规定和实践可知，学校在组织学生参加校外活动时，应对学生进行的相应安全教育和在可预见的范围内采取的必要安全措施一般包括：（1）在组织学生校外集体活动前，要对活动进行全面考量，选择安全的活动路线和场所，并视情况事先对活动路线和活动场所进行勘察和踩点[②]；（2）对校外活动中有可能出现的意外情况要进行充分考虑，制订有针对性的安全应急预案，并提前配备相应设施，避免在大风、大雾、雨雪等恶劣天气组织学生外出活动；（3）在组织学生进行校外集体活动时，要安排足够的管理人员，带队教师要全程跟随，明确安全职责，如遇到突发情况，要果断采取应急措施妥善处理；（4）组织学生开展校外

---

① 参见雷思明著：《依法治校与学校规范化管理操作指南》，教育科学出版社2018年版，第34页。

② 对外出的未成年人集中活动的公共场所和大型的图书馆、博物馆、科技馆等场所运营单位的要求，详见《未成年人保护法》第五十六条的规定。

体育活动，应避开主要街道和交通要道；（5）开展大型体育活动以及其他大型学生活动，必须经过主要街道和交通要道的，应事先与公安机关交通管理部门共同研究并落实安全措施；（6）在组织学生进行校外集体活动前，尤其是带有一定对抗性的体育活动或可能存在风险的野外活动，要对师生开展有针对性的行前安全教育或宣传动员，这是不可或缺的重要环节；（7）组织学生参加跨地区体育活动和体育比赛，应本着自愿的原则，根据活动或比赛要求向学生及家长提供安全告知书（告知家长活动的时间、地点、意义、收费项目和注意事项等），获得家长书面反馈意见，临时变更的，应及时告知学生家长；（8）大型体育活动或体育比赛需要第三方提供交通、食品、饮水、医疗等服务的，应选择有合格资质的服务机构，依法签订规范的服务合同，明确各方责任、权利和义务；（9）接送学生的机动车驾驶员应身体健康，具备相应准驾车型3年以上安全驾驶经历，最近3年内任一记分周期没有记满12分记录，无致人伤亡的交通责任事故；（10）有条件的，学校可购买校方责任保险，学校也可鼓励和提倡监护人自愿为学生购买意外伤害保险，完善校外活动风险管理和转移机制；（11）一些地方教育主管部门还发文明确要求“学校组织春游活动要报经上级教育主管部门批准”①“学校校（园）长是学生校外集体活动的第一责任人，要严格执行学生校外集体活动报备制度”②；（12）如学校组织学生参加的校外活动涉及学生人数众多，还应履行组织学生参加大型

① 详见《贵州省教育厅办公室关于加强清明节期间防火和春游活动学校安全管理工作的紧急通知》。

② 参见《海南省中小学幼儿园学生校外集体活动管理暂行办法》。

集体活动的专门职责；[①] 等等。

值得一提的是，依据《教育部等十一部门关于推进中小学生研学旅行的意见》，中小学生研学旅行是由教育部门和学校有计划地组织安排，通过集体旅行、集中食宿方式开展的研究性学习和旅行体验相结合的校外教育活动，研学旅行要坚持安全第一，建立安全保障机制，明确安全保障责任，落实安全保障措施，确保学生安全，具体包括：（1）中小学要探索制定中小学生研学旅行工作规程，做到“活动有方案，行前有备案，应急有预案”；（2）学校组织开展研学旅行可采取自行开展或委托开展的形式，提前拟订活动计划并按管理权限报教育部门备案，通过家长委员会、致家长的一封信或召开家长会等形式告知家长活动意义、时间安排、出行线路、费用收支、注意事项等信息，加强学生和教师的研学旅行事前培训和事后考核；（3）学校自行开展研学旅行，要根据需要配备一定比例的学校领导、教师和安全员，也可吸收少数家长作为志愿者，负责学生活动管理和安全保障，与家长签订协议书，明确学校、家长、学生的责任权利；（4）学校委托开展研学旅行，要与有资质、信誉好的委托企业或机构签订协议书，明确委托企业或机构承担学生研学旅行安全责任；（5）学校要做好行前安全教育工作，负责确认出行师生购买意外险，必须投保校方责任险，与家长签订安全责任书，与委托开展研学旅行的企业或机构签订安全责任书，明确各方安全责任；（6）鼓励通过社会捐赠、公益性活动等形式支持开展研学旅行等。

---

① 详见本书第一章《学校组织学生大型集体活动，要进行安全教育并采取安全措施》部分。

2. 学校组织学生参加校外活动不当，造成学生伤害事故的，将依法承担相应的责任

依据《学生伤害事故处理办法》第九条，学校组织学生参加校外活动，未对学生进行相应的安全教育，并未在可预见的范围内采取必要的安全措施，造成学生伤害事故的，学校应依法承担相应的责任；该办法第十一条也规定，学校安排学生参加活动，因提供场地、设备、交通工具、食品及其他消费与服务的经营者，或学校以外的活动组织者的过错造成的学生伤害事故，有过错的当事人应依法承担相应的责任。

而除了前述民事赔偿责任以外，由于学校组织学生参加的校外活动通常涉及人数较多，容易演变为群体性事故（如重大交通事故），如学校不履行安全管理和安全教育职责，对重大安全隐患未及时采取措施，依据《中小学幼儿园安全管理办法》第六十二条的规定，严重者教育部门还将对学校负责人和其他直接责任人员给予行政处分；构成犯罪的，依法追究刑事责任。

13. 学校应依法切实做好校车安全管理工作

典型案例

杨某在某小学处就读小学六年级，杨某就读期间乘坐某小学提供的校车上下学，某小学也向其收取相应的校车接送费用。某小学指定的校车停靠点位于某村篮球场旁，平时均系由杨某自行前往校车停靠点乘坐校车。某日 6 时许，杨某从住处出门前往校车停靠点，但校车驾驶员和跟车老师当天并未在校车停靠点接到杨某。当日校车的跟车老师为黄某某，其当时并未立即向学校或家长报告未接到杨某的情况，校车返回学校后，黄某某也未及时向学校汇报相关情况。直至当日下午，杨某所在班级的班主任杜老师发现杨某并未在校上课，也未请假，于是当天 15 时许通知家长杨某未到校等事实。杨某父母获悉后到附近寻找杨某无果，后于当天报警，但一直未能寻回杨某。杨某于 2018 年 2 月 18 日被法院宣告死亡。诉讼中，某小学提出其在校车管理方面制定了相应的规章制度，但并未向一审法院提交。

法院认为：《校车安全管理条例》规定，配备校车的学校应建立健全校车安全管理制度，配备安全管理人员，学生的监护人也应履行监护义务，配合学校的校车安全管理工作，学校配备的随车照管人员应当履行清点乘车学生人数等义务。因学校跟车老师及杨某所在班级班主任因个人事由未能及时将这一情况告诉杨某家长，作为校方的某小学确实存在疏于管理问题，导致杨某父母在近 9 个小时后才得知此事，对此次杨某失踪的发生存在一定的过错，应承担一定的责任，法院酌情认定某小学应对杨某失踪进而被宣告死亡承担 10% 的责任（99128.45 元）。[①]

法律风险分析与应对

1. 学校为学生提供校车服务的，学校与学生之间形成运输合同关系；学校有违约或侵权行为的，将依法承担相应的责任

依据《民法典》第八百零九条，学校向学生提供校车服务，学生向学校交付车费的，学校与学生之间实际上形成了运输合同法律关系，学校为承运人，学生为乘客。值得一提的是，学校与学生或学生家长之间未必会就校车服务签订相关的运输合同，但这并不意味着双方之间就不存在运输合同关系。依据《民法典》第四百九十条，学校与学生（学生家长）之间即使未就校车服务签订相关运输合同，但如学校客观上已经为学生提供了校车服务，学生也接受了该校车服务，那么学校与学生之间就基于事实关系而形成了运输合同法律关系。而依据《民法典》第八百一十一条，学校最主要的合同义务就在于保障学生上下学的乘车安全及安全抵达目的地，若因为校车不安全导致学生受伤，就相当于学校违反了运输合同的约定义务，依据《民法典》第五百七十七条，学校将面临承担赔偿损失等违约责任的法律风险。

另外，若学校使用的校车明显不符合法律规定或标准，或引

① 参见广州市中级人民法院（2019）粤 01 民终 17417 号二审民事判决书。

进的校车服务提供者明显不具备相应资质但学校未进行前置审查且未发现，一旦校车安全出现问题，学校将承担相应的因管理不到位而引发的侵权责任；若学校未对教师、学生、学生家长、随车照管人员进行校车安全教育，学校也将可能承担相应的因安全教育不到位而引发的侵权责任；若学校指派的随车照管人员存在侵犯学生权益的行为，如体罚等，或存在不按照规定履行职责的情形，学校将承担因雇用人员侵权而引发的相关责任。

司法实践当中，学校可能面临违约责任与侵权责任的竞合，在学生家长主张违约责任的情况下，即使学校与引进的校车服务公司之间签订了相关的服务协议且对责任问题在协议中进行了明确划分，法院很大程度仍会认定校车服务公司与学生之间不存在运输合同关系，从而不会直接判决校车服务公司承担违约责任，而由学校承担违约责任。[①]

最后，依据《校车安全管理条例》第五十三条、第五十五条等，随车照管人员未履行规定职责的，由学校或校车服务提供者责令改正，拒不改正的，给予处分或予以解聘；学校违反规定的，除依法予以处罚外，由教育行政部门给予通报批评；导致发生学生伤亡事故的，对政府举办的学校的负有责任的领导人员和直接责任人员依法给予处分；对民办学校由审批机关责令暂停招生，情节严重的，吊销其办学许可证，并由教育部门责令负有责任的领导人员和直接责任人员5年内不得从事学校管理事务。构成犯罪的，还将依法追究刑事责任。

① 参见运城市中级人民法院（2019）晋08民终3370号二审民事判决书。

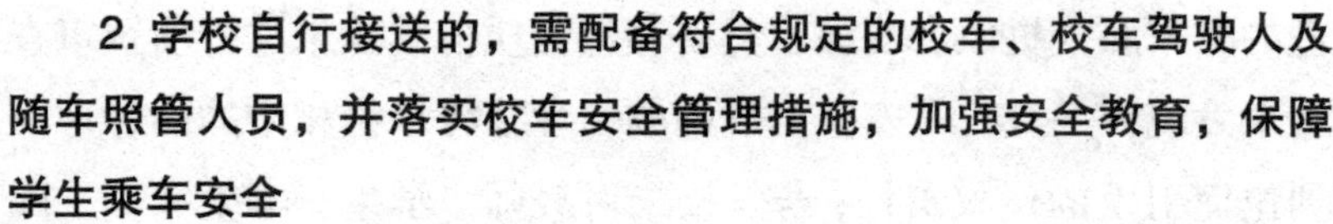

2. 学校自行接送的，需配备符合规定的校车、校车驾驶人及随车照管人员，并落实校车安全管理措施，加强安全教育，保障学生乘车安全

《未成年人保护法》第三十六条规定，使用校车的学校、幼儿园应当建立健全校车安全管理制度，配备安全管理人员，定期对校车进行安全检查，对校车驾驶人进行安全教育，并向未成年人讲解校车安全乘坐知识，培养未成年人校车安全事故应急处理技能。《校车安全管理条例》对校车、校车驾驶人、随车照管人员均作出了明确要求，学校自行安排校车接送学生的，应严格遵守相关规定。比如，《校车安全管理条例》第三十四条规定校车不得超载，第三十九条则对随车照管人员应履行的职责作了具体规定，学校在自行聘用随车照管人员时，需与随车照管人员明确其法定的岗位职责，且明确相关的责任，防止出现上述案例当中类似的情况，因随车照管人员工作不尽责导致学校承担相应的责任。

与此同时，依据《校车安全管理条例》，学校应如下落实校车安全管理措施：（1）建立健全校车安全管理制度，配备安全管理人员，加强校车的安全维护；（2）对教师、学生及其监护人进行交通安全教育，向学生讲解校车安全乘坐知识和校车安全事故应急处理技能，并定期组织校车安全事故应急处理演练；（3）定期对校车驾驶人进行安全教育，组织校车驾驶人学习道路交通安全法律法规以及安全防范、应急处置和应急救援知识，保障学生乘坐校车安全；（4）定期对随车照管人员进行安全教育，组织随车照管人员学习道路交通安全法律法规、应急处置和应急救援知识等。

3. 学校引入校车服务提供者为学生提供校车服务的，需严格把关，签订协议明晰责任

实践当中，很多学校由于条件有限不能直接由学校提供校车服务，而需要引入第三方校车服务提供者，若学校不对校车服务提供者进行严格的审查及把关，有可能因此承担相应的责任。例如，某学校引入的校车服务提供者未取得校车驾驶资格证，所提供的车辆也未按照规定取得校车使用许可和校车车牌，校车驾驶人发生交通事故造成学生受伤，法院判决学校承担责任。①

基于此，建议学校参照本书第四章《学校应依法对外进行采购或合作，做好合同法律风险防控》部分，首先，对校车服务提供者的资质、信誉和履约能力进行综合审查。结合校车服务提供者的实际，应当着重注意：（1）校车服务提供者是否具备《校车安全管理条例》第九条规定的应取得的相应运营资质；（2）校车服务提供者是否存在侵犯学生权益的案件，以及是否存在校车服务提供者因重大债务未偿还而导致其配备的校车被法院查封或拍卖等情况；（3）校车服务提供者配备的校车是否取得校车使用许可，且符合相关规定要求；（4）校车服务提供者配备的校车驾驶人是否取得校车驾驶资格，同时也需审查校车驾驶人是否存在不良过往记录，尤其要关注其在驾驶方面是否存在醉驾或负主要责任或全责的交通事故等情况，以确保学生乘车安全问题等。

其次，学校需从保障学生乘车安全的角度，在与校车服务提供者就委托提供校车服务事项拟签署的相关协议中，明确校车服务提供者应履行的法定职责及约定义务（如落实校车安全管理措施），

---

① 参见运城市中级人民法院（2019）晋08民终3370号二审民事判决书。

以及明确违反法律规定或合同约定所需承担的相应责任，对双方的责任及风险进行明确划分，以确保一旦因校车安全问题而发生学生伤害事故，在学校无责或部分责任的情况下，学校可根据双方之间签订的相关协议对校车服务提供者进行全部或部分追偿。

14. 学校应依法及时处理学生欺凌行为

典型案例

2019 年 10 月，电影《少年的你》的上映让“校园欺凌”再次成为公众热议的焦点话题。片中，女主角是一名高三应届的学生，高考前夕，她的同班闺蜜胡小蝶（化名）因不堪忍受其他 3 位同班女同学长期“校园欺凌”的巨大压力而在教室跳楼自杀；随后她和此前参与施暴的其中一位女学生也相继沦为校园暴力的受害者。逝者胡小蝶在自杀前的一句灵魂追问，“她们一直在欺负我，你们为什么不做点什么”，以及受害女主角面对调查她的女警时的反问，“你放心把你的孩子生出来吗”，更是让无数观众泪崩、反思。

法律风险分析与应对

“校园暴力是学生心理不健康，人格不健全的外显，既是未成年人生理成长处于特殊阶段，叛逆、逆反心理外化的反映，也是社会问题在未成年人的心理和行为中的蔓延和反映。”[①] 正如电影《少年的你》在片头所指出的，“校园欺凌”是全世界范围内普遍

① 顾昂然主编：《七五普法·青少年以案学法读本》，人民日报出版社 2016 年版，第 62 页。

存在的现象，老师和学校是抵御的前线，而家长、公安机关乃至社会则构成了守护校园安全的后盾。电影虽然是虚构的，但剧情所反映的“校园欺凌”问题时有发生，“校园欺凌”行为的隐蔽性和多样化、后果的巨大危害性、施暴者的无知和持续性，以及复杂的发生因素，家庭、学校、司法和社会四位一体保护机制的运行不顺等，都让处于“农业社会、工业社会和信息社会”三种社会形态并存阶段以及城乡二元结构体制中的我们，不得不高度关注这一中小学校安全工作的重点和难点。

依据《未成年人保护法》第三十九条，学校应当建立学生欺凌防控工作制度，对教职员工、学生等开展防治学生欺凌的教育和培训；学校对学生欺凌行为应当立即制止，通知实施欺凌和被欺凌未成年学生的父母或者其他监护人参与欺凌行为的认定和处理；对相关未成年学生及时给予心理辅导、教育和引导；对相关未成年学生的父母或者其他监护人给予必要的家庭教育指导；对实施欺凌的未成年学生，学校应当根据欺凌行为的性质和程度，依法加强管教；对严重的欺凌行为，学校不得隐瞒，应当及时向公安机关、教育行政部门报告，并配合相关部门依法处理。同时，该法第七十七条特别规定，任何组织或者个人不得通过网络以文字、图片、音视频等形式，对未成年人实施侮辱、诽谤、威胁或者恶意损害形象等网络欺凌行为；遭受网络欺凌的未成年人及其父母或者其他监护人有权通知网络服务提供者采取删除、屏蔽、断开链接等措施；网络服务提供者接到通知后，应当及时采取必要的措施制止网络欺凌行为，防止信息扩散。另外，《预防未成年人犯罪法》第二十条规定，教育行政部门应当会同有关部门建立学生欺凌防控制度；学校应当加强日常安全管理，完善学生欺凌发现和处置的工作流程，严格排查并及时消除可能导致学生欺凌行为的各种隐患。

《未成年人保护法》第一百三十条第三项规定，“学生欺凌，是指发生在学生之间，一方蓄意或者恶意通过肢体、语言及网络等手段实施欺压、侮辱，造成另一方人身伤害、财产损失或者精神损害的行为”，教育部等十一部门印发的《加强中小学生欺凌综合治理方案》进一步将之区分为情节轻微的一般欺凌事件，反复发生的一般欺凌事件，情节比较恶劣、对被欺凌学生身体和心理造成明显伤害的严重欺凌事件，屡教不改或者情节恶劣的严重欺凌事件，涉及违反治安管理或者涉嫌犯罪的学生欺凌事件。[①]

造成校园欺凌和暴力时有发生的主要原因包括青少年法治观念淡薄、独生子女娇生惯养、学校管理不严、家长纵容和不良传播媒介的负面影响等。[②]因此毋庸置疑的是，部门协作、上下联动、形成合力才能保障把校园建设成最安全、最阳光的地方，仅从学校和老师层面而言，以形成防治中小学生欺凌长效机制为目标，要想确保中小学生欺凌防治工作落到实处，结合《教育部等九部门关于防治中小学生欺凌和暴力的指导意见》等有关规定，在坚持教育为先、预防为主、保护为要、法治为基的原则下，则应当

---

① 具体表现形式可参见《广东省教育厅等十三部门关于印发〈加强中小学生欺凌综合治理方案的实施办法（试行）〉的通知》第二十一条至第二十三条、第四十九条等。

② 参见顾昂然主编：《七五普法·青少年以案学法读本》，人民日报出版社 2016 年版，第 62-63 页。

做好以下工作：[①]

1. 成立校园欺凌治理机构，逐步建立长效工作机制

重视永远是解决问题的关键，《加强中小学生欺凌综合治理方案》指出，学校根据实际成立由校长负责，教师、少先队大中队辅导员、教职工、社区工作者和家长代表、校外专家等人员组成的学生欺凌治理委员会（高中阶段学校还应吸纳学生代表）；同时“明确将防治学生欺凌专题培训纳入校长、教师在职培训内容，纳入相关人员继续教育学分”“将学生欺凌综合治理工作情况纳入学校行政管理人员、教师、班主任及相关岗位教职工学期和学年考评”“构建问责处理机制”“建立健全中小学校法制副校长或法制辅导员制度”等，逐步建立具有长效性、稳定性和约束力的防治学生欺凌工作机制。

2. 切实加强在校中小学生思想道德教育、法治教育和心理健康教育，认真开展预防欺凌和暴力专题教育

学校应落实《中小学生守则》《中小学法制教育指导纲要》《青少年法治教育大纲》《中小学心理健康教育指导纲要》和校规校纪教育，通过课堂教学（含网络德育课）、专题讲座、班团队会、主题活动、编发手册、参观实践、心理辅导等多种形式，结合有关典型案例（如用违法对抗违法、“哥们儿”应邀帮忙打架、争强好

---

① 值得注意的是，《未成年人保护法》第一百一十九条规定，学校、幼儿园、婴幼儿照护服务等机构及其教职员工违反该法第二十七条、第二十八条、第三十九条规定的，由公安、教育、卫生健康、市场监督管理等部门按照职责分工责令改正；拒不改正或者情节严重的，对直接负责的主管人员和其他直接责任人员依法给予处分。

胜、因妒成恨等）[①]，集中开展预防学生欺凌和暴力专题教育和“法治进校园”活动，培养学生健全人格和积极心理品质，提高学生对欺凌和暴力行为严重危害性的认识，让学生知晓基本的法律边界和行为底线。

3. 严格学校日常安全管理，强化学校周边综合治理，加强平安文明校园建设

中小学校要借助法律专业力量，制定防治学生欺凌和暴力工作制度，将其纳入学校安全工作统筹考虑，力争做到早发现、早预防、早控制，主要包括：相关岗位教职工防治学生欺凌的职责、学生欺凌事件应急处置预案、学生欺凌的早期预警和事中处理及事后干预的具体流程、校规校纪中对实施欺凌学生的处罚规定等，严格落实值班、巡查制度，以及定期针对全体学生开展防治欺凌专项调查，对学校是否存在欺凌等情形进行评估。同时，动员社会各方面力量做好校园周边地区安全防范工作，加快推进将校园视频监控系统、紧急报警装置等接入公安机关、教育部门监控和报警平台，逐步建立校园安全网上巡查机制。

一般而言，欺凌者往往性格强势、霸道、较自我中心，或崇尚暴力、缺乏同情心，或平时常有抽烟、喝酒等违纪行为，或非正式群体中的领头人等学生容易成为欺凌者；被欺凌者往往生理发展比较迟缓、身材弱小，或存在身体、智力障碍，或性格比较内向、害羞、胆小，或性格不合群、缺少朋友的学生容易成为被

---

① 参见顾昂然主编：《七五普法·青少年以案学法读本》，人民日报出版社 2016 年版。

欺凌者，[①] 学校和老师对此应高度警惕。[②]

4. 组织开展家长培训，推动家校共治共育

大量实践案例表明，“爱是习得的”，因此学校首先要研制防治学生欺凌和暴力的指导手册，全面加强教职工特别是班主任专题培训，提高教职工有效防治学生欺凌和暴力的责任意识和能力水平。其次，管教孩子是家长的法定监护职责，还可以通过组织学校法治副校长等法律专业人士定期开展专题培训课等方式和家访、家长会、家长学校等途径，加强师生联系、密切家校沟通，帮助家长了解防治学生欺凌和暴力知识（如善于观察孩子是否有被欺凌的痕迹等），增强家长的监护责任意识；切实加强家庭教育，引导家长要注重家风建设，加强对孩子的管教，必要时学校可向家长发出敦促正确、充分、及时履行监护职责的建议函，或由学校法治副校长等法律专业人士介入对家长进行家校共治共育法治专题培训。

需要注意的是，班主任和家长应互相通报学生信息，结合校园欺凌的常见征兆，以适当方式查实是否确实存在校园欺凌并及时处理[③]:（1）身体表面无故出现瘀伤、抓伤等人为伤痕;（2）书本、文具等常常丢失或破损，或频繁向家长要钱；（3）如厕习惯变得反常，课间不去，改在课上去，或非得回家才上厕所；（4）突然

---

① 参见雷思明著:《依法治校与学校规范化管理操作指南》，教育科学出版社2018年版，第113页。

② 《未成年人学校保护规定》第二十二条规定，教职工应当关注因身体条件、家庭背景或者学习成绩等可能处于弱势或者特殊地位的学生，发现学生存在被孤立、排挤等情形的，应当及时干预；教职工发现学生有明显的情绪反常、身体损伤等情形，应当及时沟通了解情况，可能存在被欺凌情形的，应当及时向学校报告。

③ 参见雷思明著:《依法治校与学校规范化管理操作指南》，教育科学出版社2018年版，第115页。

变得逃避上学，时常装病请假甚至逃学；（5）在校期间或回家后，总是神情沮丧、情绪低落、精神恍惚；（6）学习时变得难以集中注意力，成绩急剧下滑；（7）突然变得焦虑、易怒、不安，感叹活得没意思；（8）经常自责，甚至出现自伤、自残行为；（9）频繁地出现失眠、噩梦、尿床现象等。

5. 保护遭受欺凌学生的身心安全，强化教育惩戒威慑作用，实施科学有效的追踪辅导

发生校园欺凌时，首先，学校要根据事态出动教师、校园安保人员或联系公安民警及时制止，并对受伤学生及时救治且通知其监护人。其次，《加强中小学生欺凌综合治理方案》明确，学生欺凌事件的处置以学校为主，并规定了较为细致的调查、处理、申诉程序及对应的惩戒方式。依据《中小学教育惩戒规则（试行）》第七条，学生有“打骂同学、老师，欺凌同学或者侵害他人合法权益”情形的，[①]学校及其教师应当予以制止并进行批评教育，确有必要的，可以实施教育惩戒。[②]《教育部等九部门关于防治中小

① 《未成年人学校保护规定》第二十一条规定，教职工发现学生实施下列行为的，应当及时制止：（1）殴打、脚踢、掌掴、抓咬、推撞、拉扯等侵犯他人身体或者恐吓威胁他人；（2）以辱骂、讥讽、嘲弄、挖苦、起侮辱性绰号等方式侵犯他人人格尊严；（3）抢夺、强拿硬要或者故意毁坏他人财物；（4）恶意排斥、孤立他人，影响他人参加学校活动或者社会交往；（5）通过网络或者其他信息传播方式捏造事实诽谤他人、散布谣言或者错误信息诋毁他人、恶意传播他人隐私。

② 《未成年人学校保护规定》第二十三条规定，学校接到关于学生欺凌报告的，应当立即开展调查，认为可能构成欺凌的，应当及时提交学生欺凌治理组织认定和处置，并通知相关学生的家长参与欺凌行为的认定和处理；认定构成欺凌的，应当对实施或者参与欺凌行为的学生作出教育惩戒或者纪律处分，并对其家长提出加强管教的要求，必要时，可以由法治副校长、辅导员对学生及其家长进行训导、教育。

学生欺凌和暴力的指导意见》提出，一是要建立中小学生欺凌和暴力事件及时报告制度，包括面向学生的所在班级指定紧急事件报告员（也可由班干部兼任）；二是对实施欺凌和暴力的中小学生必须依法依规区分不同情况，采取适当的矫治措施予以教育惩戒，“抓早、抓小”“宽容不纵容、关爱又严管”，对严重欺凌事件，学校可邀请公安机关参与警示教育或对实施欺凌学生予以训诫；[①] 三是欺凌和暴力事件妥善处置后，学校要持续对当事学生追踪观察和辅导教育，及时开展相应的心理辅导和家庭支持，必要时要妥善做好班级调整和转学工作。同时加强对防治学生欺凌工作的正面宣传引导，尤其是要防止泄露有关学生个人及其家庭的信息，以及因网络传播等导致事态蔓延，造成恶劣社会影响，使受害学生再次受到伤害。

---

① 《预防未成年人犯罪法》第四十一条规定，对有严重不良行为的未成年人，公安机关可以根据具体情况，采取以下矫治教育措施：（1）予以训诫；（2）责令赔礼道歉、赔偿损失；（3）责令具结悔过；（4）责令定期报告活动情况；（5）责令遵守特定的行为规范，不得实施特定行为、接触特定人员或者进入特定场所；（6）责令接受心理辅导、行为矫治；（7）责令参加社会服务活动；（8）责令接受社会观护，由社会组织、有关机构在适当场所对未成年人进行教育、监督和管束；（9）其他适当的矫治教育措施。

15. 学校发现学生遭受不法侵害应立即向公安机关报案或举报

典型案例

2018年3月17日上午，某中学保安陆某某在保安室以亲嘴等方式对苏某某（女，14岁）进行猥亵。3月19日下午，陆某某又以看其饲养的小动物为诱饵，将苏某某从学校保安室带至其住宿的工棚内，以压身、摸胸等方式对苏某某进行强制猥亵。3月20日上午，苏某某将被性侵一事反映给学校老师。后苏某某姐姐、陆某某和老师三方在学校内签订协议，约定由陆某某所在劳务公司代为赔偿人民币3万元，被害人家属就此了结此事，不再追究陆某某责任。3月21日，苏某某得知此协议后表示不满，要求追究陆某某法律责任，遂拨打电话报警，本案由此案发。2019年1月31日，杭州市萧山区人民检察院以强制猥亵罪对被告人陆某某提起公诉，并从严提出量刑建议。陆某某被法院判处有期徒刑二年三个月，并被学校开除。

本案中，苏某某在校园内两次遭受性侵，学校均未能及时发现；在得知其被性侵后，学校老师也未能按照萧山区有关强制报告制度的要求严格履行报告义务，导致苏某某未能及时得到保护救助，身心健康遭受严重创伤。据此，萧山区人民检察院向区教育局制发检察建议，要求教育局督促涉案学校依法依规查处有关人员，切实查找校园安全管理漏洞，认真分析整改。[①]

法律风险分析与应对

1. 建立强制报告制度对于破解案件预防难、发现难、取证难的问题和及时干预、有效保护未成年人意义重大

《未成年人保护法》第十一条规定，任何组织或者个人发现不利于未成年人身心健康或者侵犯未成年人合法权益的情形，都有权劝阻、制止或者向公安、民政、教育等有关部门提出检举、控告；国家机关、居民委员会、村民委员会、密切接触未成年人的单位（如学校、幼儿园等教育机构）及其工作人员，在工作中发现未成年人身心健康受到侵害、疑似受到侵害或者面临其他危险情形的，应当立即向公安、民政、教育等有关部门报告；[②] 有关部门接到涉及未成年人的检举、控告或者报告，应当依法及时受理、处置，并以适当方式将处理结果告知相关单位和人员。同时依据《预防未成年人犯罪法》第三十九条，未成年人的父母或者其他监护人、学校、居民委员会、村民委员会发现有人教唆、胁迫、引诱未成年人实施严重不良行为的，应当立即向公安机关报告；公安机关接到报告或者发现有上述情形的，应当及时依法查处；对人身安

① 参见《侵害未成年人案件强制报告典型案例》，载最高人民检察院官网，http://www.spp.gov.cn/xwfbh/wsfbt/202005/t20200529_463482.shtml#3，最后访问于2020年5月30日。

② 《未成年人学校保护规定》第四十八条规定，教职员工发现学生权益受到侵害，属于本职工作范围的，应当及时处理；不属于本职工作范围或者不能处理的，应当及时报告班主任或学校负责人；必要时可以直接向主管教育行政部门或者公安机关报告。

全受到威胁的未成年人，应当立即采取有效保护措施。《未成年人学校保护规定》第二十三条第二款、第四十九条也规定，对违反治安管理或者涉嫌犯罪等严重欺凌行为，学校不得隐瞒，应当及时向公安机关、教育行政部门报告，并配合相关部门依法处理；学生因遭受遗弃、虐待向学校请求保护的，学校不得拒绝、推诿，需要采取救助措施的，应当先行救助。

最高人民检察院在《制定印发〈关于建立侵害未成年人案件强制报告制度的意见（试行）〉有关情况的通报》中指出，首先，从问题上看，2017 年至 2019 年，检察机关起诉侵害未成年人犯罪分别为 4.76 万人、5.07 万人、6.29 万人，后两年同比分别增长 6.8%、24.2%；同时由于侵害未成年人案件一则往往发生在家庭和学校、培训机构等内部场所、封闭环境，外人很难发现，二则未成年人的自护意识、能力不够强，不少孩子遭受侵害后不敢、不愿甚至不知道寻求帮助。这导致此类案件预防难、发现难、取证难的问题亟待破解，有的遭受侵害甚至持续几年的时间，给未成年人造成了不可挽回的后果；有的甚至因为证据灭失，让犯罪分子得以逃避应有的惩罚。其次，从经验上看，近年来各地的探索实践证明强制报告制度是行之有效的惩防措施。最后，从意义上看，建立强制报告制度，一是有利于在第一时间发现未成年人遭受侵害的线索，及时完善固定证据，有效惩治违法犯罪，将不法伤害程度降到最低；二是能让遭受侵害的未成年人得到及时、有效的心理干预、司法救助等工作，切实维护其身体健康和合法权益；三是有助于及时排除隐患，堵塞管理漏洞，促进未成年人保护社会治理；四是有助于整合各部门资源和力量，形成部门联动、衔接有序的未成年人保护良好局面。

2. 学校及教职工应依法及时履行强制报告责任，否则将承担相应的不利法律后果

“中小学校、幼儿园、校外培训机构、未成年人校外活动场所等教育机构及校车服务提供者；托儿所等托育服务机构；儿童福利机构、未成年人救助保护机构”等是《未成年人保护法》第一百三十条、《关于建立侵害未成年人案件强制报告制度的意见（试行）》第三条明确规定的强制报告义务主体。从学校角度而言，侵害未成年人案件强制报告制度是指学校及其从业人员在工作中发现未成年人遭受或疑似遭受不法侵害以及面临不法侵害危险的，应立即向公安机关报案或举报，推动及时发现、处置侵害未成年人犯罪。

具体而言，《关于建立侵害未成年人案件强制报告制度的意见（试行）》第四条明确规定了学校等强制报告义务主体在工作中发现未成年人遭受或者疑似遭受不法侵害以及面临不法侵害危险的情况：（1）未成年人的生殖器官或隐私部位遭受或疑似遭受非正常损伤的；（2）不满十四周岁的女性未成年人遭受或疑似遭受性侵害[①]、怀孕、流产的；（3）十四周岁以上女性未成年人遭受或疑似遭受性侵害所致怀孕、流产的；（4）未成年人身体存在多处损伤、严重营养不良、意识不清，存在或疑似存在受到家庭暴

① 此处包括强奸、猥亵等有身体接触的性侵害，和非身体接触的性侵害，如给学生拍摄裸照、强迫学生观看色情录像或图片等。参见雷思明著：《依法治校与学校规范化管理操作指南》，教育科学出版社 2018 年版，第 69 页。

力[①]、欺凌、虐待、殴打或被人麻醉等情形的；（5）未成年人因自杀、自残、工伤、中毒、被人麻醉、殴打等非正常原因导致伤残、死亡情形的；（6）未成年人被遗弃或长期处于无人照料状态的；（7）发现未成年人来源不明、失踪或被拐卖、收买的；（8）发现未成年人被组织乞讨的；（9）其他严重侵害未成年人身心健康的情形或未成年人正在面临不法侵害危险的。

与此同时，《关于建立侵害未成年人案件强制报告制度的意见（试行）》还规定了报告过程中的注意事项、强化履责保障和在报告、处置过程中注意保护救助未成年被害人等主要内容：（1）第五条规定，根据该意见规定情形向公安机关报案或举报的，应按照主管行政机关要求报告备案。（2）为消除报告义务主体担心遭受打击报复等思想顾虑，第十三条规定公安机关等相关部门应对报案人的信息予以保密，违法窃取、泄露报告事项、报告受理情况以及报告人信息的，依法依规予以严惩。第十五条规定对根据规定报告侵害未成年人案件而引发的纠纷，报告人不予承担相应法律责任；对于干扰、阻碍报告的组织或个人，依法追究法律责任。第十六条规定未履行报告职责，造成严重后果的，由其主管行政机关或本单位依法对直接负责的主管人员或其他直接责任人

---

① 《反家庭暴力法》第二条规定："本法所称家庭暴力，是指家庭成员之间以殴打、捆绑、残害、限制人身自由以及经常性谩骂、恐吓等方式实施的身体、精神等侵害行为"；第十四条规定，"学校、幼儿园……及其工作人员在工作中发现无民事行为能力人、限制民事行为能力人遭受或者疑似遭受家庭暴力的，应当及时向公安机关报案。公安机关应当对报案人的信息予以保密"。

员给予相应处分，[①] 如上述案例所示；构成犯罪的，依法追究刑事责任；阻止工作人员报告的，予以从重处罚。第十九条规定对及时报案避免严重后果发生的，应当予以奖励。（3）为做好涉案未成年人的保护和救助工作，切实保障他们的隐私，避免二次伤害，第十四条规定相关单位、组织及其工作人员应注意保护未成年人隐私，对于涉案未成年人身份、案情等信息资料予以严格保密，严禁通过互联网或者以其他方式进行传播。私自传播的，依法给予治安处罚或追究其刑事责任。

① 《未成年人保护法》第一百一十七条也规定，违反该法第十一条第二款规定，未履行报告义务造成严重后果的，由上级主管部门或者所在单位对直接负责的主管人员和其他直接责任人员依法给予处分。

16. 学校和教师须依法保护学生的生命权、身体权和健康权

典型案例

“我字写得不好，罚抄作业会被老师没收作业本、罚站、蹲马步，然后拍照片发到家长群里去，我受不了这样……”2019 年 6 月 11 日，抚州市广昌县某小学五年级学生小美（化名）跳楼自杀致残损害赔偿案在广昌县法院公开开庭审理，13 岁的小美泣不成声，哽咽着说出了前一年跳楼自杀的原因。

2018 年 9 月，应某某担任小美所在班级的语文老师。10 月 18 日下午，应某某要求不能背诵课文的 29 名同学罚抄课文 3 遍，小美在课后写下遗书“我受不了应老师对学生的欺压，我说我早就不想活了”。放学后，小美大哭着跑到临时借宿的姑姑家，从六楼跳下。经抢救，小美虽保住了生命，但造成身体多处伤残，终身瘫痪。应某某在广昌县公安局介入调查时所做笔录中承认让学生蹲马步、打手心等。[①]

① 参见《江西抚州一小学生因畏惧罚站蹲马步跳楼自残》，载中国新闻网，http://www.chinanews.com/sh/2019/06-13/8863230.shtml，最后访问于 2020 年 6 月 9 日。

法律风险分析与应对

1. 禁止教师体罚、变相体罚、性骚扰等各种形式的侵害学生生命权、身体权和健康权的行为

首先，《未成年人保护法》第二十七条、《义务教育法》第二十九条第二款规定，学校教职员工不得对未成年人实施体罚、变相体罚的行为。《小学管理规程》第二十三条和《幼儿园工作规程》第六条也有类似规定。未成年学生正处于身心、智力发育的黄金时期，体罚或变相体罚学生极易造成其身体器官的损伤，严重者甚至可能导致终身残疾，实践中不乏老师一巴掌将学生打聋甚至打成脑震荡的例子[①]。故法律法规再三地强调不得对未成年学生实施虐待、体罚、变相体罚等损害其身心健康的行为，由此可见学生生命权、身体权和健康权受法律保护的严肃性。

其次，依据《民法典》第一千零二条至第一千零四条：（1）自然人享有生命权。自然人的生命安全和生命尊严受法律保护。任何组织或个人不得侵害他人的生命权。（2）自然人享有身体权。自然人的身体完整和行动自由受法律保护。任何组织或个人不得侵害他人的身体权。（3）自然人享有健康权。自然人的身心健康受法律保护。任何组织或个人不得侵害他人的健康权。未成年学生是祖国的未来、民族的希望，对未成年人应遵循教育与保护相结合的工作原则，负有法定管理、保护和救助义务的学校和老师无疑更应从自身做起，充分保护学生的生命权、身体权和健康权。

---

① 参见马雷军、刘晓巍编著：《依法治校实务》，中国轻工业出版社 2015 年版，第 3 页、第 153 页。

最后，利用未成年学生心智不成熟等特点，以言语、文字、图像、肢体行为等方式实施性骚扰，是侵害学生身体权的重要表现。依据《民法典》第一千零一十条第二款，学校等单位应采取合理的预防、受理投诉、调查处置等措施，防止和制止利用职权、从属关系等实施性骚扰。《未成年人保护法》第四十条也规定，学校、幼儿园应当建立预防性侵害、性骚扰未成年人工作制度；对性侵害、性骚扰未成年人等违法犯罪行为，学校、幼儿园不得隐瞒，应当及时向公安机关、教育行政部门报告，并配合相关部门依法处理；学校、幼儿园应当对未成年人开展适合其年龄的性教育，提高未成年人防范性侵害、性骚扰的自我保护意识和能力；对遭受性侵害、性骚扰的未成年人，学校、幼儿园应当及时采取相关的保护措施。同时，根据《未成年人学校保护规定》第十八条、第二十四条，学校应当落实法律规定建立学生欺凌防控和预防性侵害、性骚扰等专项制度，建立对学生欺凌、性侵害、性骚扰行为的零容忍处理机制和受伤害学生的关爱、帮扶机制；学校应当建立健全教职工与学生交往行为准则、学生宿舍安全管理规定、视频监控管理规定等制度，建立预防、报告、处置性侵害、性骚扰工作机制。[①] 需要注意的是，实践中性侵害儿童大多都是熟人作案，其中学校方面包括但不限于教职工、劳务人员、实习生、

---

① 《未成年人学校保护规定》第二十四条第二款规定，学校应当采取必要措施预防并制止教职工以及其他进入校园的人员实施以下行为：（1）与学生发生恋爱关系、性关系；（2）抚摸、故意触碰学生身体特定部位等猥亵行为；（3）对学生作出调戏、挑逗或者具有性暗示的言行；（4）向学生展示传播包含色情、淫秽内容的信息、书刊、影片、音像、图片或者其他淫秽物品；（5）持有包含淫秽、色情内容的视听、图文资料；（6）其他构成性骚扰、性侵害的违法犯罪行为。

对外承包或委托经营的食堂人员、小卖部人员和劳务派遣保安员等学校人员。

2. 无论是教职工体罚或变相体罚学生，抑或猥亵或性骚扰学生，后果均十分严重

依据《中小学教育惩戒规则（试行）》第十二条，从实践来看，体罚主要是指以击打、刺扎等方式，直接造成身体痛苦的行为，常见的如打耳光、拧耳朵，以及扯头发、用粉笔擦打人、用脚踢、橡皮筋崩脸、用电熨斗烫等；变相体罚一般是指超过正常限度的罚站、反复抄写，强制做不适的动作或姿势、刻意孤立[①]等间接伤害学生身体、心理的行为，通常还包括长时间罚跪讲台、过量的罚跑步、罚蛙跳、罚半蹲、罚举重物或罚额外劳动或作业、饿着肚子罚课后留校、烈日下暴晒、吓唬幼儿、让幼儿受冻饿等；依据《民法典》第一千零一十条，性骚扰的方式包括言语、文字、图像、肢体行为等。但无论是哪一种体罚或变相体罚、猥亵或性骚扰学生的情形，一旦查证属实，都极可能依法承担民事、行政乃至刑事多方面的法律责任。

从民事责任角度看，依据《民法典》第一百二十条和第一百七十九条，学生的民事权益受到侵害的，被侵权的学生及其监

---

① 《中小学教育惩戒规则（试行）》第十二条规定的“刻意孤立”，主观上是故意的而且针对特定学生，具有相对性、持续性，非因疏忽而没有关注到学生的需求；行为表现上，可以是对学生正常需求故意不予回应、指使其他学生孤立特定学生或者物理上隔离（如让学生单独坐在最后一排）等；后果上，导致学生得不到老师的关注和正常的同伴关系，产生心理上的压力。参见《〈中小学教育惩戒规则（试行）〉第 12 条中的“刻意孤立”如何界定？》，载教育部官网，http://www.moe.gov.cn/jyb_hygq/hygq_zczx/moe_1346/moe_1347/202104/t20210421_527469.html，最后访问于 2021 年 5 月 10 日。

护人有权请求侵权的学校、教职工承担侵权责任；承担民事责任的方式包括停止侵害、赔偿损失、消除影响、恢复名誉和赔礼道歉等。依据《民法典》第一千零一十条，性骚扰的受害人有权依法请求行为人承担民事责任。依据《最高人民法院关于确定民事侵权精神损害赔偿责任若干问题的解释》第一条，因人身权益或者具有人身意义的特定物受到侵害，自然人或者其近亲属向人民法院提起诉讼请求精神损害赔偿的，人民法院应当依法予以受理。《学生伤害事故处理办法》第九条也规定，学校教师或其他工作人员体罚或变相体罚学生，造成学生伤害事故的，学校应依法承担相应的责任。

从行政责任角度看，依据《治安管理处罚法》第四十三条、第四十四条：（1）殴打、伤害不满十四周岁的人，或者多次殴打、伤害他人或一次殴打、伤害多人的，处十日以上十五日以下拘留，并处五百元以上一千元以下罚款；（2）猥亵不满十四周岁的人或有其他严重情节的，处十日以上十五日以下拘留。

除此之外，依据《中小学教师违反职业道德行为处理办法》《幼儿园教师违反职业道德行为处理办法》，“虐待、伤害学生，或体罚和变相体罚幼儿”或者“与学生发生不正当关系，有任何形式的猥亵、性骚扰行为，或猥亵、虐待、伤害幼儿”同时还是教师应予处理的违反职业道德行为。因此，依据《未成年人保护法》第一百一十九条、《预防未成年人犯罪法》第六十二条和《教师法》第三十七条等，一旦教师构成侵害学生生命权、身体权和健康权的，不排除进一步受到处分或其他处理。

需要提醒的是，体罚或变相体罚学生，以及猥亵或性骚扰学生，极易造成师生对立情绪[①]，使学生产生自卑、怯懦心理，严重的甚至会造成学生肢体损伤，对学生身心的健康发展造成十分恶劣的后果，并且容易引起家长与教师的纠纷。因此各学校都应高度重视这个问题，要经常教育全体教职员工，把禁止体罚和变相体罚学生、禁止猥亵或性骚扰学生作为一条学校纪律，严格遵守。

---

① 备受社会关注的“常某想起上学时因违反学校纪律曾被班主任张某某体罚而当街拦截、辱骂和殴打 20 年前班主任，并同步录制视频进行公开传播”一案，就是其中典型，后常某被一审法院认定构成寻衅滋事罪判处有期徒刑一年六个月。详见《男子“20 年后打老师”获刑一年六个月》，载人民网，http://jx.people.com.cn/n2/2019/0711/c190316-33130706.html，最后访问于 2020 年 6 月 11 日。

17. 学校和教师不得侵害学生的肖像权与人格尊严、人身自由

典型案例

原告向某某系被告某中学高96级2班学生，2003年6月13日，被告在《龙泉开发报》辟该中学专版，在学生篇中使用通过翻拍其保存的毕业合影照制作的原告个人头像等。同版刊登了《成都某中学2003年招生细则》（含收取借读费、调剂生费内容）。2004年4月22日，被告在其网站相关网页发表其制作的原告个人头像。此外，被告还在校门外的《某中学部分精英学子风采（一）》宣传橱窗使用其制作的原告个人头像等。被告使用原告肖像的行为处于延续状态。

法院认为，学校教育和公民的合法权利，需要法律平等加以保护。以教育教学为目的在一定范围内使用公民肖像可以成为阻却违法事由。但是，被告在校门外的宣传橱窗、学校网站、相关报刊使用其擅自制作的原告头像，其行为已超出教育教学本身的范畴，亦超过了必要的限制范围。因此，本案被告制作和使用原告肖像的行为不具有免责事由，因其未经原告同意许可，已构成对原告肖像权的侵害。被告依法应承担停止侵害、赔礼道歉、赔偿损失等民事责任。被告作为公益事业单位，其侵害原告肖像权的行为致原告精神损害虽无严重后果，但其制作并使用原告肖像

不乏经济目的。因此，被告在承担停止侵害、赔礼道歉等非财产性质的民事责任的同时，依法应承担赔偿原告精神抚慰金的责任。[①]

法律风险分析与应对

1. 法律法规明文规定禁止教职工侵犯未成年学生的肖像权、人格尊严和人身自由

从学生肖像权保护来看，《民法典》第一千零一十八条和第一千零一十九条规定，自然人享有肖像权，有权依法制作、使用、公开或许可他人使用自己的肖像；肖像是通过影像、雕塑、绘画等方式在一定载体上所反映的特定自然人可以被识别的外部形象；任何组织或个人不得以丑化、污损，或者利用信息技术手段伪造等方式侵害他人的肖像权；除法律另有规定外，未经肖像权人同意，不得制作、使用、公开肖像权人的肖像；未经肖像权人同意，肖像作品权利人不得以发表、复制、发行、出租、展览等方式使用或公开肖像权人的肖像。同时，依据《未成年人学校保护规定》第十五条，学校对外宣传或者公开使用学生个体肖像的，应当取得学生及其家长许可，并依法保护学生的权利。

从学生人格尊严、人身自由保护来看，《宪法》第三十八条、第三十七条和《民法典》第一百零九条、第九百九十条明确，自然人的人身自由、人格尊严受法律保护，禁止非法拘禁和以其他方法非法剥夺或限制公民的人身自由，禁止非法搜查公民的身体，同时

① 参见成都市龙泉驿区人民法院（2004）龙泉民初字第 1095 号一审民事判决书及《营利性不是肖像权的侵权构成要件——向某某诉成都某中学肖像权纠纷案》，载成都法院网，http://cdfy.chinacourt.gov.cn/article/detail/2005/09/id/553500.shtml，最后访问于 2021 年 8 月 27 日。

自然人享有基于人身自由、人格尊严产生的其他人格权益。

《未成年人保护法》第三条、第四条和《未成年人学校保护规定》第六条规定，未成年人依法平等地享有各项权利，不因本人及其父母或者其他监护人的民族、种族、性别、户籍、职业、宗教信仰、教育程度、家庭状况、身心健康状况等受到歧视；保护未成年人，应当坚持最有利于未成年人的原则，处理涉及未成年人事项，应当符合"尊重未成年人人格尊严"的要求。《未成年人保护法》第二十九条规定，学校应当关心、爱护未成年学生，不得因家庭、身体、心理、学习能力等情况歧视学生；第二十七条规定，学校、幼儿园的教职员工应当尊重未成年人人格尊严，不得对未成年人实施体罚、变相体罚或者其他侮辱人格尊严的行为。《义务教育法》第二十九条、《教师法》第八条也有类似规定。《未成年人学校保护规定》第九条规定，学校应当尊重和保护学生的人格尊严，尊重学生名誉，保护和培育学生的荣誉感、责任感，表彰、奖励学生做到公开、公平、公正；在教育、管理中不得使用任何贬损、侮辱学生及其家长或者所属特定群体的言行、方式。《小学管理规程》第二十三条规定，小学对学生应以正面教育为主，肯定成绩和进步，指出缺点和不足，不得讽刺挖苦、粗暴压服；《幼儿园工作规程》第六条也有类似规定。

其中，依据《中小学教育惩戒规则（试行）》第十二条，常见的侵害学生人格尊严的行为主要有强令学生当众脱裤子、衣服使其裸露身体，强行给学生剃光头，当众嘲笑、谩骂、讽刺、挖苦学生的语言惩罚[①]，以大字报、图画、微信等方式（包括役使学生）

---

① 如"你比猪还笨""没有家教""你这辈子完蛋了""你是最差的一个""你就是个废物""缺心眼""不干人事""人渣""饭桶""弱智""不是东西""滚""你爸妈都不要你了""坐台都没人要"等。

使学生当众出丑等歧视性、侮辱性言行；常见的侵害学生人身自由的行为主要有关学生禁闭，以反思错误、写作业等为由将学生锁在办公室、宿舍、储藏室等封闭空间，[①]以检查物品或寻找遗失物等为借口亲自或指使学生对学生进行搜身检查[②]等。

2. 合理使用他人肖像有边界，学校教职工侵害学生肖像权、人格尊严或人身自由的，将依法承担相应的责任

从合理使用他人肖像角度来看，依据《民法典》第一千零二十条，学校及其教职工可不经肖像权人同意，合理实施“为……课堂教学……在必要范围内使用肖像权人已经公开的肖像”“为实施新闻报道，不可避免地制作、使用、公开肖像权人的肖像”等行为。实践中，学校与教育领域侵犯他人肖像权的行为主要发生在教育广告活动中，故《广告法》第二十四条规定，教育、培训广告不得含有利用受益者的名义或形象作推荐、证明的内容；第三十三条规定广告主在广告中使用无民事行为能力人、限制民事行为能力人的名义或形象的，应当事先取得其监护人的书面同意。比如，学校以“参加校队活动”等为由，在未征得学生本人及监护人同意的情况下，组织学生乐手为企业商品展销会等营利性活

① 《中小学教育惩戒规则（试行）》第十一条第一款规定，学生扰乱课堂或者教育教学秩序，影响他人或者可能对自己及他人造成伤害的，教师可以采取必要措施，将学生带离教室或者教学现场，并予以教育管理。

② 《中小学教育惩戒规则（试行）》第十一条第二款、第三款规定，教师、学校发现学生携带、使用违规物品或者行为具有危险性的，应当采取必要措施予以制止；发现学生藏匿违法、危险物品的，应当责令学生交出并可以对可能藏匿物品的课桌、储物柜等进行检查；教师、学校对学生的违规物品可以予以暂扣并妥善保管，在适当时候交还学生家长；属于违法、危险物品的，应当及时报告公安机关、应急管理部门等有关部门依法处理。

动奏乐并拍成视频打广告公开播放的[①]，无疑极可能侵犯学生的肖像权。

如学校或教职工侵害学生肖像权、人格尊严或人身自由，从民事责任角度看，依据《广告法》第六十八条、《民法典》第一百二十条和第一百七十九条，学生的民事权益受到侵害的，被侵权的学生及其监护人有权请求侵权的学校、教职工承担侵权责任；承担民事责任的方式包括停止侵害、赔偿损失、消除影响、恢复名誉和赔礼道歉等。依据《最高人民法院关于确定民事侵权精神损害赔偿责任若干问题的解释》第一条，因人身权益或者具有人身意义的特定物受到侵害，自然人或者其近亲属向人民法院提起诉讼请求精神损害赔偿的，人民法院应当依法予以受理。

从行政责任角度看，依据《治安管理处罚法》第四十条和第四十二条，非法限制他人人身自由，或非法搜查他人身体，或公然侮辱他人的，按照情节轻重处拘留或罚款。《残疾人教育条例》第五十七条还特别规定了学校及其工作人员“歧视、侮辱、体罚残疾学生，或者放任对残疾学生的歧视言行，对残疾学生造成身心伤害的”法律责任。

除此之外，依据《中小学教师违反职业道德行为处理办法》《幼儿园教师违反职业道德行为处理办法》，“歧视、侮辱学生”或“歧视、侮辱幼儿”同时还是教师应予处理的违反职业道德行为。因此，依据《未成年人保护法》第一百一十九条、《预防未成年人犯罪法》第六十二条和《教师法》第三十七条等，一旦教师构成

① 参见赖虔干：《本案被告是否侵犯了 40 名小学生的肖像权》，载《法律适用》1994 年第 7 期。

侵害学生人格尊严，不排除进一步受到处分和其他处理。

另外需要强调的是，学校教职工侵害学生人格尊严、人身自由的行为，往往还极易引发学生伤害事故和家校冲突，甚至是受害学生家长对老师的报复性暴力伤害，学校和老师对此均应高度警惕，并在履行职责过程中从严防范。值得一提的是，学校和老师除了需要主动防范自身对学生肖像权等的侵害以外，从学校对学生的教育、管理和保护职责出发，也应依法制止如有学生把班上同学的照片处理成怪诞表情包，在QQ群、微信群里传播，还有同学点赞叫好等学生之间违反前述《民法典》的有关规定，侵害他人肖像权及其他侵害人格尊严、人身自由的行为。[①]

① 参见钱慧：《看大成实验学校思品老师怎么给学生普法》，载《青年时报》2016年5月13日，B2版。

18. 学生的隐私权和个人信息受法律保护

典型案例

案例 1：老师没收学生手机后，在未经允许的情况下查看其短信内容系侵犯隐私①

小然（化名）是一名初一学生。在一次课堂中，小然因为玩手机而被老师没收了。后来，老师查看了小然的手机短信，发现里面有她和男生的暧昧对话。于是，老师把小然早恋的问题告诉了她的父母。小然回到家，父母也要求查看小然手机。小然却说，这都是她的隐私，老师和父母都没有权利查看。

案例 2：老师利用工作之便收集学生信息进行售卖触刑②

2018 年 5 月，凉山州公安局网安支队经侦查，犯罪嫌疑人李某亮利用“校讯通”业务代理的职务之便，非法从“校讯通”系统中复制西昌市 17 所学校的学生数据 4 万余条并非法出售给嫌疑人李某，李某又将所得信息非法出售给教育培训机构，每条学生

---

① 转引自《偷偷看学生短信老师侵犯隐私权》，载人民网，http：//legal.people.com.cn/GB/14762584.html，最后访问于 2020 年 6 月 9 日。

② 参见：《40 万条学生个人信息被泄露　嫌疑人中有两名老师》，载人民网，http：//sn.people.com.cn/n2/2018/0921/c378297-32084707.html，最后访问于 2020 年 6 月 9 日。

学籍信息卖1元。此案共抓获涉嫌侵犯公民信息的嫌疑人16人，16人已被刑拘。令人惊讶的是，其中还有两名学校的老师，利用工作之便收集学生信息进行售卖。

法律风险分析与应对

1. 学校和老师应依法保护学生的隐私权和个人信息

首先，关于学生隐私权的法律保护，依据《未成年人保护法》第四条和第六十三条，处理涉及未成年人事项，应当符合“保护未成年人隐私权和个人信息”的要求；任何组织或者个人不得隐匿、毁弃、非法删除未成年人的信件、日记、电子邮件或者其他网络通信内容；除“无民事行为能力未成年人的父母或者其他监护人代未成年人开拆、查阅”等三类情形外，任何组织或者个人不得开拆、查阅未成年人的信件、日记、电子邮件或者其他网络通信内容。[①] 如有些学校或班主任出于各种考虑（包括为避免学生分心而影响学业、了解学生思想动态等），告知收发室，将本班学生的信件、贺年卡等统一由学校或老师保管，到放假时再归还学生，就涉嫌截留或扣押学生信件的违法行为，虽一般情节较轻，但也容易引发学生不满。[②] 同时，我国《民法典》第一千零三十二条规定，隐私是自然人的私人生活安宁和不愿为他人知晓的私密空间、私密活动、私密信息，自然人享有隐私权；任何组织或个

① 《宪法》第四十条也规定：“中华人民共和国公民的通信自由和通信秘密受法律的保护。除因国家安全或者追查刑事犯罪的需要，由公安机关或者检察机关依照法律规定的程序对通信进行检查外，任何组织或者个人不得以任何理由侵犯公民的通信自由和通信秘密。”

② 参见《教师“截留”学生信件违法》，载《教育》2008年第31期。

人不得以刺探、侵扰、泄露、公开等方式侵害他人的隐私权。

其次，关于学生个人信息的法律保护，《民法典》第一千零三十四条规定，个人信息是以电子或其他方式记录的能够单独或与其他信息结合识别特定自然人的各种信息，包括自然人的姓名、出生日期、身份证件号码、生物识别信息、住址、电话号码、电子邮箱、健康信息、行踪信息等；自然人的个人信息受法律保护。《个人信息保护法》第二十八条第一款进一步规定，敏感个人信息是一旦泄露或者非法使用，容易导致自然人的人格尊严受到侵害或者人身、财产安全受到危害的个人信息，包括生物识别、宗教信仰、特定身份、医疗健康、金融账户、行踪轨迹等信息，以及不满十四周岁未成年人的个人信息。依据《个人信息保护法》第二十八条第二款、第三十一条，只有在具有特定的目的和充分的必要性，并采取严格保护措施的情形下，个人信息处理者方可处理敏感个人信息；个人信息处理者处理不满十四周岁未成年人个人信息的，应当取得未成年人的父母或者其他监护人的同意，并应当制定专门的个人信息处理规则。

同时，为适应在线教育等发展需要，依据2020年修订的《未成年人保护法》第六十九条、第七十二条第一款和第七十三条，学校等场所为未成年人提供的互联网上网服务设施，应当安装未成年人网络保护软件或者采取其他安全保护技术措施；信息处理者通过网络处理未成年人个人信息的，应当遵循合法、正当和必要的原则；处理不满十四周岁未成年人个人信息的，应当征得未成年人的父母或者其他监护人同意，但法律、行政法规另有规定的除外。依据《未成年人学校保护规定》第十条、第五十二条第二款，学校采集学生个人信息，应当告知学生及其家长，并对所获得的学生及其家庭信息负有管理、保密义务，不得毁弃以及非法删除、泄露、公开、买卖；学校在奖励、资助、申请贫困救助等工作中，不得泄露学生个人及其家庭隐私；学生的考试成绩、名次等学业信息，学校应当便利学生本人和家长知晓，但不得公开，不得宣传升学情况；除因法定事由，不得查阅学生的信件、日记、电子邮件或者其他网络通信内容；学校在与有关部门、机构、社会组织及个人合作进行学生保护专业服务与支持过程中，应当与相关人员签订保密协议，保护学生个人及家庭隐私。因此，当学校作为个人信息处理者处理学生个人信息时，应当严格遵守《个人信息保护法》等有关规定，尤其是要充分履行《个人信息保护法》第五章规定的个人信息处理者的义务。

最后，结合《个人信息保护法》《民法典》第一千零三十三条和有关实践，生活中学校或老师可能构成侵犯学生、家长隐私权或个人信息的主要情形有：(1) 学生违反学校规定在校玩手机被老师依规没收，老师私自查阅甚至公开手机中的照片、短信或微信内容，如上述案例 1 所示；(2) 老师隐匿、毁弃或擅自开拆、查阅甚至公开学生的信件、日记、电子邮件；(3) 学校或教职工在澡堂、厕所等非公共场所安装视频监控设备拍摄到学生身体私密部位甚至将之泄露；(4) 老师将含有学生私密信息的教室监控视频发到家长群；(5) 老师将含有学生私密信息的作业发到个人微信朋友圈或微信公众号“吐槽”或“调侃”；(6) 老师将含有学生私密信息的学生成绩排名发到家长群；[①] (7) 老师在班级群里发

① 《中共中央、国务院关于深化教育教学改革全面提高义务教育质量的意见》明确提出“严禁以任何方式公布学生成绩和排名”。

送含有学生私密信息的不完成作业学生的小视频；（8）老师将含有学生姓名等个人信息的认错书、检讨书发到微信群、公众号或朋友圈；（9）老师将学生、家长身份证号、手机号等告知其他学生家长或第三方；（10）非出于维护学校公共卫生安全需要，擅自公布学生所患有的疾病、身体部位或智力、心理的缺陷、父母离异或违法、犯罪等信息，学校和老师对此均应高度注意。

2. 学校或老师侵害学生的隐私权或个人信息，将可能承担民事、行政甚至刑事等多重法律责任

从民事责任角度看，依据《个人信息保护法》第七章、《未成年人保护法》第一百二十九条、《民法典》第一百二十条和第一百七十九条，学生的民事权益受到侵害的，被侵权的学生及其监护人有权请求侵权的学校、教职工承担侵权责任；承担民事责任的方式包括停止侵害、赔偿损失、消除影响、恢复名誉和赔礼道歉等。①

从行政责任角度看，依据《治安管理处罚法》第四十二条和第四十八条，偷窥、偷拍、窃听、散布他人隐私，或冒领、隐匿、毁弃、私自开拆或非法检查他人邮件的，由公安机关按照情节轻重处拘留或罚款。《个人信息保护法》第六十六条也规定，对违反该法规定处理个人信息，或者处理个人信息未履行该法规定的个人信息保护义务的，依不同情形分别给予警告、没收违法所得、罚款等处罚。

除此之外，依据《中小学教师违反职业道德行为处理办法》

---

① 《个人信息保护法》第二十条第二款规定，个人信息处理者共同处理个人信息，侵害个人信息权益造成损害的，应当依法承担连带责任。

《幼儿园教师违反职业道德行为处理办法》，“为校外培训机构和他人介绍生源、提供相关信息”或“泄露幼儿与家长的信息”还是教师应予处理的违反职业道德行为。因此，一旦教师构成侵害学生隐私权或个人信息，不排除进一步受到处分或其他处理。

需要提醒的是，从学生伤害事故、师生矛盾和家校冲突的诱因来看，由于未成年学生的心智尚未成熟，教职工侵犯学生和家长隐私权和个人信息常常是导致学生伤害事故、师生矛盾和家校冲突的重要因素，现实中不乏学生因老师侵犯其隐私权或个人信息而离家出走甚至是走上自伤、自杀道路的例子，因此学校和老师在履行对学生的教育、管理职责时，比如对学生恋爱问题的处理等，应当充分考虑未成年学生的年龄、性别、家庭背景等影响因素，注意方式、方法、尺度和场合，尽到对学生的保护义务。

19. 教师不得违反工作要求、操作规程、职业道德或其他有关规定

典型案例

2016年3月4日，4岁的小男孩小军（化名）在潮州市枫溪区某幼儿园内楼上扔下小块混凝土，将小成头部砸伤。事故发生后，小成被送至潮州市中心医院，后转至中山大学孙逸仙纪念医院住院治疗，于2016年6月20日出院。出院后，小成继续治疗。司法鉴定意见显示，小成的伤残程度被评定为九级伤残。

一审、二审法院认为，事故发生时，小成和小军均是未满六周岁的未成年人，其识别和认知能力非常有限，系无民事行为能力人，幼儿园理应尽到严格周密的教育、管理和保护义务。而事故发生时，幼儿园对提供给幼儿活动的场所和设施没有及时改进和消除安全隐患，在事故中对小成所受的人身伤害和小军致人伤害行为均没有尽到应有的管理和保护的职责，依法应承担主要责任。小成因本案事故遭受人身损害产生的各项费用共计38.2万余元，幼儿园应负90%的赔偿责任共计34.4万余元。①

---

① 参见董柳：《4岁小孩在幼儿园高空抛物，小块混凝土砸到同学致九级伤残》，载金羊网，http://news.ycwb.com/2019-10/14/content_30356908.htm，最后访问于2020年6月12日。

法律风险分析与应对

1.“敬畏生命，敬畏职责，敬畏规章”应成为包括教师群体在内的各行各业的一种职业信仰和习惯

近些年来，从海军 372 潜艇到川航 3U8633 航班，我国一些英雄群体成功处置了一系列世界级的险情，让“敬畏生命，敬畏职责，敬畏规章”成了全民共识的流行话语，生活中的教师职业可能没有那么轰轰烈烈，但道理其实也是如此。实践中，平心而论，因学校教师或其他工作人员体罚或变相体罚学生而造成的学生伤害事故，相对而言毕竟是少数，因职业倦怠、侥幸心理、情绪失控甚至是“好心办坏事”等因素而滋生的“在履行职责过程中违反工作要求、操作规程、职业道德或者其他有关规定”反而更加易发多发，稍有不慎同样有可能引发学生伤害事故。如上述案例所示，仅仅是因为幼儿园五楼天台上供幼儿玩耍的沙堆中有大小约 10cm × 5cm 的小块混凝土，幼儿园没有及时发现、排查，使幼儿有机会接触到小块混凝土，且没有设置一定的防护措施防止高空抛、坠物，以致肇事小男孩将小块混凝土扔出天台时没有及时被制止，小块混凝土跌落楼下时也没能及时采取措施避免楼下幼儿受到伤害，就造成了受害小男孩九级伤残的危害后果，幼儿园赔偿金额高达 34.4 万余元。[①]

类似的案例还有很多。比如，某小学甲老师“拖堂”8 分钟，乙老师提前 2 分钟来到教室，对学生们说课间只剩 2 分钟，让大

① 参见郑新培：《男孩在幼儿园高空抛泥块砸伤同学》，载《潮州日报》2020 年 6 月 2 日，第 3 版。

家赶紧上厕所，谁要是最后一个回到教室就要给全班同学作检讨，结果在学生争相跑着去厕所的过程中，一个男生脚踝摔骨折，一个女孩的胳膊肘部摔成粉碎性骨折、牙齿坏了两颗。[①] 又如，某中学一体育老师组织学生上课练习立定跳远，有十几个学生跟老师说立定跳远已经很熟练了，投掷铅球却还不熟练，并且学校马上就要开运动会了，这些学生都报了铅球项目要去练习，体育老师便同意了，十几个学生就自行到铅球场地去练习；然而一名学生在危险区捡拾铅球没有回到安全区域，另一名同学在投掷时投偏了，铅球砸到了那名同学的脸上，导致其脸部凹陷[②]；等等。

从现实情况来看，这些问题的发生，如老师“拖堂”、体育课让学生自行练习等，都有相当程度的普遍性，但如果回到教学规范上分析，前述“拖堂”的老师、“让小学生赶紧上厕所，最后一个回到教室要给全班同学作检讨”的老师和“立定跳远体育课上，让学生自行练习投掷铅球”的老师，甚至该体育老师还是出于帮助学生参加学校运动会的好心，无疑都违反了教师履行职务的工作要求、操作规程、职业道德和其他有关规定，在相应的学生伤害事故发生中具有过错。

2. 在“风险社会”背景下，未成年学生的安全风险多发易发，学校和老师如未尽到法定职责，将依法承担相应法律责任

在“风险社会”背景下，社会各领域传统风险与新型风险交织，并呈现一定的风险总量增加的趋势，以学校与教育领域为例，

---

① 参见：《把学生成绩和照片发到家长群 专家：侵犯学生隐私权》，载福建教育网，http://www.fjnusoft.cn/qg/4340.html，最后访问于2020年6月12日。

② 参见：《把学生成绩和照片发到家长群 专家：侵犯学生隐私权》，载福建教育网，http://www.fjnusoft.cn/qg/4340.html，最后访问于2020年6月12日。

涉及校舍风险、消防风险、校车风险、设备设施风险、活动风险、传染病风险、校园周边治安风险、食品卫生风险等方方面面，而且往往牵一发而动全身，社会舆论也高度关注，因此在日常教学活动中，学校和老师要以对学生的教育、管理和保护职责为统领，积极落实履职工作要求、操作规程、职业道德和其他有关规定，才是保护好学校和老师的“真经”和“王道”。

虽然随着我国经济社会各方面的快速发展，现在的未成年人，尤其是城市家庭的小孩心智发育都比较早，但未成年人毕竟其身心均未成熟，对自我及对社会的认知和行为辨认、控制能力也不强，故我国民法将不满8周岁的未成年人定为无民事行为能力人，将8周岁以上的未成年人定为限制民事行为能力人，同时制定专门的《未成年人保护法》，意在对未成年人进行特殊的保护。具体到学校和老师层面，从有关校舍、场地、设备设施的各种标准，到中等职业学校、小学、幼儿园的管理或工作规程，再到班主任等各岗位工作规范，无不体现着这样一种对未成年人的法定的教育、管理和保护职责。就如同海军372潜艇官兵和川航3U8633航班机长一样，英雄的背后是将规范履职变成日复一日的日常性行为习惯，学校和老师严格落实履职工作要求、操作规程、职业道德和其他有关规定，也是对未成年学生最大的负责任，否则将依法承担相应的法律责任。

具体来讲，对学校而言，依据《学生伤害事故处理办法》第九条，学校教师或其他工作人员在履行职责过程中违反工作要求、操作规程、职业道德或者其他有关规定，造成学生伤害事故，学校应当依法承担相应的责任。《未成年人学校保护规定》第六十二条第二款规定，幼儿园、特殊教育学校及其教职工违反保护职责，侵害在园、在校未成年人合法权益的，应当适用本规定从重处理。对老师等个人而言，依据《学生伤害事故处理办法》第二十七条，因学校教师或其他工作人员在履行职务中的故意或重大过失造成的学生伤害事故，学校予以赔偿后，可以向有关责任人员追偿；依据《学生伤害事故处理办法》第十四条，因学校教师或其他工作人员与其职务无关的个人行为，或者因学生、教师及其他个人故意实施的违法犯罪行为，造成学生人身损害的，由致害人依法承担相应的责任。

另外，依据《中小学教师违反职业道德行为处理办法》《幼儿园教师违反职业道德行为处理办法》，“违反教学纪律，敷衍教学”或“在工作期间玩忽职守、消极怠工，或空岗、未经批准找人替班”的教师，不排除进一步受到警告、记过、降低岗位等级或撤职、开除等处分，给予批评教育、诫勉谈话、责令检查、通报批评，以及取消在评奖评优、职务晋升、职称评定、岗位聘用、工资晋级、申报人才计划等方面的资格等其他处理。

20. 学校和教师可对学生依法正当实施教育惩戒

典型案例

在李某父母以某中学错误的处分决定导致李某自杀死亡为由提起的诉讼中，二审法院认为：(1) 在考试中只要考生有夹带、偷看、传递纸条的行为就构成作弊，并不以作弊是否得逞、纸条内容是否与试题有关作为构成要件，故该中学认定李某作弊，具有充分的事实依据。(2) 该中学对李某作出的处分决定，属于《教育法》规定的学校自治权。该中学将处分决定的张贴范围仅限于校园之内，并未扩大公布范围，亦不违反该校制定的考试纪律。因此，该中学张贴处分决定的行为并无不当。(3) 李某在见到学校公布的处分决定后，即向学校提出了撤销处分的申请，行使了申辩权。(4) 学生放学回家后应由家长进行管理，对于正常离校回家的学生，学校无法预见到会发生什么样的危险。故对于李某当日未到校参加考试，该中学不存在未尽合理注意义务的过错。(5) 按照该中学的相关规定，对违纪学生的处分决定，经校政教处调查落实后，需报请校务会批准。而该中学在对李某作出处分决定前既未对当事人即李某本人进行调查核实，听取李某的陈述，也未将处分决定报校务会批准。虽然该中学关于李某的处分决定在实质上并无不当，但其工作方法确实存在简单、草率、不规范的问题，也违反了其自行制定的工作要求。另外，根据《中小学德育工作规程》（现已失效）第 27 条的规定，学校对学生作出的处分决定应当通知学生家长。该中学也认可该校正式的处分决定是一式三份，由学校、班主任、家长各持一份。然而本案中，该中学未将关于李某的处分决定及时通知其家长。（6）从根本上讲，对学生的处分也是教育手段，而不是简单的惩罚。只有在充分考虑受处分学生的心理素质，针对其实际情况进行教育、疏导的基础上，处分手段才能真正发挥教育作用，才能避免可能发生的悲剧。然而本案中，该中学仅仅为了追求惩戒的时效性，没有充分考虑李某的心理承受能力，且没有按照规定将处分决定及时通知李某的家长，使李某的家长没有机会针对李某及时进行引导和教育，丧失了避免本案悲剧发生的机会。故该中学违反工作程序的处分行为与李某的死亡具有一定的因果关系。因此，判令学校承担 20% 的赔偿责任。[①]

法律风险分析与应对

1. 教育惩戒全面纳入法治轨道

一段时期以来，学校教师“不敢管”学生的问题与我国过去这些年一些有关“教育惩戒”的程序性规定不是很严密、不是很规范甚至缺失是密切相关的[②]，合理惩戒与变相体罚的边界模糊不清。同时，在涉及惩戒的师生矛盾和家校冲突中，学校囿于舆论、

① 转引自申素平、周航：《惩戒造成学生伤害事故，学校是否要担责？》，载《中小学管理》2018 年第 8 期。

② 《中共中央、国务院关于深化教育教学改革全面提高义务教育质量的意见》提出“制定实施细则，明确教师教育惩戒权”。

安全风险等各方面压力，主客观上往往又难以做到全面依法治教和严格依法办事，反而是民众易受不理智的网络舆论引导，对当事教师产生不利影响，以致让以“不惩戒、少惩戒、轻惩戒”为代表的老师“不敢管”学生的现象屡见报道。为此，《预防未成年人犯罪法》第三十一条规定，学校对有不良行为的未成年学生，应当加强管理教育，不得歧视；对拒不改正或者情节严重的，学校可以根据情况予以处分或者采取以下管理教育措施：（1）予以训导；（2）要求遵守特定的行为规范；（3）要求参加特定的专题教育；（4）要求参加校内服务活动；（5）要求接受社会工作者或者其他专业人员的心理辅导和行为干预；（6）其他适当的管理教育措施。

《教育法》第二十九条规定，学校及其他教育机构有对受教育者实施处分的权利；《义务教育法》第二十七条规定，对违反学校管理制度的学生，学校应当予以批评教育；《教师法》第七条、第八条规定，教师有评定学生品行的评价权，并提出教师应当制止有害于学生的行为或者其他侵犯学生合法权益的行为，批评和抵制有害于学生健康成长的现象。《中小学教育惩戒规则（试行）》第二条第二款首次明确，本规则所称教育惩戒，是指学校、教师基于教育目的，对违规违纪学生进行管理、训导或者以规定方式予以矫治，促使学生引以为戒、认识和改正错误的教育行为。

2. 学校惩戒既要保证惩戒的内容及依据合法、合理，又要保证惩戒程序符合正当要求

依据《中小学教育惩戒规则（试行）》，且从当前学术界的研究成果和司法实践来看，如上述案例所示，学校、老师对违规违纪、言行失范的学生实施的教育惩戒应同时符合实质正义和程序正义的要求。

从实质正义的角度看：（1）教育惩戒的指向通常应是学生违反学生守则、校规校纪、社会公序良俗、法律法规，或其他妨碍教学活动正常进行、有害身心健康的行为；（2）教育惩戒应基于关爱学生的宗旨、符合育人规律，尊重和保障学生的合法权益；（3）教育惩戒应以事先公布的，经依法按一定民主程序制定的有效规则为依据[①]，不得以口头规矩或不成文的惯例作为依据，校规校纪也不能约束生效前的学生违纪行为，学生违规违纪、言行失范的行为应事实清楚、证据确凿、定性准确、处理恰当；（4）教育惩戒应基于教育目的，根据学生的性别、年龄、个性特点、身心特征、认知水平、一贯表现、过错性质、悔过态度等，遵循过罚相当、同过同罚原则；（5）实施教育惩戒，应事先了解学生行为动机、判断行为性质，并注意方式、场所和环境的安全，防范可能出现的风险；（6）教师对学生实施教育惩戒后，应当注重与学生的沟通和帮扶，对改正错误的学生及时予以表扬、鼓励；[②]（7）学校可以根据实际和需要，建立学生教育保护辅导工作机制，或依法协同、配合公安机关、检察机关进行管教、帮扶，并要求家长予以配合等。

从程序正义的角度看：（1）学校拟对学生实施教育惩戒的，

---

① 《未成年人学校保护规定》第二十五条规定，学校应当制定规范教职工、学生行为的校规校纪。校规校纪应当内容合法、合理，制定程序完备，向学生及其家长公开，并按照要求报学校主管部门备案。

② 《未成年人学校保护规定》第十七条第二款规定，除开除学籍处分以外，处分学生应当设置期限，对受到处分的学生应当跟踪观察、有针对性地实施教育，确有改正的，到期应当予以解除；解除处分后，学生获得表彰、奖励及其他权益，不再受原处分影响。

应听取学生的陈述和申辩，依法举行听证，并应当及时告知家长，严重惩戒应事先告知。[①]学生及其家长对学校依据《中小学教育惩戒规则（试行）》第十条实施的教育惩戒或者给予的纪律处分不服的，可以在教育惩戒或者纪律处分作出后 15 个工作日内向学校提起申诉。学生或者家长对学生申诉处理决定不服的，可以向学校主管教育部门申请复核。（2）依据《教育法》第四十三条，学生对学校给予的处分不服的，有权向有关部门提出申诉。（3）依据《中小学幼儿园安全管理办法》第三十五条第二款，学校教师发现学生行为具有危险性的，应及时告诫、制止，并与学生监护人沟通。（4）校规校纪对学校、教师实施教育惩戒有其他程序性要求的，学校和老师也应严格遵守等。

未成年学生虽然年纪小，但作为公民同样享有法律规定的各种权益，这种合法权益不因其身处校园或年龄偏小而有任何削减，反而应予以特殊和优先保护。依据《未成年人保护法》第四条，保护未成年人，应当坚持最有利于未成年人的原则；[②]处理涉及未成年人事项，应当符合下列要求：（1）给予未成年人特殊、优先保护；（2）尊重未成年人人格尊严；（3）保护未成年人隐私权和个人信息；（4）适应未成年人身心健康发展的规律和特点；（5）听取未成年人的意见；（6）保护与教育相结合。因此，依据《中小学教育

---

① 除《中小学教育惩戒规则（试行）》第八条、第九条、第十条规定的告知程序外，《预防未成年人犯罪法》第三十二条也规定，学校决定对未成年学生采取管理教育措施的，应当及时告知其父母或者其他监护人。《未成年人学校保护规定》第四十五条规定，学校在作出与学生权益有关的决定前，应当告知学生及其家长，听取意见并酌情采纳。

② 即通俗所称的“儿童利益最大化原则”。

惩戒规则（试行）》第十二条，从教育惩戒的常见法律风险防控角度看：（1）教育惩戒不能沦为体罚、变相体罚或侵犯学生人格尊严、人身自由的行为；（2）不得因学生个人或少数学生违规违纪行为而惩罚全体学生；（3）不能因教职工个人情绪或好恶，恣意实施或选择性实施惩戒；[①]（4）不得在校规校纪等之外私设教育惩戒；（5）不得将学生错误无限放大，情绪化地过度实施惩戒；（6）不得以学生有不足或劣迹为借口侵犯学生的合法权益，如财产权、受教育权等；（7）不得因学业成绩而教育惩戒学生；（8）不得指派学生对其他学生实施教育惩戒。

实践中，学校、老师以教育惩戒或其他关联名义侵犯学生受教育权的常见情形主要包括因学生有违法犯罪行为而拒绝其复学、升学，义务教育阶段学校劝退或开除学生或以限期转学等方式变相开除[②]，学校拒发、扣押有不良行为的学生毕业证书，让迟到的学生在上课时间打扫卫生，让未影响课堂秩序也未危害师生安全的其他轻微违纪学生站到教室外面或撵出教室或不许进教室上课甚至不让进入学校，对学生分快、慢班，随意让学生停课，阻止学习成绩不好的所谓"差生"正常参加各种考试（平时测验、期中考、期末考、中考、高考），强制或擅自更改学生填报志愿等；

① 比如2020年7月，朔州市教育局通报网传"学生未送花某教师发飙"事件，给予教师王某某留党察看二年、撤销教师资格、降低岗位等级（薪级工资由25级降至1级）、调离教育系统，给予朔城区第六小学领导班子成员（1名校长、3名副校长）免职处理等。参见《朔州通报"学生未送花某教师发飙"：撤销教师资格》，转引自中国青年网，https://baijiahao.baidu.com/s?id=1672698732052577649&wfr=spider&for=pc，最后访问于2021年1月4日。

② 《义务教育法》第二十七条规定，对违反学校管理制度的学生，学校应予以批评教育，不得开除。

侵犯学生财产权的多发情形主要有没收、损毁、遗失或非法占有学生手机①、游戏机等财物②，对违纪学生实施罚款，强迫学生购买学校指定保险，摔坏学生玩具或划破学生篮球等。

3. 学校应对“教育惩戒”问题有统一的、整体的制度性安排

需要提醒的是，依据《中小学教育惩戒规则（试行）》第五条“学校应当结合本校学生特点，依法制定、完善校规校纪，明确学生行为规范，健全实施教育惩戒的具体情形和规则。学校制定校规校纪，应当广泛征求教职工、学生和学生父母或者其他监护人（以下称家长）的意见；有条件的，可以组织有学生、家长及有关方面代表参加的听证。校规校纪应当提交家长委员会、教职工代表大会讨论，经校长办公会议审议通过后施行，并报主管教育部门备案。教师可以组织学生、家长以民主讨论形式共同制定班规或者班级公约，报学校备案后施行”和第六条“学校应当利用入学教育、班会以及其他适当方式，向学生和家长宣传讲解校规校纪”的规定，为避免因教师滥用“教育惩戒”而引发不必

---

①《未成年人保护法》第七十条规定，学校应当合理使用网络开展教学活动；未经学校允许，未成年学生不得将手机等智能终端产品带入课堂，带入学校的应当统一管理。随着手机的日益普及，学生使用手机对学校管理和学生发展带来诸多不利影响，为保护学生视力，让学生在学校专心学习，防止沉迷网络和游戏，促进学生身心健康发展，2021 年 1 月 15 日，教育部办公厅印发《关于加强中小学生手机管理工作的通知》。

②《未成年人学校保护规定》第十四条第一款规定，学校不得采用毁坏财物的方式对学生进行教育管理，对学生携带进入校园的违法违规物品，按规定予以暂扣的，应当统一管理，并依照有关规定予以处理。《中小学教育惩戒规则（试行）》第十一条第三款规定，教师、学校对学生的违规物品可以予以暂扣并妥善保管，在适当时候交还学生家长；属于违法、危险物品的，应当及时报告公安机关、应急管理部门等有关部门依法处理。

要的师生矛盾、家校冲突，同时也为教师依法正当实施教育惩戒划定界限，尽量免除后顾之忧。建议有需要的学校对“教育惩戒”问题有统一的、整体的制度性安排，防止出现“奇葩校规”。比如，2018 年 3 月，达州市大竹县某小学经过反复征求老师和家长们的意见，多次召开支部委员会和行政会议进行专题研究，并发出《告家长通知书》，“戒尺进入课堂”仪式正式启动，[①] 向全校学生及家长讲解了活动的目的、意义、内容和要求，对什么时候、如何使用戒尺学校和班级都有相关规定。又如，2018 年 11 月，常州市局某小学就该小学《关于实施教育惩戒的指导建议（讨论稿）》召开了由教师、学生、家长、心理学专家、法律界代表等参加的听证会[②] 等。

---

① 参见《达州一小学“戒尺进入课堂”家长感慨孩子学会了守规矩》，载四川新闻网，http：//scnews.newssc.org/system/20180402/000867270.html，最后访问于 2020 年 6 月 11 日。

② 参见《江苏一小学举办听证会讨论惩戒》，载《南方农村报》2018 年 12 月 1 日，第 5 版。

21. 学校要建立健全学生法治教育和预防学生犯罪工作机制

典型案例

卢某某、邹某某在某花园东侧水泥路上与王某某等人发生纠纷，继而引起打架。在打架的过程中，卢某某用所持的水果刀将拉架的郑某某和周某某扎伤。郑某某受伤后，被送到医院治疗，诊断为开放性胸外伤。经鉴定郑某某伤残程度为十级伤残。

一、二审法院认为：本案中，侵权人卢某某应依法承担赔偿责任，郑某某各项损失应当由卢某某及其监护人承担。郑某某遭受身体损害系在制止卢某某与邹某某、王某某的打架斗殴行为过程中发生，郑某某的行为应属见义勇为，应为社会提倡和保护。学生在校内外打架斗殴与学校的安全教育、道德教育、法治教育缺失存在一定关系。结合民法提倡和保护的社会公序良俗以及社会公平原则，某实验中学、邹某某、王某某应当在郑某某不能获赔的数额内承担一定的补充赔偿责任，且在作出赔偿后有权向卢某某及其监护人追偿。故法院判决：某实验中学在卢某某及其监护人不能履行部分中承担5000元（含已付的1000元）的补充赔偿责任。[①]

① 参见周口市中级人民法院（2016）豫16民终1762号二审民事判决书。

法律风险分析与应对

1. 法律素质是青少年学生综合素质的重要组成部分，学校、老师应对学生进行法治教育

一方面，法律素质是现代社会公民健康成长、参与社会、幸福生活的核心素质之一，也是青少年学生综合素质的重要组成部分，法律意识需要从小启蒙，法律素质需要系统培养，为此《中共中央关于全面推进依法治国若干重大问题的决定》提出“在中小学设立法治知识课程”。同时，依据《刑法修正案（十一）》，已满十六周岁的人犯罪，应当负刑事责任；已满十四周岁不满十六周岁的人，犯故意杀人、故意伤害致人重伤或者死亡、强奸、抢劫、贩卖毒品、放火、爆炸、投放危险物质罪的，应当负刑事责任；已满十二周岁不满十四周岁的人，犯故意杀人、故意伤害罪，致人死亡或者以特别残忍手段致人重伤造成严重残疾，情节恶劣，经最高人民检察院核准追诉的，应当负刑事责任；因不满十六周岁不予刑事处罚的，责令其父母或者其他监护人加以管教；在必要的时候，依法进行专门矫治。

另一方面，实践当中，仍然存在学校法治教育意识淡薄，重视程度低且方式方法单一、效果不佳等情况。而不学法、不懂法是未成年人走上犯罪道路不可忽视的一个原因[①]，因此《教师法》第八条将对学生进行法制教育列为教师应履行的法定义务之一，这也可以视为学校对学生应尽的法定教育、管理和保护职责的一种体现。故如上述案例所示，如学校未按照规定对

① 参见渭南市华州区人民法院（2017）陕0503刑初12号一审刑事判决书。

学生进行法治教育，也未建立法治教育机制或相关机制不健全，在学生因为侵权行为伤害到其他同学时，法院可能认为学校法治教育缺失、管理混乱等与学生的侵权行为存在一定的关联性，从而依据《民法典》第一千二百零一条等，判决学校承担补充责任的法律风险。

2. 学校应建立健全学生法治教育和预防学生犯罪工作机制

依据《预防未成年人犯罪法》第十七条、《教育部等五部门关于进一步加强青少年学生法制教育的若干意见》和《中小学法制教育指导纲要》等，学校可从如下几方面建立健全学生法治教育和预防学生犯罪工作机制：（1）要将法治教育纳入学校工作总体规划和年度计划，将所需经费纳入年度预算。学校应当将预防犯罪教育计划告知未成年学生的父母或者其他监护人。（2）学校应当利用入学教育、班会以及其他适当方式，向学生和家长宣传讲解校规校纪。同时应落实法治教育相关课程和活动，将法治教育纳入学校总体教育计划，可利用新生入学教育、主题班会、放假前教育等形式开展法治教育活动，鼓励组织模拟法庭、法治征文、法治绘画、法律知识竞赛等活动，把情感、时尚、艺术元素引入法治宣传教育活动当中，充分运用传统媒体和互联网、手机等新媒介，提升青少年学生的参与积极性。要保证法治教育时间，不得挤占、减少法治教育课时和法治教育活动时间。（3）中小学生法治教育要以有机渗透在学校教育的各门学科、各个环节、各个方面为主，同时，利用课内、课外相结合等方式开展形式多样的专题教育和丰富多彩的课外活动。法治专题教育要与道德教育、心理教育、青春期教育、生命教育紧密结合，与安全、禁毒、预防艾滋病、环境、国防、交通安全、知识产权等专项教育有机整合，使之融为一体。要充分利用班团队活动、学生社团活动、节日纪念日活动、仪式教育、社会实践活动等多种载体，开展生动活泼的法治教育活动，增强学生依法律己、依法办事的自觉性。（4）应将预防犯罪的教育作为法治教育的内容纳入学校教育教学计划，结合常见多发的未成年人犯罪，对不同年龄的未成年人进行有针对性的预防犯罪教育。（5）教师特别是班主任老师要针对个别学生中出现的违法违纪行为，进行积极的教育和管理；要关注学生思想、情绪、行为等方面的变化，及时进行法律、道德、心理等多方面的辅导，帮助他们克服缺点、改正错误、健康成长。（6）学校应当配备专职或者兼职的心理健康教育教师，开展心理健康教育。学校可以根据实际情况与专业心理健康机构合作，建立心理健康筛查和早期干预机制，预防和解决学生心理、行为异常问题。学校应当与未成年学生的父母或者其他监护人加强沟通，共同做好未成年学生心理健康教育。发现未成年学生可能患有精神障碍的，应当立即告知其父母或者其他监护人送相关专业机构诊治。（7）中小学要聘用1—2名法治教育专任或兼任教师，鼓励高校法律专业毕业生到中小学任教，鼓励其他教师参与法治教育。（8）要有计划、有针对性地对法治课教师进行法律知识的培训，可采取脱产进修、短期培训、专家辅导、以会代训等方式进行，有条件的中学要引进法律专业的毕业生充实师资队伍，同时也要重视整个教师队伍的普法教育，使广大教师在学法、守法、用法等各个方面都能为人师表。（9）应完善兼职法治副校长和法治辅导员制度，且可充分发挥本地高等学校法律院系教师和大学生、离退休法律工作者等专业人员的专长，为学校法治教育服务。（10）可通过聘请常年法律顾问的方式，为学校的法治教育提供长期、稳定、有力的支撑，从单项事务中及时协助学校对学生进行法治教育到分步骤分阶段地对学生、教师及家长进行全方位的法治教育，以全面提升学校依法治校的能力，确保法治教育充分发挥积极作用。（11）要建立和完善青少年学生法治教育领导体制和工作机制，学校主要领导负责学校法治教育工作，由一名校级领导主抓学生法治教育，明确学校法治教育带头人和业务骨干，将法治教育和预防学生犯罪教育落实到相应的岗位职责，纳入工作计划、纳入日常管理、纳入绩效考核等。

另外，依据《预防未成年人犯罪法》第三十一条，学校对有不良行为的未成年学生，应当加强管理教育，不得歧视；对拒不改正或者情节严重的，学校可以根据情况予以处分或者采取以下管理教育措施：（1）予以训导；（2）要求遵守特定的行为规范；（3）要求参加特定的专题教育；（4）要求参加校内服务活动；（5）要求接受社会工作者或者其他专业人员的心理辅导和行为干预；（6）其他适当的管理教育措施。《未成年人学校保护规定》第四十四条进一步规定，学校可以根据实际组成由学校相关负责人、教师、法治副校长（辅导员）、司法和心理等方面专业人员参加的专业辅导工作机制，对有不良行为的学生进行矫治和帮扶；对有严重不良行为的学生，学校应当配合有关部门进行管教，无力管教或者管教无效的，可以依法向教育行政部门提出申请送专门学校接受专门教育。自 2021 年 3 月 1 日起施行的《中小学教育惩戒规则（试行）》也有相关进一步细化规定。

3. 学校应指导、督促家长履行对未成年子女的法制和预防犯罪教育监护职责

根据《未成年人保护法》第十六条，未成年人的父母或者其他监护人应当履行“教育和引导未成年人遵纪守法、勤俭节约，养成良好的思想品德和行为习惯”和“预防和制止未成年人的不良行为和违法犯罪行为，并进行合理管教”等监护职责。依据《预防未成年人犯罪法》第十六条、第二十二条和第二十九条，未成年人的父母或者其他监护人对未成年人的预防犯罪教育负有直接责任，应当依法履行监护职责，树立优良家风，培养未成年人良好品行；发现未成年人心理或者行为异常的，应当及时了解情况并进行教育、引导和劝诫，不得拒绝或者怠于履行监护职责；教育行政部门、学校应当通过举办讲座、座谈、培训等活动，介绍科学合理的教育方法，指导教职员工、未成年学生的父母或者其他监护人有效预防未成年人犯罪；学校应当将预防犯罪教育计划告知未成年学生的父母或者其他监护人，未成年学生的父母或者其他监护人应当配合学校对未成年学生进行有针对性的预防犯罪教育；未成年人的父母或者其他监护人发现未成年人有不良行为的，应当及时制止并加强管教。

同时，《预防未成年人犯罪法》还对父母等监护人在预防未成年人子女犯罪方面的具体监护职责作了诸多具体的规定，学校和老师应指导、督促父母等监护人充分履行在预防未成年人子女犯罪方面的具体监护职责，如通过家长学校、家长委员会或家长主题班会等向家长发出《关于对学生进行法治教育的倡议书》，明确说明家长需开展的学生法治教育的相关事项及责任等。如未成年人的父母等监护人不履行监护职责，放任未成年人有《预防未成

年人犯罪法》第三十八条规定的严重不良行为的，学校可依据《预防未成年人犯罪法》第六十一条，由公安机关依法对未成年人的父母等监护人予以训诫，并可以责令其接受家庭教育指导。[①] 另外，《预防未成年人犯罪法》第四十三条规定，对有严重不良行为的未成年人，未成年人的父母或者其他监护人、所在学校无力管教或者管教无效的，可以向教育行政部门提出申请，经专门教育指导委员会评估同意后，由教育行政部门决定送入专门学校接受专门教育。[②]

4. 学校及其教职员工，不履行预防未成年人犯罪工作职责的，将依法承担相应的法律责任

依据《预防未成年人犯罪法》第六十二条，学校及其教职员工违反该法规定，不履行预防未成年人犯罪工作职责，或者虐待、歧视相关未成年人的，由教育行政等部门责令改正，通报批评；情节严重的，对直接负责的主管人员和其他直接责任人员依法给予处分。构成违反治安管理行为的，由公安机关依法予以治安管

---

① 《家庭教育促进法》第四十九条规定，公安机关、人民检察院、人民法院在办理案件过程中，发现未成年人存在严重不良行为或者实施犯罪行为，或者未成年人的父母或者其他监护人不正确实施家庭教育侵害未成年人合法权益的，根据情况对父母或者其他监护人予以训诫，并可以责令其接受家庭教育指导。

② 《预防未成年人犯罪法》第四十四条还规定，未成年人有下列情形之一的，经专门教育指导委员会评估同意，教育行政部门会同公安机关可以决定将其送入专门学校接受专门教育：（1）实施严重危害社会的行为，情节恶劣或者造成严重后果；（2）多次实施严重危害社会的行为；（3）拒不接受或者配合本法第四十一条规定的矫治教育措施；（4）法律、行政法规规定的其他情形。第四十五条进一步规定，未成年人实施刑法规定的行为、因不满法定刑事责任年龄不予刑事处罚的，经专门教育指导委员会评估同意，教育行政部门会同公安机关可以决定对其进行专门矫治教育。

理处罚；教职员工教唆、胁迫、引诱未成年人实施不良行为或者严重不良行为，以及品行不良、影响恶劣的，教育行政部门、学校应当依法予以解聘或者辞退。

同时，《预防未成年人犯罪法》第六十三条规定，违反该法规定，在复学、升学、就业等方面歧视相关未成年人的，由所在单位或者教育、人力资源和社会保障等部门责令改正；拒不改正的，对直接负责的主管人员或者其他直接责任人员依法给予处分。

22. 学校和教师已履行相应职责，行为并无不当的，无法律责任

典型案例

何某、刘某某均系郴州市北湖区某中心学校初中学生，且何某系寄宿生，某中心学校对寄宿生未实施午休管理制度，午休时间由学生自行安排、自由活动，某日午休时，何某与刘某某等同学在学校篮球场打篮球，在追球的过程中，何某摔倒，造成左肱骨髁上骨折。

法院认为，某中心学校没有实施午休管理规范的强制性义务，[①] 何某利用中午休息时间与同学一起打篮球，是对午休时间的自由安排，系其自发行为，不是某中心学校组织的文体活动。篮球运动是一项竞技性、对抗性的运动，何某系限制民事行为能力人，对于篮球运动的特点及存在的危险，应具有相应的认识能力。何某参加篮球运动，自身也应尽到相应的注意和保护义务。某中心学校一贯注重安全宣传，学校篮球场规范完整无瑕疵。何某摔伤后，某中心学校将其送至医院治疗并及时通知家长。某中心学校已经尽到了管理、保护义务，何某也无证据证明某中心学校在

---

① 从学校履职尽责的角度，建议制定学生午休管理制度。

职责范围内存在过错，故某中心学校不应承担赔偿责任。何某未举证证明某中心学校、刘某某对其所受的人身损害有过错，应承担举证不能的责任。[①]

法律风险分析与应对

1. 发生学生伤害事故，学校无法律责任的前提和常见情形

一段时期以来，由于配套规定不健全和部分学生、家长法治观念薄弱等，因学生伤害事故等引发的家校冲突时有发生，进而导致学校正常教学秩序受冲击和老师合法权益受损害，让学校和老师都承受了巨大的办学或执教压力，甚至出现“学校以减少体育运动、校外活动的做法规避体育运动、校外活动风险”“老师对违规违纪未成年学生不敢管”等极端现象，因此实践中学校和老师都非常关心如何才能做到在发生学生伤害事故时，学校无法律责任。对此，依据《民法典》第一千一百九十八条至第一千二百零一条，未成年学生在校学习、生活、活动期间受到人身损害，或受到学校以外的第三人人身损害，学校尽到安全保障义务或教育、管理和保护职责的，不承担侵权责任。

《学生伤害事故处理办法》第十二条和第十三条进一步明确了在发生学生伤害事故时学校无法律责任的 10 种情形：（1）地震、雷击、台风、洪水等不可抗的自然因素造成的[②]；（2）来自学校外部的突发性、偶发性侵害造成的；（3）学生有特异体质、特定疾

① 参见郴州市中级人民法院（2014）郴民一终字第 362 号二审民事判决书。

② 《民法典》第一百八十条第二款规定，不可抗力是不能预见、不能避免且不能克服的客观情况。

病或异常心理状态，学校不知道或难以知道的；（4）学生自杀、自伤的；（5）在对抗性或具有风险性的体育竞赛活动中发生意外伤害的；（6）其他意外因素造成的；（7）在学生自行上学、放学、返校、离校途中发生的；（8）在学生自行外出或擅自离校期间发生的；（9）在放学后、节假日或假期等学校工作时间以外，学生自行滞留学校或自行到校发生的；（10）其他在学校管理职责范围外发生的。

但需要提醒注意的是，依据《学生伤害事故处理办法》等有关规定，学校虽原则上对未成年学生不承担监护职责，但对在校学生负有安全保障义务和教育、管理和保护职责（包括学校组织学生参加校外活动期间），因此前述在发生学生伤害事故时学校无法律责任的10种情形，成立的前提是对学生伤害事故学校已履行了安全保障义务或相应的教育、管理和保护职责，行为并无不当，在这种情况下，事故责任应当按《民法典》等有关法律法规认定。

2. 学校在发生学生伤害事故时有无法律责任的常见争议情形

具体而言，结合上述10种情形，实践中容易引发争议的主要有如下6种情况：

其一，在放学后、节假日或假期等学校工作时间以外，学生自行滞留学校或自行到校发生的学生伤害事故，但该学生伤害事故系由于学校的校舍、场地、其他公共设施不符合国家规定的标准，或有明显不安全因素造成的，通常属于学校未尽到相应的安全保障义务或教育、管理、保护职责的情况，学校应承担一定的赔偿责任。例如，某小学生张某和几个同学在下午放学后途经学校教学楼一楼的办公室，张某用右手扶靠教学楼的窗户时被破裂的玻璃割伤，法院认为，某小学应预见到作为受教育主体的无民事行为能力或限制民事行为能力的小学生天性好动，活动过程中存在与校内设施发生身体接触的可能性，故应确保校内各项设施尤其是可能与未成年人身体发生直接接触的设施的坚固性和安全性；但涉案玻璃安装位置较低，作为未成年人的张某触手可及，在张某的右手与玻璃接触时，玻璃即发生破裂并导致张某受伤，说明安装该玻璃的设施存在安全隐患，该教学场地存在不安全因素；该小学作为教学机构未尽到安全隐患的排查、整改、采取防范措施的管理职责，对本案的发生有过错，其过错与张某身体受伤之间存在一定因果关系，该小学应承担80%的赔偿责任（250824.86元）。①

其二，在学生自行上学、放学、返校、离校途中发生的学生伤害事故，但该学生伤害事故系由于学校未建立小学低年级学生、幼儿园幼儿上下学接送交接制度，将晚离学校的低年级学生、幼儿交予无关人员造成，通常属于学校未尽到相应的安全保障义务或教育、管理、保护职责的情况，学校应承担一定的赔偿责任。

其三，在学生自行外出或擅自离校期间发生的学生伤害事故，但系由于学校未建立学生安全信息通报制度，在学校发现或知道的情况下，未及时告知未成年学生的监护人，导致未成年学生因脱离监护人的保护而发生伤害，通常属于学校未尽到相应的安全保障义务或教育、管理、保护职责的情况，学校应承担一定的赔偿责任。

其四，未成年学生在对抗性或具有风险性的体育竞赛活动中发生意外伤害，系由于学校在组织相应活动时未对学生进行相应

① 参见深圳市中级人民法院（2018）粤03民终11274号二审民事判决书。

的安全教育，并未在可预见的范围内采取必要的安全措施造成，或者系由于学校违反有关规定，组织或安排未成年学生从事不宜未成年人参加的体育运动造成，又或者系在学校知道或应当知道学生有特异体质或特定疾病，不宜参加某种教学活动的情况下，但未予以必要的注意造成，通常都属于学校未尽到相应的安全保障义务或教育、管理、保护职责的情况，学校应承担一定的赔偿责任。

其五，来自学校外部的突发性、偶发性侵害造成的学生伤害事故，但该学生伤害事故系由于学校的安全保卫、消防、设施设备管理等安全管理制度有明显疏漏，或管理混乱，存在重大安全隐患，而未及时采取措施造成，通常也属于学校未尽到相应的安全保障义务或教育、管理、保护职责的情况，学校应承担一定的赔偿责任。

其六，学生自杀、自伤的，但学生自杀、自伤系由于学校教师在履行职责过程中违反工作要求、操作规程、职业道德或其他有关规定造成，或者说是学校、教职工对学生自杀、自伤有过错且存在因果关系，通常属于学校未尽到相应的安全保障义务或教育、管理、保护职责的情况，学校应承担一定的赔偿责任。但学校、教师对违法、违规或违纪学生合法、合理批评教育，学生因个人心理素质较差等原因自杀、自伤的情形除外，这种情形下学生的自杀、自伤虽与学校、老师的批评教育有一定事实上的因果关系，但此种批评教育是教师正当实施教学管理的适当手段，故不应视为学校或教师有过错或有法律上的因果关系。

第二章　学校与家庭

共治共育共同体

23. 父母须履行应尽的监护职责，学校不负有法定监护职责

典型案例

情景一：A 家长认为，孩子既然送到了学校，交了学费，学习教育方面的事就应由学校全权负责，家长的责任就是让孩子吃饱穿暖，尽量满足孩子在物质方面的需要。

情景二：B 家长认为，家长送孩子上学，就是把孩子“交给了学校”，实际上意味着家长已经将学生在校期间的监护责任委托给了学校，因此发生在学校内的所有事故，学校都必须承担一定的责任。

情境三：C 家长认为，孩子日常在校学习期间，等于把教育孩子的责任一股脑儿地交给了学校，所以对需要配合学校履行的对子女的监护责任不以为意。

法律风险分析与应对

1. 父母是未成年子女的法定监护人，监护关系不因子女入学而自然转移，父母依法履行监护职责在配合学校工作方面有具体的内涵

依据《民法典》第二十七条第一款、第一千零八十四条、《学生伤害事故处理办法》第七条第一款以及《未成年人保护法》第

七条、第十五条第二款，父母是未成年子女的监护人，未成年学生的父母或者其他监护人应依法履行监护职责，配合学校对学生进行安全教育、管理和保护工作；父母与子女间的关系，不因父母离婚而消除，离婚后，父母对子女仍有抚养、教育、保护的权利和义务；共同生活的其他成年家庭成员应当协助未成年人的父母或者其他监护人抚养、教育和保护未成年人。同时，《民法典》第二十七条第二款对未成年人的父母已经死亡或没有监护能力的监护人顺序作了明确规定，《未成年人保护法》第二十二条进一步规定，未成年人的父母或者其他监护人因外出务工等原因在一定期限内不能完全履行监护职责的，应当委托具有照护能力的完全民事行为能力人代为照护；无正当理由的，不得委托他人代为照护。[①] 由此可知，父母与未成年子女间的法定监护关系不因子女入学而自然转移。为确保父母依法履行监护职责，《预防未成年人犯罪法》第六十一条还规定，公安机关、人民检察院、人民法院在办理案件过程中发现实施严重不良行为的未成年人的父母或者其他监护人不依法履行监护职责的，应当予以训诫，并可以责令其

① 值得注意的是，《未成年人保护法》第二十三条第一款同时规定，未成年人的父母或者其他监护人应当及时将委托照护情况书面告知未成年人所在学校、幼儿园和实际居住地的居民委员会、村民委员会，加强和未成年人所在学校、幼儿园的沟通；与未成年人、被委托人至少每周联系和交流一次，了解未成年人的生活、学习、心理等情况，并给予未成年人亲情关爱。另外，该法第九十二条还规定，具有“监护人下落不明且无其他人可以担任监护人”“监护人因自身客观原因或者因发生自然灾害、事故灾难、公共卫生事件等突发事件不能履行监护职责，导致未成年人监护缺失”“监护人拒绝或者怠于履行监护职责，导致未成年人处于无人照料的状态”和“未成年人遭受监护人严重伤害或者面临人身安全威胁，需要被紧急安置”等情形之一的，民政部门应当依法对未成年人进行临时监护。

接受家庭教育指导。

此外，《未成年人保护法》第十六条首次规定了未成年人的父母或者其他监护人应当履行的10项监护职责，第十七条进一步规定了未成年人的父母或者其他监护人不得实施的11种行为，结合教育有关法律法规分析，“配合学校对学生进行安全教育、管理和保护工作”有具体的内涵，通常包括但不限于如下内容：（1）父母或其他监护人应尊重未成年人受教育的权利，必须使适龄未成年人依法入学接受并完成义务教育，不得使接受义务教育的未成年人辍学；（2）生理、心理状况异常不宜在校学习的学生，应休学，由监护人安排治疗、休养；（3）在普通学校学习的残疾儿童、少年，难以适应普通学校学习生活的，学校可建议残疾儿童、少年的父母或其他监护人将其转入指定的普通学校或特殊教育学校接受义务教育；（4）适龄儿童、少年因身体状况需要延缓入学或休学的，父母或其他法定监护人应提出申请，由当地乡镇政府或县级政府教育部门批准；（5）学生或其监护人知道学生有特异体质、异常心理状况，或患有特定疾病的，监护人应及时告知学校；（6）未成年学生的身体状况、行为、情绪等有异常情况，监护人知道或已被学校告知的，应履行相应监护职责（如及时安排学生进行健康状况检查）；（7）未成年人的父母或其他监护人对未成年人的法治教育负有直接责任；（8）父母等监护人应教育未成年子女不得违反法律法规的规定，不得违反社会公共行为准则、学校的规章制度或纪律，不得实施按其年龄和认知能力应当知道具有危险或可能危及他人的行为；（9）父母等监护人应对未成年子女进行安全教育，当其行为具有危险性，学校、教师已经告诫、纠正的，父母等监护人应教育其改正；（10）未成年子女在校期间突发疾病或受到伤害，学校发现的，父母等监护人应配合学校根据实际情况及时采取相应措施，避免不良后果加重；（11）未成年人的父母或其他监护人对未成年人不得放任不管，不得迫使其离家出走，放弃监护职责等。《未成年人保护法》第一百一十八条进一步规定，未成年人的父母或者其他监护人不依法履行监护职责或者侵犯未成年人合法权益的，由其居住地的居民委员会、村民委员会予以劝诫、制止；情节严重的，居民委员会、村民委员会应当及时向公安机关报告。公安机关接到报告或者公安机关、人民检察院、人民法院在办理案件过程中发现未成年人的父母或者其他监护人存在上述情形的，应当予以训诫，并可以责令其接受家庭教育指导。

2. 学校原则上对未成年学生不承担监护职责，但应充分尽到对学生进行教育、管理和保护的义务

依据《学生伤害事故处理办法》第七条第二款和第五条第二款，除法律有规定的[①]或学校依法接受委托承担相应监护职责的情形外，学校对未成年学生不承担监护职责，但学校对学生负有进行安全教育、管理和保护的义务。如在轰动一时的南平“3·23”特大校园血案中，法院经审理认为，学校并非未成年人的法定监护人，未成年人到校不发生监护权的转移，学生家长认为校门口的学生也归学校监护没有法律依据[②]。

---

① 如《特殊教育学校暂行规程》第四十七条规定，寄宿制特殊教育学校实行24小时监护制度。要设专职或兼职人员，负责学生的生活指导和管理工作，并经常与班主任教师保持联系。

② 参见上海市教育委员会政策法规处编：《中小学校依法治校常见法律问题应对处置“校长手册”》，华东师范大学出版社2018年版，第61页。

由于学校对学生的“教育、管理和保护”义务范围太广，客观上难以一一穷尽，结合《学生伤害事故处理办法》等，在此笔者仅从“积极预防、妥善处理在校学生伤害事故”的角度予以说明，具体包括但不限于以下内容：（1）学校中专门从事教育教学工作的人员，应依法取得教师资格；（2）学校的校舍、场地、其他公共设施，以及学校提供给学生使用的学具、教育教学和生活设施、设备应符合国家规定的标准，不得有明显不安全因素；（3）学校的安全保卫、消防、设施设备管理等安全管理制度不得有明显疏漏，更不能管理混乱，存在重大安全隐患的，应及时采取措施；（4）学校向学生提供的药品、食品、饮用水等应符合国家或行业的有关标准、要求；（5）学校组织学生参加教育教学活动或校外活动，应对学生进行相应的安全教育，并在可预见的范围内采取必要的安全措施；（6）学校知道教师或其他工作人员患有不适宜担任教育教学工作的疾病的，应采取必要措施；（7）学校不得违反有关规定，组织或安排未成年学生从事不宜未成年人参加的劳动、体育运动或其他活动；（8）学校已知学生有特异体质或特定疾病或异常心理状况，应给予适当关注和照顾，该类学生不宜参加某种教育教学活动，学校知道或应当知道的，应予以必要的注意；（9）学生在校期间突发疾病或受到伤害，学校发现的，应根据实际情况及时采取相应措施，避免不良后果加重；（10）学校教师或其他工作人员不得体罚或变相体罚学生，不得歧视、侮辱学生，不得与学生发生不正当关系，不得有任何形式的猥亵、性骚扰行为；（11）学校教师或其他工作人员不得在履行职责过程中违反工作要求、操作规程、职业道德或其他有关规定，如敷衍教学；（12）学校教师或其他工作人员在负有组织、管理未成年学生的职责期间，发现学生行为具有危险性的，应进行必要的管理、告诫或制止；（13）对未成年学生擅自离校等与学生人身安全直接相关的信息，学校发现或知道的，应及时告知未成年学生的监护人，避免未成年学生因脱离监护人的保护而发生伤害；（14）中小学教师在教育教学活动中遇突发事件、面临危险时，不得不顾学生安危，擅离职守，自行逃离；（15）学校及其从业人员，在工作中发现未成年人遭受或者疑似遭受不法侵害（含家庭暴力）以及面临不法侵害危险的，应立即向公安机关报案或举报，并按照主管行政机关要求报告备案；（16）学校不得有未依法履行对学生的教育、管理和保护职责的其他情形等。

需要特别说明的是，实践中有不少学校都会要求家长签署学生安全责任承诺书，将学生的部分安全责任明确约定由家长承担，家长出于各种原因，大多数会予以配合，但法定的应由学校对学生应尽的教育、管理和保护义务（一般表现在校园内和学校组织学生参加校外活动期间，但也不尽然），并不会因为家长签署了有关安全责任承诺书，就当然全部转移到了家长身上，学校就“万事大吉”了，这显然是不符合法律规定和生活常识的。同时，学校如将本应自身承担的法定职责推给家长，也很容易引起家长们的普遍质疑，甚至是强烈抗议，完全没有必要。因此，对于法律法规强制规定的学校对学生应尽的教育、管理和保护义务，学校必须履职尽责，而对于本应由家长承担的监护职责，或是涉及家校携手的，出于提醒和强化安全风险防控意识等合理需要，学校可与家长沟通，由家长签署学生安全责任承诺书。如果学生已满8周岁，则属于民法上的限制民事行为能力人，已具备一定的认知和控制能力，可以考虑由学生一并签署。

24. 父母须送适龄儿童、少年入学接受并完成义务教育

典型案例

2019 年 8 月 5 日，昭通市镇雄县法院在母享镇母享村广场公开审理了首例“控辍保学”案件，到场旁听的群众有几百人，包括学校教师、特邀人大代表、政协委员。该案因被告雷某放任其子雷某某辍学引发。雷某某出生于 2003 年 8 月,2018 年 9 月辍学，辍学前就读于母享中学。雷某某辍学后，母享中学的老师多次劝雷某某返校，但雷某某未返校。母享镇政府责令被告雷某限期送雷某某入学接受义务教育，但被告雷某仍不履行义务。母享镇政府遂起诉到镇雄县法院，要求被告雷某履行监护责任，将其子送回学校接受义务教育。

庭审中，通过法官释法说理，被告认识到了放任适龄儿童、少年辍学是违法的，应承担相应的法律责任，也充分认识到辍学将极大地限制孩子素质能力的提升和今后人生的选择。被告遂承诺开学前将其子送到母享中学就读，并完成义务教育。最终双方当事人达成调解协议。①

① 参见《镇雄县人民法院开庭审理首例“控辍保学”案件》，载镇雄县人民政府网，http://www.zx.gov.cn/sitefiles/services/cms/page.aspx?s=1&n=21&c=14709，最后访问于 2019 年 12 月 18 日。类似的案例还可见临夏回族自治州广河县人民法院（2019）甘 2924 民初 512 号一审民事判决书。

法律风险分析与应对

依据《义务教育法》第十一条、《未成年人保护法》第十六条、第十七条等相关规定，送适龄儿童、少年入学接受并完成义务教育，是父母作为监护人的法定义务。为确保无正当理由的父母依法履行相应义务，我国已构建集家庭、学校、社会、政府和司法保护五位一体的义务教育阶段适龄儿童、少年受教育权保障体系。父母无正当理由未依法履行相应义务的，将承担明确的不利法律后果，包括但不限于《义务教育法》第五十八条规定的“由当地乡镇人民政府或者县级人民政府教育行政部门给予批评教育，责令限期改正”,《未成年人保护法》第八十三条规定的“教育行政部门应当责令父母或者其他监护人将其送入学校接受义务教育，第一百一十八条规定的“由其居住地的居民委员会、村民委员会予以劝诫、制止；情节严重的，居民委员会、村民委员会应当及时向公安机关报告。公安机关……应当予以训诫，并可以责令其接受家庭教育指导”等。学校层面，[①] 从实操角度可考虑采取下述“控辍保学”九步法，让无正当理由的父母或其他法定监护人（下称“父母”）依法及时送适龄儿童、少年入学接受并完成义务教

① 《未成年人学校保护规定》第十二条规定，义务教育学校不得开除或者变相开除学生，不得以长期停课、劝退等方式，剥夺学生在校接受并完成义务教育的权利；对转入专门学校的学生，应当保留学籍，原决定机关决定转回的学生，不得拒绝接收；义务教育学校应当落实学籍管理制度，健全辍学或者休学、长期请假学生的报告备案制度，对辍学学生应当及时进行劝返，劝返无效的，应当报告有关主管部门。

育[①]，否则学校将承担相应的法律责任[②]：

1. 当发现义务教育阶段的适龄儿童、少年未按时入学接受教育时，建议任课老师第一时间告知班主任，由班主任及时与该父母联系，了解该义务教育阶段的适龄儿童、少年未按时入学的具体原因。如该义务教育阶段的适龄儿童、少年系由于轻微身体状况（如感冒、发烧等）未按时入学，建议班主任与该父母沟通，视医治、休养时间长短，请其按学校规定履行必要的请假、销假手续（情况紧急的，可先让家长用短信或微信请假，事后及时补交假条）。

2. 如该义务教育阶段的适龄儿童、少年系由于严重身体状况（如重病住院等）需要延缓入学或休学，则建议班主任与该父母沟通，请其依法提出延缓入学或休学申请，由当地乡镇政府或县级政府教育行政部门批准。[③]

3. 如该义务教育阶段的适龄儿童、少年未按时入学，且不存在上述正当理由，建议班主任进一步了解其是否存在家庭经济困

---

① 《未成年人保护法》第二十八条规定，学校应当保障未成年学生受教育的权利，不得违反国家规定开除、变相开除未成年学生。学校应当对尚未完成义务教育的辍学未成年学生进行登记并劝返复学；劝返无效的，应当及时向教育行政部门书面报告。

② 《未成年人保护法》第一百一十九条规定，学校、幼儿园、婴幼儿照护服务等机构及其教职员工违反该法第二十七条、第二十八条、第三十九条规定的，由公安、教育、卫生健康、市场监督管理等部门按照职责分工责令改正；拒不改正或者情节严重的，对直接负责的主管人员和其他直接责任人员依法给予处分。

③ 《义务教育法》第十一条规定，凡年满六周岁的儿童，其父母或者其他法定监护人应当送其入学接受并完成义务教育；条件不具备的地区的儿童，可以推迟到七周岁。适龄儿童、少年因身体状况需要延缓入学或者休学的，其父母或者其他法定监护人应当提出申请，由当地乡镇人民政府或者县级人民政府教育行政部门批准。

难、残疾和流动人口等特殊背景。[①] 如有相关特殊因素，则建议班主任及时向分管校领导反馈，并视情况由分管校领导进一步向上级教育部门汇报，咨询并落实各级政府有无可采取的相关保障措施（如困难补助、住宿补贴、社会救助等），协助该父母依法及时送适龄儿童、少年入学接受并完成义务教育。

4. 如该义务教育阶段的适龄儿童、少年未按时入学，且不存在上述正当理由，也不存在家庭经济困难、残疾和流动人口等特殊背景，或虽存在相关特殊因素但各级政府已采取相应保障措施[②]，则建议班主任、分管校领导或学校负责人通过家访、请该父母来校座谈等方式（前期也可以通过电话、微信等便捷方式进行沟通），与该父母面对面交流，一来从情理上向其充分表达学校、老师对该义务教育阶段的适龄儿童、少年及家庭情况的理解，借助温情的对话和合适的方式方法，换位思考获得支持；二来从道理上向其充分阐述适龄儿童、少年入学接受并完成义务教育是子女成长成才的基础性保障，长远而言也是子女改变自身和家庭命运的决定性因素；三来从法理上向其充分释明送适龄儿童、少年入学接受并完成义务教育，是父母的法定义务，无正当理由未依法履行相应义务的，将承担上述明确的不利法律后果，争取让该父母主动依法及时送适龄儿童、少年入学接受并完成义务教育，并做好相应的沟通记录。

---

① 《未成年人保护法》第八十三条规定，各级人民政府应当保障未成年人受教育的权利，并采取措施保障留守未成年人、困境未成年人、残疾未成年人接受义务教育。

② 《教育部等十部门关于进一步加强控辍保学工作　健全义务教育有保障长效机制的若干意见》还针对因学习困难、外出打工、早婚早育、信教而辍学问题，分别提出了对应的解决方案，值得关注。

5. 如经上述班主任、分管校领导或学校负责人多次沟通，父母无正当理由，仍不依法及时送适龄儿童、少年入学接受并完成义务教育，则建议班主任将相关情况书面反馈给学校，借助法律专业力量，如法治副校长或法律顾问，进一步向该父母释明上述相关法律规定，尤其是父母无正当理由未依法及时送适龄儿童、少年入学接受并完成义务教育的法律责任。

6. 如经上述释法，父母无正当理由，仍不依法及时送适龄儿童、少年入学接受并完成义务教育，建议学校向该父母发出《敦促返校（或入学，视具体情况而定，下同）告知书》，其中应当注明该适龄儿童、少年未依法及时入学接受并完成义务教育的情况，学校、老师与该父母沟通情况，该父母应当及时送适龄儿童、少年入学接受并完成义务教育的法律规定，该父母无正当理由未依法及时送适龄儿童、少年入学接受并完成义务教育的法律责任等。需要提醒注意的是，《敦促返校告知书》如以当面形式送达，应当做好签收记录（或附有回执）。如无法当面送达，建议通过 EMS 快递寄出，同时在内件品名处写明"敦促返校告知书"字样，并保存好快递底单；如果该父母拒收，则一并保存好未拆封的快递件。

7. 如该父母直接拒收《敦促返校告知书》，或在收到后，无正当理由仍未依法及时送适龄儿童、少年入学接受并完成义务教育的，建议学校依据《未成年人保护法》第一百一十八条的规定，向该父母所在单位或居委会、村委会反映相关情况，由其居住地的居民委员会、村民委员会予以劝诫、制止；情节严重的，居民委员会、村民委员会应当及时向公安机关报告。公安机关等依法予以训诫，并可以责令其接受家庭教育指导。

8. 如经上述所在单位或居委会、村委会予以劝诫、制止，该父母无正当理由依然不依法及时送适龄儿童、少年入学接受并完成义务教育，则建议学校进一步依据《义务教育法》第五十八条的规定，向当地乡镇人民政府或县级人民政府教育行政部门反映相关情况，由当地乡镇人民政府或县级人民政府教育行政部门给予批评教育，责令限期改正（如依法作出《责令送被监护人接受义务教育通知书》等）；或者依据《未成年人保护法》第八十三条，对尚未完成义务教育的辍学未成年学生，由教育行政部门责令父母或者其他监护人将其送入学校接受义务教育。如父母侵犯子女受教育权构成违反治安管理行为，还可由公安机关依法给予行政处罚。

9. 如经上述当地乡镇人民政府或县级人民政府教育行政部门给予批评教育，责令限期改正，该父母无正当理由仍然不依法及时送适龄儿童、少年入学接受并完成义务教育，学校可以参考上述案例，提请当地乡镇人民政府、县级妇女联合会等，通过向有管辖权的法院起诉的方式，要求该父母依法及时送适龄儿童、少年入学接受并完成义务教育。

25. 父母与学校须配合做好学生上下学时的接送交接

典型案例

小小（化名）是一名5岁女童，小小的父母长年在外务工，一直由爷爷奶奶照看。一天，小小的幺爷爷路过村幼儿园，想着幼儿园马上要放学了，出于好心想顺路载小小回家，便走进幼儿园找到老师。因为都是一个村的人，老师放心地将孩子交给了老人，此时，距放学时间还有半个小时。途中小小所乘坐的摩托车意外摔倒，小小伤势过重，经医治无效死亡。

法院认为，孩子的幺爷爷在驾驶摩托车时，未尽到安全义务酿成交通事故，直接造成小小死亡，应承担赔偿责任。就小小父母而言，虽然在外务工人员将子女托付给亲属照管，在现实生活中具有普遍性，但是，从法律层面上讲，对日常监护活动中可能存在的安全风险，监护人应该有所预见，托付老人带小孩，事实上无法确保孩子的安全，客观上也未能尽到法律所规定的监护人职责，故应承担相应的民事责任。在现实工作中，固然因农村生活实际，幼儿园及班主任老师难以严格落实由监护人（或托付的亲属）接送幼儿的制度规定，但较之其他教师，基于教育对象的特殊性，幼儿教师应负有更多的细心和责任心，所以学校和班主任亦应承担一定的责任。最终，法院判决学校与班主任共同承担10% 的责任。[①]

法律风险分析与应对

1. 小学、幼儿园应建立低年级学生、幼儿上下学时的接送交接制度，不得将晚离学校的低年级学生、幼儿交与无关人员

“学生上学到校和放学离校这两个时间段，正处于学校的教育、管理职责与家庭的监护职责的交替期，对学生的监管和保护很容易出现‘盲区’”，[②]故《中小学幼儿园安全管理办法》第三十一条明确规定，小学、幼儿园应当建立低年级学生、幼儿上下学时的接送交接制度，不得将晚离学校的低年级学生、幼儿交与无关人员。需要强调的是，此处的“上下学接送交接”应作广义上的理解，包括学校组织学生外出参加活动的接送交接。

值得一提的是，小学低年级学生、幼儿园幼儿上学期间，学校不得以如下理由禁止学生进入校园或让已进入校园的学生单独离开校园或回家，而应对学生依规依纪采取批评教育等合理的管理措施[③]：（1）学生未穿校服或未佩戴校徽、红领巾；（2）学生的发型不符合要求；（3）学生携带了与学习无关的物品；（4）学生忘带了必备的学习用品，如教科书、作业本；（5）学生没有完成家

① 参见《阆中一女童被亲戚提前接走意外身亡　幼儿园也担责》，载四川新闻网，http：//scnews.newssc.org/system/20150819/000592633.html，最后访问于 2020 年 6 月 1 日。

② 雷思明著：《依法治校与学校规范化管理操作指南》，教育科学出版社 2018 年版，第 7 页。

③ 参见雷思明著：《依法治校与学校规范化管理操作指南》，教育科学出版社 2018 年版，第 10 页。

庭作业；（6）学生犯错误被老师要求回去“请家长”等。

需要特别提醒的是，如老师将晚离校的小学低年级学生、幼儿园幼儿交与无关人员，其风险将是小学、幼儿园完全难以预见和不可控的。司法实践中，在小学、幼儿园未建立低年级学生、幼儿上下学时的接送交接制度的情况下，一旦低年级学生、幼儿发生伤害事故，除考虑实际侵权人和监护人应承担的法律责任外，法院大概率也会判定学校应承担的一定的赔偿责任，具体承担比例将由法院结合城乡的不同实际情况根据具体情形进行裁判。

2. 家长需配合学校做好小学低年级学生、幼儿园幼儿上下学时的接送交接工作，充分尽到监护责任

如上所述，《中小学幼儿园安全管理办法》第三十一条并未明确何为“小学低年级学生”。可作为参考的是，在国家规定层面，《中小学健康教育指导纲要》中将“小学 1—2 年级”划分为小学低年级，《国家教委关于推广小学语文“注音识字，提前读写”教改经验的若干意见》中提出小学“一、二年级为低段”等。[①] 与此同时，《民法典》第二十条规定“不满八周岁的未成年人为无民事行为能力人”，无民事行为能力人在法律上被推定为不能辨认和控制自己的行为，鉴于我国各地小学在入学年龄和学制年限上有一定差异，因此对“小学低年级学生”的认定除依据有关规定（含地方规定）外，还需结合该小学生的年龄进行判断，对于不满 8

① 也有地方，如晋城市某办公室在《关于小学低段、幼儿园和特殊教育学校开学时间的公告》中提出“小学低段（1—3 年级）”等。

周岁的小学生，建议小学也建立上下学时的接送交接制度。[①]此外，对于小学中年级（三、四年级）的学生（尤其是女学生），如家校距离较远、路况较为复杂，学校也可与家长沟通参照建立接送交接制度，家长坚持让孩子自行上下学的，学校可请家长作出书面安全责任承诺，督促家长采取措施保护学生路途安全。[②]

建立小学低年级学生、幼儿园幼儿上下学时的接送交接制度，客观上需要家校携手，既需要学校充分尽到对学生的教育、管理和保护职责，也需要家长依法履行监护义务。具体而言，从学校层面来说，第一，依据《中小学幼儿园安全管理办法》第二十四条，学校应建立学生安全信息通报制度，将学校规定的学生到校和放学时间（包括临时有变动的，特别是校外活动提前结束）等关系学生安全的信息，及时告知其监护人。实践中学校可采取微信群公告、短信（微信）通知、向家长发放带回执的《家长告知书》，或请家长签订《家长责任书》等方式有效告知学生到校和放学时间，督促家长切实履行监护职责，实现学校保护和家庭保护之间的“无缝对接”。第二，遇节假日或重大活动安排等，需对学生上学、放学时间进行调整的，学校应提前一天将调整后的时间通知到每一位家长。未提前通知家长的，不得让未成年学生提前放学或让学生推迟到校，以防家长不知情而未能采取相应的照管措施导致学生途中发生意外。第三，出于客观因素放学后需学生

① 与之类似的还有《道路交通安全法实施条例》第七十二条规定，在道路上驾驶自行车、三轮车必须年满 12 周岁，在道路上驾驶电动自行车和残疾人机动轮椅车必须年满 16 周岁等。

② 参见雷思明著：《依法治校与学校规范化管理操作指南》，教育科学出版社 2018 年版，第 8 页。

合理留校一段时间的，也应事先通知家长。第四，学校应依据《中小学幼儿园安全管理办法》第三十一条，与家长建立小学低年级学生、幼儿园幼儿上下学时接送的交接制度，建立学生家长名册，并对老师进行专门培训，监管到位、严格执行。第五，学校组织学生外出参加活动时，应全程关注学生的行踪，在学生进出校门、上下车、到达及离开活动现场时清点人数，防止学生脱离集体发生意外。第六，父母或父母委托的人（如爷爷、奶奶等）在未提前告知学校的情况下，临时未依照小学低年级学生、幼儿园幼儿上下学时的接送交接制度按时接送小孩的，或出现陌生人员接送情形的，学校和老师应及时联系监护人沟通、确认。第七，学校提前放学，家长未及时来接的，学校不应让小学低年级学生、幼儿园幼儿自行回家，而应采取相应的照管措施，直至家长将其接走。第八，对于因工作、外出等按时接送孩子困难的家长，在家长自愿的前提下，学校可根据《教育部办公厅关于做好中小学生课后服务工作的指导意见》结合实际积极作为，充分利用学校在管理、人员、场地、资源等方面的优势，主动承担起学生课后服务责任，帮助解决实际困难，但应切实保障课后服务学生安全。第九，学校和老师还可以通过家长会、家长学校和家长委员会等途径，对家校共建小学低年级学生、幼儿园幼儿上下学时的接送交接制度的必要性、重要性等进行释法说理，尤其是对于家校距离较远、路况较为复杂的情形。

从家长层面来说，第一，家长应按照《中小学幼儿园安全管理办法》第三十一条，配合学校建立小学低年级学生、幼儿园幼儿上下学时的接送交接制度，按时接送孩子上下学；第二，学生监护人或监护人委托的人在小学、幼儿园放学前将低年级学生、幼儿带离学校的，监护人应告知学校并征得学校同意；第三，学生在校期间请假，要求回家休息或外出办事等，家长应向班主任提出请假，并亲自或指派专人来校接孩子，同时将书面假条提交给班主任；第四，家长按时接送学生存在困难的，如留守儿童、进城务工人员随迁子女等，家长可以向学校申请自愿参加课后服务，家长要求在校外另行实施的，应选择有资质、有保障的课后服务机构等。

26. 父母须配合学校对异常或特殊学生的合理教育方式

典型案例

某特殊教育学校培智学生田某某，10岁，唐氏综合征患者，身材矮小，体重超标，说话口齿不清，旁人无法听清。由于个性较为外向，身体灵活性较好，常常在欺负身体比他弱的同学，并耍小聪明，企图逃脱老师的批评。该学生问题行为存在的原因：（1）由于智力水平原因，导致个人自控能力较低。（2）长期生活的家庭环境是一个无拘束、极其随意的环境，自然养成他特有的行为习惯。（3）据了解，现在田某某的外婆七十多岁，依然一个人照顾他，他的父母现在在外地开出租车，基本没有回来看过田某某，缺少父母的直接抚养对孩子心理发展有消极作用，老人对孩子过分溺爱，造成该学生任性，爱发脾气，爱打架，性格变得敏感。（4）生活环境单一，经常一个人在家里玩，不与同龄人接触，使他缺少与别人交往的机会，来到学校渴望与其他同学交往、玩耍，但不注意分寸。后经培智班班主任对田某某及其家长进行一系列辅导后，田某某各方面得到了明显的提高。①

① 参见阮欣：《特殊学校培智学生教育个案案例分析》，载《新课程（综合版）》2019年第2期。

法律风险分析与应对

1. 对在校期间身体、心理、情绪、行为等有异常的学生，学校可依法督促其父母履行监护职责，配合学校对学生的教育、管理和保护，必要时可发出书面建议函

依据《未成年人保护法》第十六条、第二十一条和第二十三条第二款，未成年人的父母或者其他监护人应当履行“为未成年人提供生活、健康、安全等方面的保障”和“关注未成年人的生理、心理状况和情感需求”的监护职责；未成年人的父母或者其他监护人不得使未满八周岁或者由于身体、心理原因需要特别照顾的未成年人处于无人看护状态；未成年人的父母或者其他监护人接到学校、幼儿园等关于未成年人心理、行为异常的通知后，应当及时采取干预措施。依据《预防未成年人犯罪法》第十六条、第十九条第二款，未成年人的父母或者其他监护人发现未成年人心理或者行为异常的，应当及时了解情况并进行教育、引导和劝诫，不得拒绝或者怠于履行监护职责；学校应当与未成年学生的父母或者其他监护人加强沟通，共同做好未成年学生心理健康教育；发现未成年学生可能患有精神障碍的，应当立即告知其父母或者其他监护人送相关专业机构诊治。《中小学幼儿园安全管理办法》第三十七条规定，监护人发现被监护人有异常心理状况的，应及时告知学校；生理、心理状况异常不宜在校学习的学生，应当休学，由监护人安排治疗、休养。实践中，难免会有学生在校期间出现身体、心理、情绪或行为异常，但根据此前的体检一时无法确定该学生有特异体质或特定疾病。[①]对此，学校应依据前述规定，通过电话、短信、微信、家访、约谈等有据可查的方式及时告知学生父母学生在校期间出现身体、心理、情绪或行为异常，建议家长尽快安排学生前往医院体检、诊断、治疗，并将签字、署期确认的诊疗证明复印件交给学校留底，以便学校和老师尽到特殊注意和保护义务；如家长不愿配合带学生前往诊疗，或坚称学生不存在特异体质或特定疾病，则建议由家长向学校出具相应的书面的学生健康告知及承诺，避免存在刻意隐瞒的情况，必要时学校可向家长发出书面建议函督促其依法及时履行监护职责，配合学校对学生进行教育、管理和保护。例如，依据《学生伤害事故处理办法》第十条，学生或其监护人知道学生有特异体质或患有特定疾病，但未告知学校，或者未成年学生的身体状况、行为、情绪等有异常情况，监护人知道或已被学校告知，但未履行相应监护职责，造成学生伤害事故的，学生或未成年学生监护人应依法承担相应的责任。或者也可通过家长学校、家长委员会、家长主题班会等形式开展健康教育课、健康咨询活动或讲座等进行引导履行家庭教育主体责任[②]，有条件的学校还可以与家长沟通，注重发挥康复、医学、特殊教育等专业人员和社区、社会相关团体

---

① 值得注意的是，2020年8月，国家卫健委办公厅印发《关于探索开展抑郁症、老年痴呆防治特色服务工作的通知》，提出“各个高中及高等院校将抑郁症筛查纳入学生健康体检内容，建立学生心理健康档案，评估学生心理健康状况，对测评结果异常的学生给予重点关注”。

② 《未成年人保护法》第十五条第一款规定，未成年人的父母或者其他监护人应当学习家庭教育知识，接受家庭教育指导，创造良好、和睦、文明的家庭环境。

的作用，对该学生及其家长进行必要的心理辅导。①

2.“积极推进融合教育，优先采取普通教育方式”是我国残疾人教育的基本政策取向

特殊教育是国家教育事业的重要组成部分，家校携手做好特殊学生教育，是推进教育公平、实现教育现代化的重要任务，是增进残疾人家庭福祉、加快残疾人小康进程的重要举措，也是提高社会文明水平的重要体现。党的十九大报告提出“办好特殊教育”，2017年，为顺应符合人权观的国际特殊教育发展趋势和履行国际公约，在立足我国特殊教育实际情况、总结实践经验的基础上，国务院新修订了《残疾人教育条例》，第三条明确要求“残疾人教育应当……积极推进融合教育，根据残疾人的残疾类别和接受能力……优先采取普通教育方式”，第五十七条则进一步规定了学校拒绝招收符合法律、法规规定条件的残疾学生入学的法律责任。《未成年人保护法》第八十六条规定，各级人民政府应当保障具有接受普通教育能力、能适应校园生活的残疾未成年人就近在普通学校、幼儿园接受教育；保障不具有接受普通教育能力的残疾未成年人在特殊教育学校、幼儿园接受学前教育、义务教育和职业教育。由此可知，“积极推进融合教育，优先采取普通教育方式”是我国残疾人教育的基本政策取向，不以家长、学校和教师个人意志为转移，正如有特殊教育学校老师指出的，“教育具有多面性，教师不仅是传道授业解惑的人，

① 比如国家卫健委办公厅《关于探索开展抑郁症、老年痴呆防治特色服务工作的通知》要求“中学、高等院校均设置心理辅导（咨询）室和心理健康教育课程，配备心理健康教育教师。将心理健康教育作为中学、高等院校所有学生的必修课，每学期聘请专业人员进行授课，指导学生科学认识抑郁症，及时寻求专业帮助等”。

更是学生平时生活中的朋友”[①]。具体而言，根据残疾人[②]的残疾类别和接受能力，针对义务教育阶段的残疾人，《残疾人教育条例》第十七条分门别类进行了教育安置的规定；在此基础上，《教育部关于加强残疾儿童少年义务教育阶段随班就读工作的指导意见》进一步对健全科学评估认定机制、健全就近就便安置制度、完善随班就读资源支持体系、落实教育教学特殊关爱、提升教师特殊教育专业能力进行了要求，学校可根据各地实际掌握、运用。

3. 在特殊教育学校学习的残疾儿童、少年和在普通学校学习的残疾儿童、少年的教育方式和转学安排应依法进行

一方面，针对在特殊教育学校学习的残疾儿童、少年，从教育方式上看，依据《特殊教育学校暂行规程》：（1）第九条第二款规定，特殊教育学校应对入学残疾儿童、少年的残疾类别、原因、程度和身心发展状况等进行必要的了解和测评；（2）第五十一条第二款规定，特殊教育学校应建立学生健康档案，每年至少对学生进行一次身体检查；（3）第二十四条第一款规定，班主任教师要履行国家规定的班主任职责，加强同各科任课教师、学校其他人员和学生家长的联系，了解学生思想、品德、学业、身心康复等方面的情况，协调教育和康复工作；（4）第十一条规定，特殊教育学校对因病无法继续学习的学生（须具备县级以上医疗单位

---

① 阮欣：《特殊学校培智学生教育个案案例分析》，载《新课程（综合版）》2019年2期。

② 《残疾人保障法》第二条规定，残疾人是指在心理、生理、人体结构上，某种组织、功能丧失或者不正常，全部或者部分丧失以正常方式从事某种活动能力的人。残疾人包括视力残疾、听力残疾、言语残疾、肢体残疾、智力残疾、精神残疾、多重残疾和其他残疾的人。

的证明）在报经教育部门批准后，准其休学；休学时间超过三个月，复学时学校可根据其实际情况并征求本人及其父母或其他监护人的意见后编入相应年级。

另一方面，针对在普通学校学习的残疾儿童、少年，从教育方式上看：（1）参照《特殊教育学校暂行规程》第二十四条，班主任教师要履行国家规定的班主任职责，加强同各科任课教师、学校其他人员和学生家长的联系，了解学生思想、品德、学业、身心康复等方面的情况，协调教育和康复工作；（2）依据《中小学幼儿园安全管理办法》第三十七条，学校对已知的有特异体质、特定疾病或异常心理状况的学生，应给予适当关注和照顾；（3）依据《学生伤害事故处理办法》第九条，学生有特异体质或特定疾病，不宜参加某种教育教学活动，学校知道或应当知道的，应予以必要的注意；（4）结合实践，有条件的地方已建立特殊教育学校定期委派教师到普通学校巡回指导随班就读工作的制度，因此如学生的身体、心理、行为、情绪等有异常情况，普通学校可寻求相应的巡回指导；（5）实践中，一些省、市（地）教育行政部门所属的教学研究部门和科学研究部门也已配备专职或兼职特教教研人员，组织并指导学校开展教育教学研究，普通学校也可以视情况寻求帮助。

从转学安排上看，在特殊教育学校学习的残疾儿童、少年，经教育、康复训练，能够接受普通教育的，或在普通学校学习的残疾儿童、少年，难以适应普通学校学习生活的，依据《残疾人教育条例》第十八条，学校可建议残疾儿童、少年的父母或其他监护人将其转入或升入普通学校接受义务教育，或者可建议残疾儿童、少年的父母或其他监护人将其转入指定的普通学校或特殊教育学校接受义务教育。

需要特别说明的是，《残疾人教育条例》第十九条规定，适龄残疾儿童、少年接受教育的能力和适应学校学习生活的能力应当根据其残疾类别、残疾程度、补偿程度以及学校办学条件等因素判断。同时，依据《残疾人教育条例》第二十条，残疾人教育专家委员会可以接受教育行政部门的委托，对适龄残疾儿童、少年的身体状况、接受教育的能力和适应学校学习生活的能力进行评估，提出入学、转学建议，对残疾人义务教育问题提供咨询，提出建议。①

① 《教育部关于加强残疾儿童少年义务教育阶段随班就读工作的指导意见》提出，每年 4 月底前，由县级教育行政部门会同残联、街道（乡镇）组织适龄残疾儿童少年家长及其他监护人开展入学登记，对适龄残疾儿童少年入学需求进行摸底排查，全面摸清名单。5 月底前，县级教育行政部门委托县级残疾人教育专家委员会，依据有关标准对残疾儿童少年身体状况、接受教育和适应学校学习生活能力进行全面规范评估，对是否适宜随班就读提出评估意见。

27. 学生擅自离校，学校须及时告知家长

典型案例

余某系兴仁县某中学九（七）班住校学生，2016年1月2日上晚自习时老师强调没有家长来接的学生不准离校。约八时十五分下晚自习后，余某未在宿舍管理处登记，便同姚某乘坐陈某某驾驶严某所有的摩托车一起到同学严某的承租房内玩耍。1月2日、3日为国家法定假日，该中学于1月2日全天利用节假日补课至晚上八时十五分许。该中学是国家公办教育机构，是一所半封闭式学校，学生分为走读生和寄读生。根据《某中学学生宿舍管理方案》规定，节假日或周末原则上学生不准留宿，确需留宿的，必须到寝室管理员处登记，按寝室管理要求留宿，安全自负；周末住校生原则要求离校；外乡镇的住宿生，确需留寝者必须按时登记，按时归宿，若擅自离校发生事故，由家长自行负责。

法院认为，本案中，余某系下课后未登记留校住宿，在校外承租屋内与其他未成年人烧炭火导致一氧化碳中毒死亡，该中学在法定节假日补课，违反了教育部《关于贯彻〈义务教育法〉进一步规范义务教育办学行为的若干意见》的相关规定，[①] 且在节假

① 值得注意的是，《未成年人保护法》第三十三条第二款规定，学校不得占用国家法定节假日、休息日及寒暑假期，组织义务教育阶段的未成年学生集体补课，加重其学习负担。

日补课结束后，该中学更应当审慎核查寄读生住宿情况，该中学未能核查寄读生住宿情况，未及时慎重地将下晚自习后余某未留校住宿的情况通知其监护人，致使监护人未能及时有效地对余某进行管束，该中学的管理存在疏忽大意的过失，同时余某的不幸死亡确给父母带来了心灵剧痛。结合本案实际，酌定某中学承担10%的责任。[①]

法律风险分析与应对

1. 学校应建立学生安全信息通报制度，将关系学生安全的信息及时告知其监护人，否则造成伤害的，将依法承担相应的责任

基于未成年人身心发育不成熟的客观情况，《民法典》第十九条规定，八周岁以上的未成年人为限制民事行为能力人，第二十条规定，不满八周岁的未成年人为无民事行为能力人。由此可知，未成年学生通常还不能或不完全能实施所有民事法律行为，还难以完全辨认和控制自己的行为，这就必然涉及父母对未成年子女的监护义务与学校对学生的教育、管理和保护职责相衔接的现实问题，这已为实践所反复证明。

正基于此，《预防未成年人犯罪法》第三十四条规定，未成年学生旷课、逃学的，学校应当及时联系其父母或者其他监护人，了解有关情况；无正当理由的，学校和未成年学生的父母或者其他监护人应当督促其返校学习；第三十五条第一款规定，未成年人无故夜不归宿、离家出走的，父母或者其他监护人、所在的寄宿制学校应当及时查找，必要时向公安机关报告。同时，依据《未

① 参见兴仁县人民法院（2016）黔2322民初1040号一审民事判决书。

成年人保护法》第十六条、第十八条，未成年人的父母或者其他监护人应当履行“对未成年人进行安全教育，提高未成年人的自我保护意识和能力”等监护职责；采取配备儿童安全座椅、教育未成年人遵守交通规则等措施，防止未成年人受到交通事故的伤害；提高户外安全保护意识，避免未成年人发生溺水、动物伤害等事故。《中小学幼儿园安全管理办法》第二十四条第一款明确规定，学校应建立学生安全信息通报制度，将学校规定的学生到校和放学时间、学生非正常缺席或者擅自离校情况，以及学生身体和心理的异常状况等关系学生安全的信息，及时告知其监护人。同时，《学生伤害事故处理办法》第九条也针对性地规定，对未成年学生擅自离校等与学生人身安全直接相关的信息，学校发现或知道，但未及时告知未成年学生的监护人，导致未成年学生因脱离监护人的保护而发生伤害的，学校应依法承担相应的责任。比如，学校临时性地提前放学或擅自放假或活动结束，未及时通知学生监护人，导致学生处于无人监管状态而在校外遭到人身伤害，学校应承担相应的过错责任。[①] 例如，某小学在租用距学校较远的场地开运动会时，通知家长下午 5 点到体育场接孩子，但运动会下午 4 点就结束了，该校一年级的几名学生见不到家长来接，便自行回家，路上在横穿马路时因没有注意来往车辆，一名学生被撞伤。[②] 尤其是要注意学校临时性地提前放学或擅自放假或活动结束的情形，考虑到通知的有效性，学校应以直接通知到学生监护

① 参见顾昂然主编：《七五普法 · 青少年以案学法读本》，人民日报出版社 2016 年版，第 23 页。

② 参见马雷军、刘晓巍编著：《依法治校实务》，中国轻工业出版社 2015 年版，第 236 页。

人为宜，而不应仅由学生转告，实践中不乏因学生忘记转告家长而导致学生脱离监护最终受伤的案例。[①]

首先，学校和老师应对自身的教育、管理和保护职责期间有完整、准确的理解，涉及前述《中小学幼儿园安全管理办法》第二十四条第一款规定的关系学生安全的信息的，不仅限于学校正常在校学习、生活期间，也包括学校组织学生参加课后补课、留堂作业以及校内外课余活动期间。比如，学生在参加学校组织的竞赛活动中擅自离开的，学校也应及时告知监护人。其次，结合笔者实务经验，对关系学生安全的信息，学校和老师应有“时间就是生命”的责任感，有条件反射式的警醒意识，从前兆抓起，不宜存有过于自信或疏忽大意等侥幸心理。例如，学校对于已发现或知道的关系学生安全的信息征兆，如学生晚自习不在教室等，应建立“发现即报告，报告即核实，核实即告知”的学校内部全流程衔接机制。最后，学校对关系学生安全的信息应发现而未及时发现，如教学或自习时间学生不在教室，任课或巡查老师因擅离职守未发现，或者学校在发现学生非正常缺席（不在教室或宿舍等）情况后及时通知了家长，但未及时组织搜寻，也未向公安机关请求帮助，消极等待导致学生发生伤害的，一般同样构成过错。

2. 学校和老师建立、落实学生安全信息通报制度的前提是建立学生出勤或点到和请假管理制度，并通过多种形式与学生家长建立联系制度

从实操的角度看，一方面，学校建立学生出勤或点到和请假

---

① 参见马雷军、刘晓巍编著：《依法治校实务》，中国轻工业出版社 2015 年版，第 197–198 页。

管理制度是实现学生安全信息通报制度的前提，有助于学校、家长及时掌握学生到校、离校等个人安全信息，同时在学生上学期间（上学之后放学之前），没有班主任或学校相关负责人在符合接送交接制度前提下的批准，门卫应制止学生随意离开校园；对持有离校证明的学生，学校应要求门卫核实证明的真伪和接送人的身份。[①]另一方面，学生安全信息通报制度是家校联系制度的重要组成部分，脱离了家校联系制度的日常行为习惯养成而谈学生安全信息通报制度，是很难真正贯彻到位的。为此，从学校层面而言，《小学管理规程》第五十五条、《幼儿园工作规程》第五十三条和《特殊教育学校暂行规程》第六十二条均规定学校应主动通过多种形式与学生家长建立联系制度。

从班主任教师层面而言，《小学管理规程》第二十二条、《幼儿园工作规程》第四十一条第三款和《特殊教育学校暂行规程》第二十四条分别规定，班主任教师要同各科任课教师、学校其他人员和学生家长密切联系，了解掌握学生思想、品德、行为、学业或身心康复等方面的情况，协调配合对学生实施教育或康复。《中小学班主任工作规定》第七条和第十二条则作了进一步规定。

另外，需要注意的是，前述《中小学幼儿园安全管理办法》第二十四条第一款规定的关系学生安全的信息，除了学生非正常缺席或擅自离校这一类较为明显的情况以外，更具有日常性的是学生身体和心理的异常状况等，如学生在校学习、生活期间有自杀、自伤等言语或倾向，这显然需要学校在家校联系制度之中进

---

① 参见雷思明著：《依法治校与学校规范化管理操作指南》，教育科学出版社2018年版，第4页。

行考虑，并做好心理辅导和危机干预工作。具体而言，依据《中小学幼儿园安全管理办法》第二十四条第二款的规定，对有特异体质、特定疾病或其他生理、心理状况异常以及有吸毒行为的学生，学校应在依法保护学生的个人隐私的基础上，做好安全信息记录，妥善保管学生的健康与安全信息资料。一旦学生的身体和心理的异常状况造成教职工和其他学生的人身伤害，或有足以引发教职工和其他学生人身伤害的现实危险，学校和老师应及时告知其监护人。

28. 父母行使监护权不得侵犯教师、学校的合法权益

典型案例

案例 1：微信群里辱骂老师，家长被行政拘留 10 日[①]

某周日下午，中山市某小学三（2）班杨姓家长在家长群里称，老师布置了线上英文作业，但自己根本不懂英文，无法监督女儿做英文作业，故询问线上英语作业怎么做，由于是周末，英语老师没有及时进行回复。然后，该家长表达了对英语老师的不满，并伴有辱骂性话语。随后，有其他家长劝说涉事家长不要讲粗话侮辱老师。但涉事家长反而越发暴躁，直接导致矛盾升级。紧接着便出现了涉事家长连续辱骂英语老师的情况。

事发后，学校第一时间分别与学生和英语老师进行了沟通，并指派学校的心理老师给学生和老师进行心理辅导。接到报案后，中山市公安局三角分局迅速开展调查工作。经审查，杨某承认其在家长微信群中辱骂老师的行为。目前，杨某因涉嫌公然侮辱他人被公安机关依法行政拘留 10 日。

---

① 参见《微信群里辱骂老师，家长被行政拘留 10 日》，载澎湃新闻网，https://www.thepaper.cn/newsDetail_forward_5037894，最后访问于 2020 年 5 月 31 日。

案例 2：教师有权进行教育教学活动，指导学生的学习和发展[①]

某地一小学，学生家长因担心自己孩子在学校被别的孩子欺负，让自己的孩子每天都带着录音笔去上学，以便了解孩子的在校生活情况。后该学生逐渐产生心理疾病，被诊断为儿童偏执型精神障碍。但家长在录音中发现了一次自己孩子没有完成作业被老师批评和罚站 15 分钟的录音，于是家长状告学校，向学校进行索赔。因无法进行教师行为与原告精神疾病存在因果关系的鉴定，法院审理后认为教师对学生未完成作业的批评属于正常的教育行为，罚站学生 15 分钟不构成变相体罚学生，驳回了原告的诉讼请求。

法律风险分析与应对

1. 教师的权益受法律保护，包括民法、行政法和刑法上的全方位保护

每一位老师都是普通的中国公民，受民法、行政法和刑法的保护。依据《民法典》总则编的规定，民事权益包括人格尊严、人身自由、生命权、身体权、健康权、姓名权、名誉权、荣誉权、肖像权、隐私权、个人信息权、婚姻自主权、监护权、所有权、用益物权、担保物权、著作权、专利权、商标专用权、发现权、股权、继承权等人身、财产权益。结合实践来看，家长对老师民事权益的侵害主要体现在两个方面：一是对教师生命权、身体权、健康权的侵犯，二是对教师名誉权的侵犯。

---

① 参见孔凡英、肖宝华：《学校应对“录音神器”说不》，载《中小学管理》2015 年第 3 期。

其中，在生命权、身体权、健康权方面，最令人痛心的莫过于屡见报端的家长殴打老师的新闻。比如，2018 年 6 月 11 日上午 11 时许，王某在其子王某某所在的某小学一年级班级群里，向班级语文老师张某询问是否发放了儿子的语文试卷，张某未做回复。当日下午 2 时许，王某据此在群里辱骂张某，随后又到张某所在小学一年级办公室找张某理论并对其实施殴打。因为侮辱和殴打他人，王某被当地警方合并执行行政拘留 10 日。①

在名誉权方面，值得关注的是家长利用信息网络侵害教师的人身权益的治理与预防等。名誉权是人格权的一种，是人们依法享有的对自己所获得的客观社会评价排除他人侵害的权利，主要表现为名誉利益支配权和名誉维护权②。移动互联网时代的到来，为家校沟通提供了诸如 QQ、微信等新的便利化桥梁，同时自媒体的出现，使得信息传播更快、范围更广，也为侵犯名誉权等一系列法律问题提供了工具支持。

面对上述种种问题，学校和老师除了规范自身教学行为、注意家校沟通的方式方法和做好学校安全保卫工作以外，还可通过家长会、家长学校和家长委员会等，以案例的形式开展家校共治共育法治专题培训，增强家长的法治观念，具体内容包括：（1）从民法上看，依据《民法典》第一百七十九条的规定，家长侵害教师民事权益的，应依法承担停止侵害、排除妨碍、消除危险、返还财产、恢

---

① 参见许杰：《群内询问试卷是否发放未获回复，学生家长殴打老师被拘 10 天》，载澎湃新闻网，https://www.thepaper.cn/newsDetail_forward_2192083，最后访问于 2020 年 5 月 31 日。

② 危先平、危雅芸：《自媒体侵犯名誉权的认定》，载《人民法院报》2018 年 7 月 19 日。

复原状、赔偿损失、赔礼道歉和消除影响、恢复名誉等侵权责任。（2）从行政法上看，依据《教师法》第三十五条的规定，侮辱、殴打教师的，根据不同情况，分别给予行政处分或行政处罚，如《治安管理处罚法》第四十二条规定，公然侮辱他人或捏造事实诽谤他人的，按照情节轻重处拘留、罚款。（3）从刑法上看，侮辱、殴打教师，情节严重的，如教师被打至轻伤以上，依法追究刑事责任等。

2. 教师作为履行教育教学职责的专业人员，教学管理权理应得到保障

教师除了是普通公民，还是履行教育教学职责的专业人员，因此《教师法》第七条规定了教师享有的一系列权利，包括“进行教育教学活动”“指导学生的学习和发展，评定学生的品行和学业成绩”等，教师教学管理权的充分保障，是实现党的十九大报告提出的“努力让每个孩子都能享有公平而有质量的教育”的重要前提。

以上述案例 2 为例，实践中有家长以行使监护权为由让孩子携带录音笔上学，录下所谓班主任上课和班级管理活动的“证据”，随后家长携带录音证据向学校领导反映该班主任存在的问题。[①] 对此，学校应主动向该家长释明有关法律规定及不利后果，要求家长禁止学生在校使用录音监听设备，必要时可以向公安机关举报：（1）依据《学生伤害事故处理办法》第七条的规定，未成年学生在校期间，由学校对学生进行安全教育、管理和保护工作，父母应依法履行监护职责并配合，因此家长以行使监

① 参见孔凡英、肖宝华：《学校应对“录音神器”说不》，载《中小学管理》2015 年第 3 期。

护权为由让孩子携带录音笔上学没有法律依据。（2）依据《民法典》第一百三十二条规定的禁止权利滥用原则，父母履行监护权不得损害他人合法权益，故家长不能让学生在校使用录音监听设备。（3）依据《未成年人保护法》第四条，处理涉及未成年人事项，应当符合“保护未成年人隐私权和个人信息”的要求，家长使用录音监听设备难免会从未成年学生、老师的课间谈话中获取学生及学生家庭的隐私，可能构成侵犯学生及学生家庭的隐私权。依据该法第一百二十九条的规定，这不仅可能需要依据《民法典》的有关规定承担相应的民事侵权法律责任，而且依据《治安管理处罚法》第四十二条的规定，构成窃听他人隐私的，按照情节轻重处拘留、罚款。（4）教师进行教育教学活动，离不开家长的支持与配合，而不是无端怀疑，如果教师的教学过程处于被监听状态，必然会让教师心情紧张，给教师造成极大的心理压力，影响教学质量，严重者甚至影响教师的身心健康，侵犯教师的健康权等。

与此同时，除了通过释法解决部分家长法治观念淡薄的问题之外，需要特别指出的是，现实中家长对教师教学管理权的侵害也有家长自身“安全焦虑”心态严重的原因。对此，学校和老师一方面在条件允许的情况下可以经沟通一致对有关家长进行必要的心理辅导，另一方面可以通过家长会、家长学校和家长委员会等引导家长依法通过合理渠道理性反映监护诉求。

29. 家长不得扰乱学校正常教学秩序

典型案例

某小学教师正常批评学生，但家长诬陷教师辱骂、殴打学生，拉横幅围堵校门，恶意纠缠、过度维权；某大学生在体育测试中因身体原因意外去世，家长纠集几十名亲戚纠缠学校并提出天价赔偿要求，经多方协调最终学校不得已支付60万元……

一些学校为了免责，纷纷采取取消长跑、取消体育课等“下下策”，甚至连课间休息时间也把学生“囚禁”在教室里。此外，在一些事件中，一些网络自媒体歪曲事实、造谣生事的情况，助推了社会对学校、教师的负面情绪。[①]

法律风险分析与应对

1.“家校博弈”背景下的“校闹”定义及其常见行为和法律后果

一段时期以来，由于缺乏有针对性的具体政策举措，各地和

① 《依法治理“校闹”还校园一片净土——全国政协社会和法制委员会“依法打击‘校闹’加强学校师生权益保护”对口协商座谈会小记》，载全国政协官网，http://www.cppcc.gov.cn/zxww/2019/01/04/ARTI1546561981130147.shtml，最后访问于2020年5月28日。

学校预防和处置“校闹”的体制机制还不健全，缺乏独立、权威、有效的纠纷化解机制、风险分担机制和“校闹”处置机制，加上对学生社会保险的政策制度设计存在缺陷、部分负面社会舆论推波助澜等因素[①]，有些家长因法治观念淡薄或碍于司法成本高，就通过“闹”来向学校和基层教育部门获取不合理的利益，“校闹”事件的不断发生，其实反映的是在市场经济过度功利化观念的影响下，本应和谐的家校关系时常沦为激烈的家校博弈关系。教育部政策法规司负责人指出[②]，学校安全事故发生后，对于责任认定、赔偿数额等，受伤害方往往倾向于强调学校责任，向学校提出超出法律规定诉求和较高数额的赔偿请求。而由于诉讼途径费时长、程序多、成本高，许多受伤害方不愿意通过诉讼方式解决纠纷，往往选择以“闹”作为与学校博弈、争取最大限度赔偿的手段。对于此，一些地方往往息事宁人、“花钱买平安”，学校承担了不应当承担的责任和压力。基层教育部门和学校普遍反映，学校安全事故等引发的“校闹”问题已成为教育管理和学校办学过程中的难点痛点问题，导致一些学校不敢正常开展体育教学、课外活动，干扰了素质教育的实施。为此，2017年国务院办公厅印发的《关于加强中小学幼儿园安全风险防控体系建设的意见》对“校闹”治理作了原则性规定，习近平总书记在2018年9月10日召开的全国教育大会上强调，各级党委和政府要为学校办学安全托底，解决学校后顾之忧，维护老师和学校应有的尊严，保护学生生命安全。

---

① 也有部分是因为学校在事故处理中必须直接面对受伤害方，有些学校做得确实不到位、不专业，受伤害方和学校容易产生对立情绪。

② 参见教育部就《教育部等五部门关于完善安全事故处理机制维护学校教育教学秩序的意见》答记者问。

从定义上看，《教育部等五部门关于完善安全事故处理机制维护学校教育教学秩序的意见》（以下简称《意见》）将“校闹”界定为“学校安全事故处置过程中，家属及其他校外人员实施围堵学校、在校园内非法聚集、聚众闹事等扰乱学校教育教学和管理秩序，侵犯学校和师生合法权益的行为”，同时具体列举了8种行为表现：（1）殴打他人、故意伤害他人或者故意损毁公私财物的；（2）侵占、毁损学校房屋、设施设备的；（3）在学校设置障碍、贴报喷字、拉挂横幅、燃放鞭炮、播放哀乐、摆放花圈、泼洒污物、断水断电、堵塞大门、围堵办公场所和道路的；（4）在学校等公共场所停放尸体的；（5）以不准离开工作场所等方式非法限制学校教职工、学生人身自由的；（6）跟踪、纠缠学校相关负责人，侮辱、恐吓教职工、学生的；（7）携带易燃易爆危险物品和管制器具进入学校的；（8）其他扰乱学校教育教学秩序或侵害他人人身财产权益的行为。此外，实践中，“校闹”往往还与《关于公安机关处置信访活动中违法犯罪行为适用法律的指导意见》中列举的一些信访活动中的违法犯罪行为相互牵连，其中也明确规定了相应的法律后果。

实施“校闹”行为，构成违反治安管理行为的，公安机关应依照《治安管理处罚法》相关规定予以处罚；实施“校闹”行为涉嫌构成寻衅滋事罪、聚众扰乱社会秩序罪、故意毁坏财物罪、非法拘禁罪、故意伤害罪和聚众扰乱公共场所秩序、交通秩序罪等，需要追究刑事责任的，由公安机关、检察院、法院依法追究刑事责任。比如，2020年11月，广州市白云区法院对被告人刘某为进行炒作，支付760元购买增粉、点赞及转发等服务，伪造血衣微信、微博栽赃老师体罚案，以寻衅滋事罪判处其有期徒刑一年六个月，缓刑二年，并于2020年9月对马某受雇为刘某进行网络炒作一案，以寻衅滋事罪判处马某有期徒刑六个月。[①]

2. 学校应及时处置、依法打击“校闹”“缠访”、以监督为名行持续无端投诉之实等行为

针对“校闹”行为，依据《意见》等有关规定，鉴于“校闹”的主要诱因是学校安全事故纠纷，学校层面可从如下方面进行应对：（1）学校应立即向所在地公安机关报案，提供当事方人数、具体行为、有无人员受伤等现场情况，并保护好现场，配合公安机关做好调查取证等工作。（2）公安机关到达前，学校保卫部门可依法采取必要的措施（如拍照、录像、视频监控等），阻止相关人员进入教育教学区域，防止其干扰教育教学活动。（3）安全事故发生后，学校应立即启动预案，及时开展救助。发生重大事故，要建立由学校主要负责人牵头的处置机制。学校应建立便捷的沟通渠道，及时通知受伤害者监护人或近亲属，告知事故纠纷处理的途径、程序和相关规定，主动协调，积极引导以法治方式处置纠纷。学校要关心受伤害者，保障受伤害者及其监护人、近亲属的知情权和依法合理表达诉求的权利。（4）学校安全事故纠纷处理过程中，要坚守法律底线，根据事故客观事实和法律法规规定，明确各方责任。学校安全事故责任明确、各方无重大分歧或异议的，可协商解决。学校可建立由教育、法律（如法治副校长、学校法律顾问等专业人员）、医疗、保险、心理、社工等方面专业人

---

① 参见董柳：《广州一妈妈伪造血衣栽赃老师体罚案宣判：犯寻衅滋事罪被判缓刑》，载腾讯网，https://new.qq.com/rain/a/GDC2020112000927805，最后访问于2021年1月4日。

员组成的专家咨询库，为调解工作提供支持和服务。原则上，公办中小学、幼儿园人身伤害事故纠纷涉及赔偿金额请求较大的，应积极引导当事人通过人民调解等方式解决。（5）学校要做好安全事故的信息发布工作，按照规定主动、适时公布或者通报事故信息。对恶意炒作、报道严重失实的行为，学校要及时发声、澄清事实。对于虚假报道引起社会不良影响的，学校应向有关部门反映或提起诉讼，追究其侵权或行政责任。[①]（6）“校闹”行为造成学校、教职工、学生财产损失或人身伤害，被侵权人依法追究“校闹”人员侵权责任的，应予以支持。（7）学校要树立预防为先的理念，落实安全标准，健全安全管理制度，完善安全风险排查和防范机制，压实安全责任，加强学生的安全教育、法治教育、生命教育和心理健康教育，建立并严格执行学校教职工聘用资质检查制度，从源头上预防和消除安全风险，杜绝责任事故。健全学校安全隐患投诉机制，对学生、家长和相关方面就学校安全存在问题的投诉、提出的意见建议，及时作出回复。（8）要通过家长学校、家长委员会等多种方式拓宽学生父母或其他监护人参与学校管理和监督的渠道，加强对学生父母或其他监护人的法治宣传，形成和谐的家校关系。（9）学校或学校举办者应按规定投保校方责任险，有条件的可以购买校方无过失责任险和食品安全、校外实习、体育运动伤害等领域的责任保险，学校可以引导、利用社会捐赠资金等设置安全风险基金或学生救助基金，健全救助机制。有条件的地方还可以建立学校安全赔偿准备基金，或开展

---

① 《未成年人保护法》第四十九条规定，新闻媒体采访报道涉及未成年人事件应当客观、审慎和适度，不得侵犯未成年人的名誉、隐私和其他合法权益。

互助计划，健全学校安全事故赔偿机制。（10）师生、家长或校外人员因其他原因在校内非法聚集、游行或实施其他影响学校正常教育教学秩序行为的，参照上述方法予以处置等。

需要特别指出的是，由于“校闹”会对学生的健康成长产生不可逆的负面影响，其巨大的破坏性是显性的，因此社会层面对打击“校闹”较易形成共识。但从生活经验来看，实践中也不乏一些家长为获取不合理的利益，对学校“缠访”、以监督为名行持续无端投诉之实等隐蔽性强的隐性问题，同样给学校办学、教师执教带来了较大的负面困扰，特别是在招生季、考试季等特殊时期，这一方面需要学校依法分类进行处理，另一方面也有赖于全社会共同深化认识和努力。比如，2020 年 12 月，徐州市公安局贾汪分局官方微博发布警方通报，称《徐州奇葩家长给老师送“教啥啥不行，叫家长第一名”特制锦旗》视频系赵某某为博取眼球、吸引关注而自导自演的虚假视频，赵某某因此已被公安机关依法传唤。①

① 参见《“教啥啥不行，叫家长第一名”，警方：假的！视频制作者已被传唤》，载搜狐网，https://www.sohu.com/a/436781894_120098104，最后访问于 2021 年 1 月 4 日。

30. 父母须对未成年子女不当行为引发的后果负责

典型案例

邝某与易某均在广州市某中学就读。某日下午，邝某进行天梯运动时，易某爬上立木架反身摇晃天梯，致使邝某跃上天梯时无法抓稳天梯横杠，仰面摔下并受伤。事发当日，邝某被送至广州市正骨医院诊治，经医生诊断为骨折，全休三个月。后经鉴定伤残等级为十级。

法院认为：邝某、易某均与某中学之间存在教育关系，某中学对邝某、易某负有教育、管理、保护的法定义务。本案中，由于邝某和易某均是未成年人，认知和控制能力有限，从视频来看，非正常使用并摇晃天梯的行为并非偶然发生，视频中有多个学生先后多次从侧面摇晃天梯，在此也反映出某中学在管理上存在一定的疏忽。学校作为教育机构虽然不可能时时刻刻监视学生的在校情况，但对学生的课间活动情况还是有必要了解的，在未成年学生的行为出现危险倾向时，要对其进行控制、约束，制止危险倾向的进一步发展，采取措施中断危险行为的发生。某中学未能履行必要的注意、管理义务，存有缺陷，应就此承担一定的责任。

法院最后判决：综上，酌定邝某应承担责任的比例为10%，易某应承担责任的比例为70%，某中学应承担责任的比例为20%。[①]

法律风险分析与应对

1. 未成年学生造成他人损害的，由监护人承担侵权责任

一方面，当一个民事主体行为导致他人损害的时候，一般情况下，法律会要求由该行为作出者来承担赔偿责任，因为其具有过错。但是法律未必会要求未成年人这样做，未成年人作为特别的法律主体，因为自身识别能力不足，法律会给予其特殊的保护[②]；另一方面，如当发生人身伤害事故时，从受害人的角度看，受害人所遭受的人身、财产和客观上的精神损害又是实实在在的，在行为人有过错的情况下，即便行为人是未成年人，受害人这种身体和精神层面客观上遭受的痛苦和面临的财产损失（如医疗费、必要的营养费、康复费、后续治疗费等）也理应得到合理的弥补。因此《民法典》第一千一百八十八条规定，未成年学生造成他人损害的，由监护人承担侵权责任。《学生伤害事故处理办法》第二十八条进一步明确规定，未成年学生对学生伤害事故负有责任的，由其监护人依法承担相应的赔偿责任；学生的行为侵害学校教师及其他工作人员以及其他组织、个人的合法权益，造成损失的，未成年学生的监护人应依法予以赔偿。

---

① 参见广州市中级人民法院（2017）粤01民终6191号二审民事判决书。

② 胡玺：《未成年人致人损害的监护人责任问题研究》，西南政法大学2014年硕士学位论文。

2. 当未成年学生在校发生人身损害时，如家长主张学校未尽到教育、管理和保护职责，学校应依法区分应对

依据《学生伤害事故处理办法》第二十三条，对发生学生伤害事故负有责任的组织或个人，应依法承担相应的损害赔偿责任。实践中，如未成年学生在学校学习、生活期间受到人身损害，由于涉及“赔钱”的问题，致害学生家长有时候难免会提出自己的孩子对伤害事故的发生没有过错，或说伤害事故不是自己的孩子造成的，抑或认为受害学生也有一定过错等，致害学生父母和受害学生父母甚至都难免会提出因学校未尽到教育、管理和保护职责而应承担部分甚至是全部的赔偿责任，对此学校需根据实际情况，尤其是未成年学生的不同年龄进行区分处理。

其一，依据《学生伤害事故处理办法》第十条，学生或未成年学生监护人由于过错，有下列情形之一，造成学生伤害事故，应依法承担相应的责任：（1）学生违反法律法规的规定，违反社会公共行为准则、学校的规章制度或纪律，实施按其年龄和认知能力应当知道具有危险或可能危及他人的行为的；（2）学生行为具有危险性，学校、教师已经告诫、纠正，但学生不听劝阻、拒不改正的；（3）学生或其监护人知道学生有特异体质，或者患有特定疾病，但未告知学校的；（4）未成年学生的身体状况、行为、情绪等有异常情况，监护人知道或已被学校告知，但未履行相应监护职责的；（5）学生或未成年学生监护人有其他过错的。

其二，依据《民法典》第二十条和第一千一百九十九条，不满八周岁的未成年学生为无民事行为能力人，其在学校学习、生活期间受到人身损害的，学校应承担责任，但能够证明尽到教育、管理和保护职责的，不承担责任。这意味着，当发生学生伤害事故时，对于不满八周岁的未成年学生，法律明确规定了学校是否尽到教育、管理和保护职责，举证责任在学校，只有学校能够提供证据（如监控视频、当事人陈述、证人证言、管理制度、安全教育记录、安全措施情况等，下同）证明自身在学生伤害事故中，已尽到教育、管理和保护职责的，才不承担责任。这主要是因为，法律上认为不满八周岁的未成年学生不具有自我认知、保护和行为控制能力，不能完全表达自己的意思，对伤害事故的前因后果基本无法描述清楚，属于典型的弱势群体，监护人客观上也难以掌握其在学校的学习、生活情况，不能举证，故必须由学校对自身在学生伤害事故中是否尽到教育、管理和保护职责进行举证，这事实上是要求学校对不满八周岁的未成年学生给予更为严格的教育、管理和保护，符合“儿童利益最大化”原则。

其三，依据《民法典》第十九条和第一千二百条，八周岁以上的未成年学生为限制民事行为能力人，其在学校学习、生活期间受到人身损害，学校未尽到教育、管理和保护职责的，应承担责任。同时，《民事诉讼法》第六十四条和《最高人民法院关于适用〈中华人民共和国民事诉讼法〉的解释》第九十条规定，当事人对自己提出的主张，有责任提供证据；在作出判决前，当事人未能提供证据或者证据不足以证明其事实主张的，由负有举证证明责任的当事人承担不利的后果。这就是说，法律上认为，限制民事行为能力人已经有一定的自我认知和行为控制能力，对自己的不当行为可能侵害学校教师及其他工作人员以及其他学生的合法权益并造成损失已有一定程度的认识，故当发生学生伤害事故时，对于八周岁以上的未成年学生，如致害学生或受害学生家长提出学校因未尽到教育、管理和保护职责而应承担责任，该家长对此负有举证责任，对自己提出的主张所依据的事实应提供证据加以证明。如家长未提供证据证明，或无法提供证据证明学校在学生伤害事故中未尽到教育、管理和保护职责，则学校无须承担责任。

其四，依据《民法典》第一千一百七十二条，两个以上学生分别实施侵权行为造成同一损害，能够确定责任大小的，由其监护人各自承担相应的责任；难以确定责任大小的，由其监护人平均承担责任；依据该法第一千一百七十三条，被侵权的学生对同一损害的发生或扩大有过错的，可以减轻侵权学生的责任；依据该法第一千一百七十四条，损害是因受害学生故意造成的，致害行为学生不承担责任；依据该法第一千一百八十六条，受害学生和致害行为学生对损害的发生都没有过错的，依照法律的规定由双方监护人分担损失；依据该法第一千一百七十六条，自愿参加具有一定风险的文体活动，因其他参加者的行为受到损害的，受害人不得请求其他参加者承担侵权责任，如学生之间踢足球、打篮球，参与的学生无一例外都处于一定的风险之中，既是风险制造者，也是风险承担者，故在不违反运动规则情况下出现的正常危险或伤害后果，一般不存在过错，不属于侵权行为；[①] 但是，其他参加者对损害的发生有故意或重大过失的除外。

其五，依据《民法典》第一千二百零一条的规定，未成年学生在校学习、生活期间，受到学校以外的第三人人身损害，由第三人承担侵权责任；学校未尽到管理职责的，承担相应的补充责

---

① 参见马雷军、刘晓巍编著：《依法治校实务》，中国轻工业出版社 2015 年版，第 239–240 页。

任；学校承担补充责任后，可以向第三人追偿。当然，在这种情形下，学校承担的仅是相应的补充责任，而不是全部的补充责任；与此同时，学校承担补充责任的前提应是侵权的第三人不能承担或不能全部承担侵权责任或第三人下落不明；在侵权的第三人已承担全部侵权责任的情况下，学校不应承担责任；且学校在承担相应的补充责任后，有权向侵权的第三人追偿。

需要注意的是，以上系基于法律规定所作的一般分析，实际处理过程中，由于学生伤害事故的敏感性，不排除有过激的家长随意诉诸舆论、信访等，因此还需要充分注意沟通中的方式方法，要情、理、法融会贯通，既坚持原则，又不失灵活性，以免激化矛盾。同时，由于学生伤害事故发生原因、过错程度客观上无法预估，因此法律法规层面也无法事先就赔偿范围、责任承担比例、赔偿金额等作出明确规定，实践中一般需由有关当事人进行协商[①]，或由学校组织调解，或诉诸法院由法官进行裁量。

① 各方在自愿基础上协商达成的协议，主要靠当事人的承诺、信用等约束其自觉履行，不直接具有法律上的强制性。

31. 发生学生伤害事故，家长应依法提出赔偿请求

典型案例

2016 年 9 月 26 日，按照班级安排，由小学三年级学生小琪（化名）在班上带读拼音，由于多读了一遍，班干部按照之前班主任立的“规矩”（读错课文，男生罚做 20 个俯卧撑，女生罚做 10 个俯卧撑），要求小琪在教室讲台位置做 10 个俯卧撑。据校方后来证实，小琪起初做了两个，但有班干部说没做好，动作不规范，要求重做，她又做了 8 个以上的俯卧撑，随后便感到腰部剧痛，在地上难以起身。2018 年 7 月 9 日，在北京市博爱医院，医生确诊小琪为无骨折脱位型脊髓损伤、胸 5 完全性脊髓损伤，双下肢感觉运动功能障碍，也就是通俗说的“瘫痪”。

另经鉴定，小琪的伤情评定为一级伤残，护理依赖程度评定属完全护理依赖，后续治疗费主要是双下肢截瘫病人对症支持并发症治疗所必须开支的医疗费用，结合被鉴定人目前伤情，给予后续治疗费每年一万元整，且小琪需要使用的矫正器具和辅助器械价格高昂，并且需要逐年更换；同时“被鉴定人小琪脊髓损伤与做俯卧撑之间关系密切，二者存在直接因果关系，参与度拟定为 96%—100%”。

在民事起诉书上，小琪父母提出，根据《侵权责任法》[①]之规定，被告教育部门、学校应对原告的受伤承担赔偿责任，要求判令被告赔偿原告各项损失暂计人民币7088123.38元。该赔偿金额包括前期已用的费用、残疾赔偿金，后续的护理治疗费、康复费和辅助器具等多项费用。后本案以法院调解方式结案。[②]

法律风险分析与应对

1. 受害学生遭受人身损害的费用赔偿范围、费用确定和举证责任均有明文规定

上述案例的后续是：2019年9月，11岁的小琪由父亲每天推着轮椅重返学校，回到了梦寐以求的课堂，虽然命运没有打败小琪，但毋庸置疑的是，“瘫痪”对她本人及她的家庭造成的打击都是“毁灭性”的，因此从人性的角度看，更好的医疗方案和医疗器具对小琪未来发展的助益是非常大的，小琪父母提出的“天价索赔”有其合理性的一面。

但结合实践来看，不排除受害学生家长向致害学生家长或学校以过激方式“漫天要价”的情形，如不依法进行引导，则学生伤害事故处理将遭遇障碍。对此，从费用赔偿范围上看，依据《最高人民法院关于审理人身损害赔偿案件适用法律若干问题的解释》（以下简称《人身损害赔偿案件司法解释》）第一条，因生命、身体、健康遭受侵害，赔偿权利人起诉请求赔偿义务

① 现为《民法典》侵权责任编。

② 参见吴强：《病情三年未改善索赔700万》，载《新法制报》2019年10月25日，第3版。

人赔偿物质损害和精神损害的，人民法院应予受理。

同时，《人身损害赔偿案件司法解释》第二十三条规定，精神损害抚慰金适用《最高人民法院关于确定民事侵权精神损害赔偿责任若干问题的解释》（以下简称《民事侵权精神损害赔偿责任司法解释》）予以确定。第五条则进一步规定了精神损害的赔偿数额根据哪些因素确定。

此外，《人身损害赔偿案件司法解释》第六至十五条还分别对医疗费、器官功能恢复训练所必要的康复费、适当的整容费以及其他后续治疗费、护理费、交通费、住院伙食补助费、外地治疗住宿费和伙食费、营养费、残疾赔偿金、残疾辅助器具费、丧葬费、死亡赔偿金的确定及对应的举证责任作了较为具体的规定，如医疗费根据医疗机构出具的医药费、住院费等收款凭证，结合病历和诊断证明等相关证据确定，学校在处理学生或老师伤害事故中可以结合实际灵活运用。

2. 赔偿费用标准的提高和救助机制的完善有一个发展的过程，学生伤害事故的根本解决之道仍在于预防

实践中，如发生学生伤害事故，一般会通过当事人协商、由第三方（如教育局、司法所等）组织调解、向法院起诉三种方式进行解决。其中，《教育部等五部门关于完善安全事故处理机制维护学校教育教学秩序的意见》提出“原则上，公办中小学、幼儿园人身伤害事故纠纷涉及赔偿金额请求较大的，应当积极引导当事人通过人民调解等方式解决”，并明确“各地可以根据实际，规定公办中小学校、幼儿园协商赔偿的限额”。但在全面依法治国的大背景下，无论是采取哪一种解决方式，学生伤害事故的赔偿限额都必然绕不开上述《人身损害赔偿案件司法解释》《民事侵权精神损害赔偿责任司法解释》等规定的费用赔偿范围、限额和举证责任。即便学生伤害事故最终进入诉讼程序解决，法院也是依据有关规定，综合全案事实和证据进行裁判，不会任由受害方“漫天要价”。

基于此，在学生伤害事故中，受害学生家长期望的赔偿数额，往往高于有关规定的赔偿限额，如《人身损害赔偿案件司法解释》第十五条所规定的，死亡赔偿金按照受诉法院所在地上一年度城镇居民人均可支配收入或者农村居民人均纯收入标准，按二十年计算等。为此，《教育部等五部门关于完善安全事故处理机制维护学校教育教学秩序的意见》进一步提出，“学校可以引导、利用社会捐赠资金等设置安全风险基金或者学生救助基金，健全救助机制”，并“鼓励有条件的地方建立学校安全赔偿准备基金，或者开展互助计划，健全学校安全事故赔偿机制”。

但无论如何，对受害学生及其家庭而言，费用赔偿终归只是部分填补，而我国赔偿费用的标准提高和救助机制的完善，都还需要一个非常长的发展过程，因此对现阶段的学校和老师而言，最重要的还是时刻绷紧“学校安全”这根弦，尽量避免学生和教职工伤害事故的发生。

32. 学校要建立健全家庭教育工作机制①

典型案例

潍坊市高新区清平小学是一所城乡接合部乡村学校，2012 年 6 月投入使用。该小学发展的策略是在关键支点上逐一突破，其中家委会建设就是一个很重要的支点。

场景一：某周一早上，在学校流动红旗颁奖仪式上，家委会主任吴某某在全校师生的注视下，走到台上，代表学校为获奖班级一一授旗，并对获奖班级给予肯定，希望他们能够不骄不躁、再接再厉，赢得现场阵阵掌声……

场景二：某周三上午，在学校家委会办公室，一阵电话铃声响起。一位值班家长一边熟练地拿起电话，一边拿起笔、铺开记录簿。“喂，你好，这里是清平小学家委会办公室。请问您有什么问题需要我们帮忙吗？”……

场景三：某周五下午，学校以“祝福祖国快乐远足”为主题的郊游活动在浞河景区进行得如火如荼。超过三分之一的学生家长积极报名参与其中，确保每个孩子身边都有人随行，为活动顺

---

① 需要注意的是，学校建立健全家庭教育工作机制，应以构建“亲”“清”家校关系为前提，详见《严禁教师违规收受学生及家长礼品礼金等行为的规定》等。

利开展保驾护航……[①]

法律风险分析与应对

1. 中小学幼儿园应建立健全家庭教育工作机制，充分发挥学校在家庭教育中的重要作用

一方面，从目标维度看，未成年学生健康成长是学校和家庭的共同目标，要想实现党的十九大报告提出的“办好人民满意的教育”和“让每个孩子都能享有公平而有质量的教育”的目标，离不开家校合作；另一方面，从现实角度看，家庭是孩子的第一个课堂，父母是孩子的第一任老师，家长在家庭教育中负有主体责任，注重家庭、注重家教、注重家风，关系到孩子的终身发展。概言之，如上述案例所示，家校携手，无疑能在学校履行对学生的教育、管理和保护职责过程中起到“事半功倍”的重要作用。正基于此，《民法典》第一千零四十三条规定，“家庭应当树立优良家风，弘扬家庭美德，重视家庭文明建设”；《未成年人保护法》第十五条规定，“未成年人的父母或者其他监护人应当学习家庭教育知识，接受家庭教育指导，创造良好、和睦、文明的家庭环境”，[②]第一百一十八条规定了强制家庭教育指导制度；《预防未成年人犯罪法》第三十二条规定，“学校和家庭应当加强沟通，建立家校合

① 参见武际金：《家校共治，就是爱和信任的相遇》，载《当代教育家》2016年第10期。

② 《家庭教育促进法》第十四条规定，父母或者其他监护人应当树立家庭是第一个课堂、家长是第一任老师的责任意识，承担对未成年人实施家庭教育的主体责任，用正确思想、方法和行为教育未成年人养成良好思想、品行和习惯。共同生活的具有完全民事行为能力的其他家庭成员应当协助和配合未成年人的父母或者其他监护人实施家庭教育。

作机制”，第六十一条也规定了强制家庭教育指导制度；《教育法》第五十条第三款规定，“学校、教师可以对学生家长提供家庭教育指导”；《家庭教育促进法》第五十一条规定：“家庭教育指导机构、中小学校、幼儿园、婴幼儿照护服务机构、早期教育服务机构违反本法规定，不履行或者不正确履行家庭教育指导服务职责的，由主管部门责令限期改正；情节严重的，对直接负责的主管人员和其他直接责任人员依法予以处分。”《未成年人学校保护规定》第四十六条规定，学校应当建立与家长有效联系机制，利用家访、家长课堂、家长会等多种方式与学生家长建立日常沟通。《教育部关于加强家庭教育工作的指导意见》进一步提出，“不断加强家庭教育工作，进一步明确家长在家庭教育中的主体责任，充分发挥学校在家庭教育中的重要作用，中小学幼儿园要建立健全家庭教育工作机制”，“统筹家长委员会、家长学校、家长会、家访、家长开放日、家长接待日等各种家校沟通渠道，逐步建成以分管德育工作的校长、幼儿园园长、中小学德育主任、年级长、班主任、德育课老师为主体，专家学者和优秀家长共同参与，专兼职相结合的家庭教育骨干力量”，矫正过去一段时期因认识不到位、教育水平不高、相关资源缺乏等，导致的家庭教育中出现的重智轻德、重知轻能、过分宠爱、过高要求等影响孩子健康成长的现象。

具体而言，参考《家庭教育促进法》第二条和第四条，未成年人父母或者其他监护人负责实施家庭教育；家庭教育，是指父母或者其他监护人为促进未成年人全面健康成长，对其实施的道德品质、身体素质、生活技能、文化修养、行为习惯等方面的培育、引导和影响。该法第十九条规定，未成年人的父母或者其他监护人应当与中小学校、幼儿园、婴幼儿照护服务机构、社区密切配合，积极参加其提供的公益性家庭教育指导和实践活动，共同促进未成年人健康成长。因此学校加强家庭教育工作的做法，面向家长主要包括：（1）明确教育孩子是父母或其他监护人的法定职责，家长应依法履行家庭教育的主体性职责；①（2）落实《家长家庭教育基本行为规范》和《家庭教育指导手册》（家长卷），引导家长严格遵循孩子成长规律，切实消除学校减负、家长增负，不问兴趣、盲目报班，不做“虎妈”“狼爸”；（3）举办家长培训讲座和咨询服务，引领家长全面学习家庭教育知识，系统掌握和不断更新家庭教育科学理念和方法，增强家庭教育本领；（4）带动家长积极主动与学校沟通孩子情况，推动家庭教育和学校教育、社会教育有机融合；（5）举办经验交流会，通过优秀家长现身说法、案例教学发挥优秀家庭示范带动作用；（6）组织社会实践活动，定期开展家长和学生共同参与的参观体验、专题调查、研学旅行、红色旅游、志愿服务和社会公益活动；（7）以重大纪念日、民族传统节日为契机，通过丰富多彩、生动活泼的文艺、体育等活动增进亲子沟通和交流；（8）特别是随着《中小学教育惩戒规则（试行）》的施行，学校、教师应当重视家校协作，积极与家长沟通，使家长理解、支持和配合实施教育惩戒，形成合力等。②

---

① 《家庭教育促进法》第二十条规定，未成年人的父母分居或者离异的，应当相互配合履行家庭教育责任，任何一方不得拒绝或者怠于履行；除法律另有规定外，不得阻碍另一方实施家庭教育。

② 《家庭教育促进法》第四十八条规定，未成年人住所地的居民委员会、村民委员会、妇女联合会，未成年人的父母或者其他监护人所在单位，以及中小学校、幼儿园等有关密切接触未成年人的单位，发现父母或者其他监护人拒绝、怠于履行家庭教育责任，或者非法阻碍其他监护人实施家庭教育的，应当予以批评教育、劝诫制止，必要时督促其接受家庭教育指导。

与此同时，学校则应当做到：（1）将家庭教育工作纳入教师培训和考核内容，将学校安排的家庭教育指导服务计入教师工作量；[①]（2）落实《家庭教育指导手册》（学校卷），共同办好家长学校；（3）发挥好家长委员会的作用；（4）有条件的中小学和幼儿园可派教师到街道、社区（村）挂职，为家长提供公益性家庭教育指导服务；[②]（5）学校要推动建立街道、社区（村）家庭教育指导机构，积极引导多元社会主体参与家庭教育指导服务，如依托青少年宫、乡村少年宫、儿童活动中心等公共服务阵地，为城乡不同年龄段孩子及其家庭提供家庭教育指导服务；（6）学校要特别关心流动儿童、留守儿童、残疾儿童和贫困儿童，鼓励和支持各类社会组织发挥自身优势，倡导企业履行社会责任，支持志愿者开展志愿服务，逐步培育形成家庭教育社会支持体系；（7）学校可单独或联合建立由专家、指导服务者、专业社会工作者等组成的家庭教育媒体舆情监测团队，组织开展舆情分析，回应热点难点问题，为家庭教育营造良好的社会环境和舆论氛围，等等。尤其值得注意的是，学校要建立健全家庭教育工作机制，还应重视《中共中央、国务院关于深化教育教学改革全面提高义务教育质量的意见》中强调的“杜绝将学生作业变成家长作业或要求家长检

---

① 《家庭教育促进法》第三十九条规定，中小学校、幼儿园应当将家庭教育指导服务纳入工作计划，作为教师业务培训的内容。

② 《家庭教育促进法》第四十二条规定，具备条件的中小学校、幼儿园应当在教育行政部门的指导下，为家庭教育指导服务站点开展公益性家庭教育指导服务活动提供支持。

查批改作业”[①] 等极易引发家校冲突和负面舆论问题。

2.“共同办好家长学校”和“发挥好家委会作用”是学校加强家庭教育工作的两大抓手

从家长学校来看，[②] 第一，在阵地建设上，学校首先可以通过教育部门推动社区（村）依托城乡社区公共服务设施、城乡社区教育机构、儿童之家、青少年宫、儿童活动中心等建立家庭教育指导服务站点，配合妇联、关工委等相关组织，在队伍、场所、教学计划、活动开展等方面给予协助，其次可推动有条件的机关、社会团体、企事业单位创办家长学校，再次应在中小学、幼儿园、中等职业学校建立家长学校，最后可进一步加快网络家长学校建设。第二，在组织保障上，学校要把家长学校纳入学校工作的总体部署，帮助、支持和指导家长学校做到有师资队伍、有教学计划、有指导教材或大纲、有活动开展、有成效评估，其中中小学家长学校每学期至少组织 1 次家庭教育指导和 1 次家庭教育实践活动，幼儿园家长学校每学期至少组织 1 次家庭教育指导和 2 次亲子实践活动。

从家长委员会来看，[③] 第一，在推进组建方面，学校一是要把

① 为贯彻落实中央有关精神，进一步规范学校教育教学管理，全面提高教育教学质量，坚决扭转一些学校作业数量过多、质量不高、功能异化等突出问题，2021 年 4 月 8 日，教育部办公厅印发《关于加强义务教育学校作业管理的通知》。

② 《家庭教育促进法》第四十条规定，中小学校、幼儿园可以采取建立家长学校等方式，针对不同年龄段未成年人的特点，定期组织公益性家庭教育指导服务和实践活动，并及时联系、督促未成年人的父母或者其他监护人参加。

③ 《家庭教育促进法》第四十一条规定，中小学校、幼儿园应当根据家长的需求，邀请有关人员传授家庭教育理念、知识和方法，组织开展家庭教育指导服务和实践活动，促进家庭与学校共同教育。

家委会作为建设依法办学、自主管理、民主监督、社会参与的现代学校制度的重要内容，发挥学校主导作用，落实学校组织责任，纳入学校日常管理工作。二是要推进中小学幼儿园普遍建立家委会，推动建立年级、班级家委会，制定家委会章程，将家庭教育指导服务作为重要任务。三是学校组织家长，按照一定的民主程序，本着公正、公平、公开的原则，在自愿的基础上，选举出能代表全体家长意愿的在校学生家长组成家委会。特别要选好家委会的牵头人。要从实际出发，确定家委会的规模、成员分工。四是家委会成员应具有正确教育观念，掌握科学的教育方法，热心学校教育工作，富有奉献精神，有一定的组织管理和协调能力，善于听取意见、办事公道、责任心强，能赢得广大家长的信赖。

第二，在明确基本职责方面，家委会应在学校的指导下履行“参与学校管理、参与教育工作和沟通学校与家庭”三大职责。

第三，在发挥支持学校工作作用方面，家委会要针对学校教育和家庭教育的突出问题，重点做好德育、法治教育、保障学生安全健康、推动减轻中小学生课业负担、化解家校矛盾等工作。

第四，在提供保障方面，学校一是要为家委会开展工作提供必要的条件；二是要完善学校科学民主决策机制，保障家委会有效参与学校管理；三是要完善科学评价机制，保障家委会对学校工作实施有效监督；四是要开放教育教学活动，保障家委会参与教育工作；五是要建立学校与家委会联席会议制度定期通报情况，保障沟通渠道畅通，确保家委会依法、规范、有序、有效地开展工作。

第三章　学校与教师

履职尽责、平衡保护

33. 学校应确保履行教学职责的专业人员具备教师资格

典型案例

在吴某某与刘某某等健康权、身体权纠纷一案中，法院认为，在参加鲅鱼圈区某小学召开的少先队会议后，吴某某与同时参加会议的同学刘某某急于参加校方组织的舞蹈排练，跑步赶往排练场地寻找个人位置过程中发生身体碰撞以致自己摔倒，造成面部着地磕断牙齿。在此过程中，鲅鱼圈区某小学既未能合理安排会议与排练的正常次序，又未提供具有安全保障性能的舞蹈排练场地，负责排练舞蹈的老师亦未取得教师资格证书，对吴某某的损害负有主要过错责任，应承担75%的责任为宜。[①]

法律风险分析与应对

1. 教师作为履行教育教学职责的专业人员，应取得国家规定的教师资格

《教师法》第三条规定，教师是履行教育教学职责的专业人员；《教师法》第十条、《教育法》第三十五条和《义务教育法》

① 参见营口市中级人民法院（2018）辽08民终3601号二审民事判决书。

第三十条规定，国家实行教师资格制度，教师应取得国家规定的教师资格。《教师资格条例》第二条进一步规定，中国公民在各级各类学校和其他教育机构中专门从事教育教学工作，应依法取得教师资格[①]；第四条将教师资格细分为“幼儿园教师资格”“小学教师资格”“初级中学教师和初级职业学校文化课、专业课教师资格”“高级中学教师资格”“中等专业学校、技工学校、职业高级中学文化课、专业课教师资格（统称中等职业学校教师资格）”“中等专业学校、技工学校、职业高级中学实习指导教师资格（统称中等职业学校实习指导教师资格）”和“高等学校教师资格”七类；第五条则规定，“取得教师资格的公民，可以在本级及其以下等级的各类学校和其他教育机构担任教师；但是，取得中等职业学校实习指导教师资格的公民只能在中等专业学校、技工学校、职业高级中学或者初级职业学校担任实习指导教师。高级中学教师资格与中等职业学校教师资格相互通用。”《中小学幼儿园安全管理办法》第三十五条第一款也规定，“学校教职工应当符合相应任职资格和条件要求”。

2013 年，为完善教师资格制度，健全教师管理机制，建设高素质专业化教师队伍，教育部印发了《中小学教师资格定期注册暂行办法》，教师资格定期注册是对教师入职后从教资格的定期核查。另外，针对民办教育，《民办教育促进法》第二十九条、《民办教育促进法实施条例》第三十三条也规定，民办学校聘任的教师或者教学人员应当具备相应的教师资格或者其他相应的专业资格、资质。

① 《〈教师资格条例〉实施办法》第三条也有类似规定。

另外，特别值得一提的是，依据《未成年人保护法》第六十二条、第一百二十六条，学校、幼儿园等密切接触未成年人的单位招聘工作人员时，应当向公安机关、人民检察院查询应聘者是否具有性侵害、虐待、拐卖、暴力伤害等违法犯罪记录；发现其具有前述行为记录的，不得录用；学校、幼儿园等密切接触未成年人的单位应当每年定期对工作人员是否具有上述违法犯罪记录进行查询，通过查询或者其他方式发现其工作人员具有上述行为的，应当及时解聘；密切接触未成年人的单位违反该法第六十二条规定，未履行查询义务，或者招用、继续聘用具有相关违法犯罪记录人员的，由教育、人力资源和社会保障、市场监督管理等部门按照职责分工责令限期改正，给予警告，并处五万元以下罚款；拒不改正或者造成严重后果的，责令停业整顿或者吊销营业执照、吊销相关许可证，并处五万元以上五十万元以下罚款，对直接负责的主管人员和其他直接责任人员依法给予处分。①

2. 学校安排不具备教师资格的人员从教的，应主要安排其从事辅助性工作，并切实做好安全教育和管理工作

受区域、编制、经费等因素影响，实践中有不少学校还存在“在校内专门从事教育教学工作的人员，未取得教师资格”的情况，

① 《未成年人学校保护规定》第三十六条规定，学校应当严格执行入职报告和准入查询制度，不得聘用有下列情形的人员：（1）受到剥夺政治权利或者因故意犯罪受到有期徒刑以上刑事处罚的；（2）因卖淫、嫖娼、吸毒、赌博等违法行为受到治安管理处罚的；（3）因虐待、性骚扰、体罚或者侮辱学生等情形被开除或者解聘的；（4）实施其他被纳入教育领域从业禁止范围的行为的。学校在聘用教职工或引入志愿者、社工等校外人员时，应当要求相关人员提交承诺书；对在聘人员应当按照规定定期开展核查，发现存在前款规定情形的人员应当及时解聘。

这个问题的根本解决，还有赖于我国经济社会各方面的进一步发展，尤其是城乡深度融合发展。比如，过去一段时期，有研究指出，职前教师教育中的“顶岗实习”模式有两种类别[①]：第一类是“顶岗置换实习”，是指师范生由高校组织到农村中小学或城乡薄弱的学校，以实习生的身份承担全职教师的教育教学职责，置换出原岗位教师由实习生所在高校对其进行相关课程培训；第二类是“顶岗实习支教”，是指师范生到老、少、边、穷地区农村中小学顶岗担任全职教师，由于这些地区的中小学缺乏师资或师资水平低，通过师范生的全职实习，为这些地区提供一批短时期工作的教师，一般为一个学期，也有的是一年。

严格地讲，师范生在没有取得教师资格证书之前全职顶岗从教是涉嫌违反我国教师资格制度的，不能因为主观动机可能出于善意，或因为办学的无奈选择而予以认可或支持。与此同时，前述全职顶岗师范实习生在教育环境中客观上具有双重身份，是受教育者与教育者的集合体，一旦被家长所了解，也容易引发关于损害中小学生受教育权和学业发展利益的普遍质疑，带来教育部门的依法查处。更有甚者，师范生全职顶岗从教，如果从事的是体育、实验、劳动、实践等较高风险的课程，囿于教学经验上的客观缺乏，学生发生伤害事故的可能性无疑也是更大的，且一旦发生学生伤害事故进入诉讼程序，法院有较大可能会认定学校因违反我国教师资格制度而未充分尽到对学生的教育、管理和保护义务。

---

① 参见刘彩霞：《对师范生“顶岗实习”的质疑》，载《淮北师范大学学报（哲学社会科学版）》2014 年第 4 期。

综上，就现阶段的学校层面整体而言，在《国务院关于深入推进义务教育均衡发展的意见》提出“深入推进义务教育均衡发展”和《中共中央、国务院关于深化教育教学改革全面提高义务教育质量的意见》要求“严格教师资格准入制度”的大背景下，我国已出现师范毕业生取得教师资格后就业困难、大量已经取得教师资格的人员不能够从事教育教学工作的情形，因此学校应首先确保履行教学职责的人员具备教师资格。具体而言，职前教师教育中的教育实习是实践教学的重要组成部分，是师范生形成教育智慧、教学能力的重要途径，即便学校确有合理需求，要接收一定数量的师范生到校实习，在师范生取得职业资格之前，学校也应主要安排其从事辅助性工作，不宜独立承担一门课的讲授任务或幼儿园带班任务，同时需切实做好对实习生的安全教育和管理工作。特别是对于体育、实验、实践等较高风险的课程，或是组织学生参加群体性、竞赛性的活动，均不应由实习生单独进行。

34. 教师身体有特殊疾病，学校要及时采取必要措施

典型案例

某职业学校汽修班赵某是一个很听话的孩子。一次，因为肚子不舒服，赵某课间在厕所待的时间长了些，上课时迟到了，被班主任李老师用拳头猛捶前胸，并用木棍把手掌打得红肿。事后，他不愿再去上学，只要一提起学校和老师，他就很快出现极度悲哀、痛哭流涕、捶头撞墙、双手抽搐，进而出现呼吸急促，甚至短暂的意识丧失。家长将赵某送往医院进行诊治，经医院确诊为急性应激障碍。事件发生后，经查李老师患有间歇性精神障碍。赵某家长知道老师患有该病的情况后非常气愤，找到学校讨要说法。[①]

法律风险分析与应对

1. 学校明知教职工患有不适宜担任教学工作的疾病，但未采取必要措施造成学生伤害事故的，应依法承担相应的责任

从教师资格申请条件上看，《教师资格条例》第六条规定，教

① 参见《教师患病，造成学生人身伤害，学校是否负责？》，载搜狐网，https://www.sohu.com/a/164024737_200190，最后访问于 2020 年 6 月 2 日。

师资格条件依照《教师法》第十条第二款的规定执行，其中“有教育教学能力”应包括符合国家规定的从事教育教学工作的身体条件。《〈教师资格条例〉实施办法》第八条进一步明确，申请认定教师资格者的教育教学能力应符合“具有良好的身体素质和心理素质，无传染性疾病，无精神病史，适应教育教学工作的需要，在教师资格认定机构指定的县级以上医院体检合格”的要求。《中小学幼儿园安全管理办法》第三十五条第一款也规定，“学校不得聘用因故意犯罪而受到刑事处罚的人，或者有精神病史的人担任教职工”。①

恰如上述案例所示，“具有良好的身体素质和心理素质”固然是申请认定教师资格的前提，但当前我国已呈现“风险社会”的部分特征，老师的身心在取得教师资格后，并不当然地永远保持在健康状态，客观上老师也是普通人，需要平衡家庭、工作、生活、学习等各方面事务，在工作中更是几乎每天都要面对为数众多的学生，同时要对学生履行教育、管理和保护义务，因此老师的身心状态必然影响其工作效果，且有可能给学生带来一定的危险。正是在这个意义上，《教师法》第二十九条规定，“教师的医疗同当地国家公务员享受同等的待遇；定期对教师进行身体健康检查，并因地制宜安排教师进行休养”。

从托幼机构任职要求上看，《幼儿园管理条例》第九条规定，

---

① 《未成年人学校保护规定》第三十七条规定，学校发现拟聘人员或者在职教职工存在下列情形的，应当对有关人员是否符合相应岗位要求进行评估，必要时可以安排有专业资质的第三方机构进行评估，并将相关结论作为是否聘用或者调整工作岗位、解聘的依据：（1）有精神病史的；（2）有严重酗酒、滥用精神类药物史的；（3）有其他可能危害未成年人身心健康或者可能造成不良影响的身心疾病的。

慢性传染病、精神病患者，不得在幼儿园工作。《托儿所幼儿园卫生保健管理办法》第十四条进一步规定：（1）托幼机构工作人员上岗前必须经县级以上人民政府卫生部门指定的医疗卫生机构进行健康检查，取得《托幼机构工作人员健康合格证》后方可上岗。（2）托幼机构应组织在岗工作人员每年进行1次健康检查；在岗人员患有传染性疾病的，应立即离岗治疗，治愈后方可上岗工作。（3）精神病患者、有精神病史者不得在托幼机构工作。该办法第十九条进一步规定，托幼机构"聘用未进行健康检查或者健康检查不合格的工作人员的"或"未定期组织工作人员健康检查的"，由卫生行政部门责令限期改正，通报批评；逾期不改的，给予警告；情节严重的，由教育行政部门依法给予行政处罚。

另从学生伤害事故归责上看，《学生伤害事故处理办法》第九条第五项规定，学校知道教师或其他工作人员患有不适宜担任教育教学工作的疾病，但未采取必要措施造成学生伤害事故的，学校应依法承担相应的责任。而从《教师法》所规定的教师的条件和义务，以及教师的职业特点看，《学生伤害事故处理办法》第九条第五项所称的"不适宜担任教育教学工作的疾病"，主要是指可能通过接触扩大染病人群的传染病以及可能使教师产生暴力倾向或者心理扭曲的精神性疾病[①]。由此可知，在上述案例中，如果学校明知李老师患有间歇性精神障碍，仍然安排其从事教学工作，那么对给学生造成的伤害事故，学校应依法承担相应的责任。另外需要注意的是，

① 参见《"不适宜担任教育教学工作的疾病"有哪些？》，载教育部官网，http://old.moe.gov.cn//publicfiles/business/htmlfiles/moe/moe_1347/200702/16257.html，最后访问于2020年6月2日。

如患有精神病的教师在履职中暴力伤害学生，由于依法不追究教师的刑事责任，很可能由学校承担赔偿责任。①

2. 除显性的“不适宜担任教学工作的疾病”外，隐性的教师亚健康状态可能诱发的学生伤害也值得学校警惕

生活中，不少对教师工作没有体验的人会认为，教师工作很轻松，每天就上那么几节课，每周双休，每年还有两个长假。但实际上，在当前的社会环境下，一方面，家长普遍对孩子的期望值很高，相应的对教师的要求也很高，尤其是过去一段时期，“家校冲突”“师生矛盾”屡见报道，在一些非理性舆论裹挟下，学校的责任有被无限扩大化的讨论趋势，让老师“压力山大”；另一方面，除了日常的教学任务以外，各类检查、验收、评估也大量牵扯着老师们有限的精力，加上日趋激烈的职业竞争，老师们普遍“超负荷”运转情况严重，身心长期处于紧张、疲劳状态。在这种大背景下，心理问题就如同常见病“感冒”一样，很多人都会遇到，教师也不例外，因为教师不是不食人间烟火的神仙，他们也有自己的喜怒哀乐和现实问题，如果工作和生活中的各种问题长期得不到解决，由此而产生的不良情绪长时间得不到释放，日积月累，恶劣情绪最终会以“零存整取”的形式突破心理承受的极限而爆发②，久而久之甚至可能郁积心理疾病隐患。

我们都知道，老师在一线承担着教学职责，是学校对学生的教育、管理和保护义务的具体组织者与直接承担者，如其心理、

---

① 参见马雷军、刘晓巍编著：《依法治校实务》，中国轻工业出版社 2015 年版，第 27 页。

② 参见马东侠：《中学教师亚健康状态及消极执教不容忽视》，载《科技经济市场》2007 年第 1 期。

身体等亚健康状态无法得到及时纾解，长此以往，严重者将可能成为诱发违规、违法执教的隐性“杀手”。比如实践中有不少教师体罚或变相体罚学生的导火线便是家庭或工作压力过大，一时控制不了情绪；相对轻者，也难免会使教师产生消极执教的职业倦怠，导致老师在履行教学职责过程中出现违反工作要求、操作规程、职业道德或其他有关规定的过失等。

因此，对于在入职体检、入职后的定期体检中发现的教师或其他工作人员患有的不适宜担任教学工作的疾病，学校需要及时采取必要措施避免造成学生伤害事故，同时需要重视教师亚健康状态的防治：（1）影响教师身心健康的原因主要是劳动强度太大，学校应定期对教师进行身体健康检查，并因地制宜安排教师进行休养；（2）学校可视需要不定期邀请医疗、心理、保健等方面的专家到校开展讲座、咨询活动，帮助教师及时解决可能存在的身心健康隐患，如实践中笔者曾被咨询到学校老师在校内给自己打针等；（3）学校应依法保障教师权益和待遇，畅通教师培训和晋升渠道，注意听取和及时回应教师的合理诉求，为教师正当执教提供坚定支撑；（4）学校还可以通过工会等组织形式多样的教职工文体活动，建立教师心理档案，实行走访慰问制度，引导教师劳逸结合；（5）学校也可以视情况邀请法治副校长、法治辅导员和法律顾问等法律专业人士面向全体教职工开展全面依法执教专题培训，坚持底线思维、筑牢红线意识等。

35. 学校须重视维护教师的合法权益

典型案例

2018年6月29日10时左右，淮北市某实验小学五（5）班一位学生家长带着亲属九人在校长王某允许的情况下，到会议室商谈该生上学的情况。商谈期间，该生突然闯进会议室，谎称自己被打。该生家长情绪激动，冲出会议室，闯进孩子教室，对全体学生进行恐吓。该学生母亲和姨到办公室找到班主任张某，对其殴打，导致张某受伤送医。事件发生时，该校班子成员无人拨打110报警电话和120急救电话，一键报警系统也没有启动报警。

7月1日下午，淮北市相山区政府发布通报称：接到报警后，公安民警立即到场处置，当场控制了肇事者，同时将受伤教师迅速送往医院治疗，学校老师对受谩骂学生进行了安抚。当晚，公安机关在调查的基础上，依据治安管理处罚法决定对殴打老师的该生母亲和姨行政拘留十五日。2日上午，区教体局召开教育系统干部大会，再次通报了该小学教师被殴打事件。通报还称：该小学安保和应急处理存在严重问题，免去王某校长职务。[①]

① 参见《该校校长被免职，学生家长被市纪监委立案调查》，载中青在线，http://news.cyol.com/yuanchuang/2018-07/02/content_17347055.htm，最后访问于2020年6月8日。

法律风险分析与应对

1. 学校应重视保护教师作为自然人的民事权益

《中共中央、国务院关于深化教育教学改革全面提高义务教育质量的意见》明确提出，“依法依规妥善处理涉及学校和教师的矛盾纠纷，坚决维护教师合法权益”。据此，首先，作为中国公民，教师的民事权益受法律保护，学校应予以充分保障。依据《民法典》总则编第五章民事权利部分的规定，教师的下述民事权益受民法保护：（1）人身自由、人格尊严；（2）生命权、身体权、健康权、姓名权、肖像权、名誉权、荣誉权、隐私权、婚姻自主权等；（3）个人信息权；（4）因婚姻家庭关系等产生的人身权利；（5）物权；（6）债权；（7）知识产权；（8）继承权；（9）股权和其他投资性权利；（10）法律规定的其他民事权利和利益。教师的民事权益受到侵害的，被侵权的教师有权请求侵权人承担侵权责任。

与此同时，如上述案例所示，侵权人侵害教师的民事权益，如生命权、健康权、名誉权等，构成违反治安管理行为的，由公安机关依据《治安管理处罚法》给予行政处罚；构成犯罪的，依法追究刑事责任。尤其是在学校学生安全事故处置过程中，如发生家属及其他校外人员实施围堵学校、在校园内非法聚集、聚众闹事等扰乱学校教育教学和管理秩序，侵犯学校和师生合法权益等“校闹”行为，且“校闹”行为造成教职工财产损失或人身伤害，被侵权的教职工依法追究“校闹”人员侵权责任的，依据《教育法》第八十三条和《教育部等五部门关于完善安全事故处理机制维护学校教育教学秩序的意见》，学校应予以支持，而不应为了一时的“息事宁人”，枉顾法律底线，纵容“校闹”人员。

因此，学校在制定、落实安全保卫、消防、设施设备管理等安全管理制度，以及及时采取措施避免重大安全隐患时，不仅需要尽到对学生的保护义务，也应关注对教职工的必要保护，如上述案例所示，在某小学教师被学生家长殴打事件中，学校安保和应急处理存在严重问题，校长被免职。又如，2019 年 7 月，五莲县人民政府在官网发出情况通报，就教师杨某体罚学生事件，对教体局、学校进行了严肃批评教育，教体局已撤销追加处理决定。①

2. 学校应重视保护教师的劳动权益和职业权益

作为劳动者，教师的劳动权益受法律保护，学校也应予以充分保障。依据《宪法》第四十二条和《劳动法》《劳动合同法》《社会保险法》《住房公积金管理条例》等，教师享有平等就业和选择职业、取得劳动报酬、休息休假、获得劳动安全卫生保护、接受职业技能培训、享受社会保险和福利、提请劳动争议处理以及法律规定的其他劳动权利。同时，依据《妇女权益保障法》第二条，男女平等，且国家保护妇女依法享有的特殊权益，因此女教师还享有《女职工劳动保护特别规定》等规定的特殊权益。

最后，作为履行教育教学职责的专业人员，教师的职业权益受法律保护，学校更应予以充分保障。依据《教师法》第七条规定的权利，结合目前有关实践，学校应特别注重对教师教学管理权和教学成果权的依法保护。一方面，实践中对教师实施教育惩戒的争议一直比较大，即便教师对违纪学生依规正当实施教育、管理措施，一些法治观念淡薄的非理性家长，也会以老师侵害学

① 参见《老师处罚被撤销！央视、人民日报发声》，载搜狐网，https://www.sohu.com/a/408913404_120653694?_trans_=000014_bdss_dkmwzacjP3p:CP=，最后访问于 2021 年 1 月 3 日。

生合法权益为借口闹到学校讨要说法，在这种情况下，教师实施的教育、管理措施属于代表学校行使的职务行为，学校应依法维护师道尊严，促进学生全面发展、健康成长。例如，监考老师依规处理学生的作弊行为，学生自伤的，经法院审理判决，学校不承担赔偿责任[①]。《中小学教育惩戒规则（试行）》第十五条也专门规定，学校应当支持、监督教师正当履行职务；教师因实施教育惩戒与学生及其家长发生纠纷，学校应当及时进行处理，教师无过错的，不得因教师实施教育惩戒而给予其处分或者其他不利处理；教师违反该规则第十二条，情节轻微的，学校应当予以批评教育；情节严重的，应当暂停履行职责或者依法依规给予处分；给学生身心造成伤害，构成违法犯罪的，由公安机关依法处理。

另外，教师所取得的反映教育教学规律，具有独创性、新颖性、实用性，对提高教学水平和教育质量、实现培养目标产生明显效果的教育教学方案等教学成果，符合《著作权法》规定的，依法享有著作权。比如，依据《著作权法》第十八条第一款，教师为完成学校或其他组织工作任务所创作的作品是职务作品，除该条第二款的规定[②]外，著作权由作者享有，但学校有权在其业务

---

① 参见上海市教育委员会政策法规处编：《中小学校依法治校常见法律问题应对处置“校长手册”》，华东师范大学出版社 2018 年版，第 39 页。

② 《著作权法》第十八条第二款规定：有下列情形之一的职务作品，作者享有署名权，著作权的其他权利由法人或者非法人组织享有，法人或者非法人组织可以给予作者奖励：（1）主要是利用法人或者非法人组织的物质技术条件创作，并由法人或者非法人组织承担责任的工程设计图、产品设计图、地图、示意图、计算机软件等职务作品；（2）报社、期刊社、通讯社、广播电台、电视台的工作人员创作的职务作品；（3）法律、行政法规规定或者合同约定著作权由法人或者其他组织享有的职务作品。

范围内优先使用；作品完成两年内，未经单位同意，作者不得许可第三人以与单位使用的相同方式使用该作品[①]。依据《著作权法实施条例》第十一条第一款，《著作权法》第十六条第一款关于职务作品的规定中的“工作任务”，是指学校在该法人或该组织中应当履行的职责；该条例第十二条规定，职务作品完成两年内，经单位同意，作者许可第三人以与单位使用的相同方式使用作品所获报酬，由作者与单位按约定的比例分配；作品完成两年的期限，自作者向单位交付作品之日起计算。

需要注意的是，公民享有权利同履行义务是相统一的，依据《宪法》第三十三条第四款，任何公民享有宪法和法律规定的权利，同时必须履行宪法和法律规定的义务，因此老师也应注意履行《教师法》第八条规定的义务，并不得有《教师法》第三十七条等规定的从业禁止行为和其他违反师德的行为。

---

① 必要时，对教师享有著作权的作品，或对职务作品所获报酬的分配比例，学校和老师可通过签订相关合同的形式依法进行明确。

36. 教师履职因故意或重大过失造成学生伤害事故的，须承担责任

典型案例

案例 1：教师因故意造成学生伤害事故[①]

2019 年 4 月 16 日，君某教育公司与孙某签订《劳动合同》，聘用孙某担任下属某中学的教官。6 月 17 日早上，孙某在组织学生进行早操锻炼时，在纠正学生不规范动作过程中殴打了学生陆某。

法院认为：君某教育公司明知孙某没有教师资格证书或从事相关岗位资质证书，仍然聘用其为体育教师，负有选人用人失察的责任，应对此次陆某被伤害造成的损失承担相应的赔偿责任。孙某虽然没有教师资格证书，但应该知晓教师职责，其在履行学校指派工作中打伤学生属于故意行为，也应承担相应赔偿责任，故判决孙某给付君某教育公司损失 10000 元。

案例 2：教师因重大过失造成学生伤害事故[②]

陈某系某幼儿园聘用的幼师，2013 年 7 月 24 日，在陈某带班过程中，陈某与幼儿园同事一起将开水倒入保温桶内，保温桶

① 参见天津市宝坻区人民法院（2019）津 0115 民初 5997 号一审民事判决书。

② 参见乌鲁木齐市米东区人民法院（2015）米东民一初字第 1225 号一审民事判决书。

放置在三脚钢架上，保温桶盖是带扣的，陈某未将保温桶盖上的桶盖扣扣住，而是将桶盖留出空隙晾开水。陈某向班里的幼儿告知开水很烫，不许靠近保温桶，随后走到教室窗前给手机充电。后有幼儿离开座位打闹，陈某未及时制止，幼儿在打闹中将保温桶碰倒，保温桶里的开水倒出将六名幼儿烫伤。事故发生时，教室里只有陈某一名幼师。事故发生后，某幼儿园的园长与陈某立刻将烫伤幼儿送往某人民医院救治。烫伤儿童出院后，该幼儿园与六名幼儿家人达成赔偿协议，合计赔偿 189274 元。

法院认为：六名幼儿均为无民事行为能力人，因年幼单纯，身体对外界侵扰的抵抗能力差，缺乏自我保护意识，特别容易受到伤害，对幼儿的管理和照顾应予以特殊的保护和高度的注意和谨慎义务。陈某作为幼儿园教师，应具备高度的责任意识和谨慎义务，其明知开水温度很高，却不将桶盖扣扣好，仅是向幼儿告知开水温度高，注意不要被烫伤后就离开水桶。在幼儿打闹靠近水桶时也不进行制止和必要的防护措施，对于幼儿被开水烫伤的损害后果，陈某具有重大过失，故法院判决陈某向某幼儿园支付垫付赔偿款 86592.98 元。

法律风险分析与应对

1. 教师在履行职务中因故意或重大过失造成学生伤害事故的，将承担经济赔偿等法律责任

依据《民法典》第一千一百九十一条和《学生伤害事故处理办法》第二十七条，因学校教师或其他工作人员在履行职务中的故意或重大过失造成的学生伤害事故，学校予以赔偿后，可以向有关责任人员追偿。如上述两个案例当中，幼儿园及学校都依法

对教师进行了追偿，教师也因此承担了相应的民事赔偿责任。

此外，依据《民法典》第一百八十七条，民事主体因同一行为应承担民事责任、行政责任和刑事责任的，承担行政责任或刑事责任不影响承担民事责任。故依据《教师法》第三十七条，《中小学教师违反职业道德行为处理办法》《幼儿园教师违反职业道德行为处理办法》等，因学校教师或其他工作人员在履行职务中的故意或重大过失造成的学生伤害事故，教师个人可能还需依法承担行政处分、纪律处理、治安管理处罚乃至刑事责任。如老师因打学生而被公安机关治安拘留及罚款[①]，甚至是教师因殴打学生而被处以故意伤害罪判刑[②]等。

2. 教师要对职务履行中的“故意”“重大过失”“一般过失”进行区分，有效把握教学过程中的行为的“度”

所谓“故意”，是指行为人知道或应当知道自己行为的伤害后果，仍然希望或放任结果的发生。[③]所谓“过失”，是指行为人应当预见到自己的行为可能导致伤害后果，但由于一时疏忽大意而未能预见，称为“疏忽大意的过失”；或行为人已经预见到自己的行为可能导致伤害后果，但由于对自己的经验、能力等过于自信，从而轻信损害后果不会发生，称为“过于自信的过失”。结合上述案例1来说，孙某作为一名体育老师，他与学生之间在体能、力量等各方面都存在一定的差异，孙某对该学生实施殴打行为，应当知道很大概率会导致学生身体和心理都受到伤害，但主观上却放任甚至希

① 参见《老师打学生被行政拘留13天　接受行政记过处分》，载腾讯教育网，https://edu.qq.com/a/20151218/043785.htm，最后访问于2020年6月30日。

② 参见禹州市人民法院（2011）禹刑初字第389号一审刑事判决书。

③ 参见王利明、杨立新主编：《侵权行为法》，法律出版社1996年版，第71页。

望这一结果的发生，因此法院认定孙某存在故意行为。

“过失”又分为“重大过失”和“一般过失”，所谓“重大过失”，通常是指严重违反一般的注意义务（学校、老师对学生应尽的法定教育、管理和保护职责），在是否尽到注意义务的判断中，需要结合该专业领域的一般人员（正常的普通老师）的业务水准进行判断。[①] 从理论上来讲，如果法律在某种情况下对某一行为人应当注意和能够注意的程度有较高的要求时，行为人没有遵守这种高的要求，但未违背一般人应当注意并能注意的一般规则，就是一般过失；如果行为人不但没有遵守法律对他的较高要求，甚至连普通人都应当注意并能注意的一般标准也未达到，就是重大过失。[②]

从教师职业本身来讲，两者的区别则取决于教师在从事某种行为时是否尽到了教师应尽的最根本的职业注意义务。结合上述案例2来说，陈某作为一名幼儿园的教师，对幼儿自身的保护意识及控制意识都相对较差这一点具有一般的注意义务，因为即使不是幼儿园教师，一般的人都可以注意并意识到这一点，陈某却仅仅是提醒幼儿园的小朋友不要靠近装满开水的保温桶，然后自行离开。综合幼儿园教师这一类职业来看，陈某的行为是完全没有尽到作为幼儿园老师应有的一般业务水准，没有尽到应尽的幼儿园教师最根本的职业注意义务，故此法院认定陈某构成重大过失。

综上，学校教师在履行职务过程中，应注重通过法律知识的

---

① 参见杨立新、李怡雯：《债权侵权责任认定中的知悉规则与过错要件》，载《法学论坛》2018年第19期。

② 参见佟柔主编：《民法原理》（修订本），法律出版社1987年版，第244页。

学习强化自身法治观念，同时树立职业行为风险意识，注意严格遵守工作要求、操作规程、职业道德或其他有关规定，充分履行对学生的法定教育、管理和保护职责，从而也保护好自己的职业生涯。

37. 教师要对个人行为造成的学生伤害事故负责

典型案例

上午7时许，辛某某在漫某小学某教学点自己的宿舍内对前来上课的女学生林某实施了猥亵行为。事件发生后，县教体局及漫某学区派专人专车先后送林某到有关医疗部门进行了检查及相关治疗。经诊断林某伤情为：外阴充血待查。法院经审理后，以犯猥亵儿童罪判处辛某某有期徒刑3年。

法院认为：辛某某猥亵儿童构成犯罪，除应受到刑事处罚外，对其犯罪行为致使林某遭受的经济损失，仍然应承担民事赔偿责任。辛某某实施的犯罪行为系与职务无关的个人行为，依法应由辛某某个人承担民事赔偿责任（15465.74元），故林某要求漫某小学共同承担赔偿责任的理由不能成立，对该请求不予支持。①

法律风险分析与应对

1. 并非教师从事的所有行为都是职务行为，应注意区分教师职务行为与个人行为

实践当中，人们普遍认为教师在教学过程中从事的行为或只要是与职务有关的行为都属于职务行为，但事实上并非如此。

① 参见定西市中级人民法院（2014）定中民一终字第343号二审民事判决书。

所谓教师的“与职务无关的个人行为”，是指教职工不是基于所在学校赋予的职责要求，而纯系从个人需求出发，由本人意志决定的，从事与自身利益相关的活动。[①]比如，教师在放学后组织学生一起到校外与其他学校的同学打篮球比赛，学校不知情，学生在打球过程中受伤了，在该种情况下，若教师有责任，通常被认定为属于教师的个人行为，所引发的学生伤害事故责任由教师个人承担。

所谓教师的“职务行为”，是指学校的教职工在其工作岗位上，为完成学校规定的任务与要求，按照其职责的规定所实施的教育教学及管理行为。[②]通常来说，教师在工作时间，或在工作的岗位上，或虽不是工作时间，或不在工作岗位但系依照学校的指示或接受学校的委托而实施的与职务有关的行为，一般情况下都可认定为教师的职务行为。比如，学校安排体育教师在放学后组织学生去其他学校进行篮球比赛，则通常被认定为属于教师的职务行为，若学生因此受伤，且教师有责，由学校承担相应的赔偿责任，但若教师在此过程中存在故意或重大过失，则学校可向该教师进行追偿，但后续的追偿也意味着老师的行为属于个人行为。

2. 教师需准确把握职业过程当中的个人行为及职务行为

（1）在非学校安排的情况下，在正常上学期间内，教师让学生从事与教学活动无关的其他事项，都有可能被认定属于教师的个人行为。

---

① 参见林雪卿：《学生伤害事故中教师职务行为与个人行为之辨析》，载《基础教育参考》2003 年第 11 期。

② 参见林雪卿：《学生伤害事故中教师职务行为与个人行为之辨析》，载《基础教育参考》2003 年第 11 期。

一种是发生在上课前或课间，教师让学生帮忙到校外买东西，或帮自己搬东西之类。通常情况下，基于教师与学生之间天然的师生关系，大部分学生还是很乐意给老师帮忙的，假设学生在外出买东西期间或搬东西期间发生了交通意外或搬东西过程中被重物砸到，那么所引发的学生伤害事故责任很大程度上将由教师个人承担，因为教师让学生从事的是与教学活动无关的其他事项，是基于其个人需求而让学生帮忙，并非学校安排或授权等。

另一种是发生在课堂上，比如在物理课上，老师发现某台用于物理实验的设备电池用完了，让学生到校外买设备电池，学生买回来电池之后按照老师的操作步骤将电池装好并启动了设备开关，结果设备爆炸了，学生的眼睛因此严重受伤。在这一案例当中，由于是教职员工自己实施的个人行为，不属于其职务职责所要求的范围，与学校安排的教育教学活动没有直接的联系，因此，事故的责任不应由学校来承担，侵权行为的责任应由实施的当事人即教师承担[①]。通过这个案例可以看出，看上去教师在课堂上从事的是与职务有关的行为，但实质上教师的本职工作包括做好课堂前的准备工作，教师将自身的职责让学生在课堂上代为完成，该行为已经超出了学校的安排，故此教师在课堂上让学生从事与教学活动无关的行为，也将可能被认定为教师个人行为。

（2）在非学校安排的情况下，在非正常上学期间内，教师让学生从事与教学有关的活动，通常也属于教师的个人行为。

实践当中，老师给学生进行课后辅导的现象较为常见，比如

---

① 参见张维平、陈大兴主编：《学校安全事故处理与预防66个经典案例》，东北师范大学出版社2011年版，第39页。

老师让学生放学后到老师家里进行无偿学习辅导。很多时候老师是出于责任心，尤其是对即将面临中考或高考的学生，老师们总是希望能给他们尽量多一些学习辅导。若学生在辅导期间发生了意外，家长普遍认为是学校的责任，认为教师给学生课后补习是教师在履行职务，但实质上前述课后辅导的行为，属于教师的个人行为，因为并非学校安排教师给学生进行课后辅导，而是教师自己的安排。

（3）在非正常上学期间内，非学校的安排，教师自愿受学生或家长的邀请从事某种与教学有关的活动，一般属于教师个人行为。

上述两种情形提到的都是教师安排学生从事某种活动，实践中还存在一类现象就是学生或家长邀请教师从事某种与教学有关的活动。举例来说，学生家长给学生报名参加了某种课外活动，因需要参加比赛，学生家长邀请学生的任课老师在周末陪同学生前往比赛地点并进行现场的竞赛指导。在这种情况下，若老师答应了学生家长的邀请，双方实际上就构成了委托法律关系，老师就应对外出期间学生的安全负责，但教师负责并不代表学校负责，实际上，前述情况下，教师个人答应家长的邀请，并非出于学校的指示及委托，而是教师个人自己的意愿，一般属于教师的个人行为，与学校无关。

3. 教师需了解因个人行为导致的学生伤害事故，由个人自行承担相关责任，与学校无关

依据《学生伤害事故处理办法》第十四条，因学校教师或其他工作人员与其职务无关的个人行为，或者因学生、教师及其他个人故意实施的违法犯罪行为，造成学生人身损害的，由致害人依法承担相应的责任。

如上所述，因教师个人行为让学生从事与教学无关的活动，或在非上学时间从事与教学有关的活动，因此发生学生伤害事故的，相关责任往往应由教师个人承担，与学校无关。同时，若因教师个人故意从事犯罪行为，侵犯学生的合法权益，造成学生人身损害，由教师个人依法承担相应的刑事责任或民事赔偿责任等。

需要提及的是，在司法实践中，对于教师所从事的让学生在学校期间买东西等与教学活动无关的行为，有些地方的法院会认定这既是教师的个人行为，也属于职务行为[①]，从而判决教师个人与学校承担共同赔偿责任，而学校承担的责任也可向教师进行追偿。

综上，教师不能从事利用职业优势但实际与教学活动无关的行为，或是不属于正常工作安排而与教学有关的不当行为，要正确区分教师职务行为与个人行为，提高自身法治意识，并清楚知晓个人行为可能引发的法律风险。

---

① 参见顾昂然主编：《七五普法·青少年以案学法读本》，人民日报出版社 2016 年版，第 27 页。

38. 教师不得发表违背国家利益和公序良俗等的不当言论

典型案例

2019年11月12日，遂宁市河东新区某学校二年级班主任老师陈某在89人的班级家长群中发布成绩后称，“这次半期考试成绩在年级上只能说是中下等，就因为那5个80分以下的把我们班拖远了”，并在群内公示了具体的学生名字和分数。该老师还称，“我觉得你们对不起全班，也对不起我，凭什么因为你们要我们全班蒙羞，不想学就不要在我们班赖着”等。随后一家长指出，希望老师不要歧视学生。该教师则回应，就是因为家长这种态度，孩子成绩才不好。“我不可能让全班永远在年级后面徘徊，而你就是始作俑者之一。”该教师还称学生“让我丢脸，让全班丢脸，影响我的年终考评”“分到我班上算我倒霉”等。

在该老师发表不当言论后，有家长向学校举报，学校在13日经研究决定，对该教师作出如下处理意见：全校通报批评、停课反思一周、做出书面检查、取消近两年评优晋级资格。14日，有家长把群聊截图传到网上，引发关注。随后，河东新区社会事业与群众工作局介入调查，经查，网传的QQ群聊天截图页面属实，表示认同学校对教师的相关处理，同时也认为学校对教师的管理不到位，所以也对这个学校进行了处理，包括取消该学校的年度评优资格，对学校的主要领导和分管负责人进行了约谈，同时对学校进行了通报批评。此外，学校及教师积极和家长进行了沟通交流，并表达了歉意。①

法律风险分析与应对

1. 网络空间非法外之地，恪守职业道德是各行各业的应有之义

随着移动互联网的快速发展，微博、QQ、微信等沟通工具日益走进人们的生活，一些人认为微博、微信朋友圈只是私人空间，QQ 群、微信群、微信公众号也大多都是熟人范围的封闭空间，法律管不着，被发现了大不了删除了事，因此可以随意发言，甚至引以为荣，置基本的事实和价值判断于不顾，置合法、正当的诉求反映渠道于不顾。

虽然我国经济社会各方面均已取得了举世瞩目的成绩，2019 年我国人均 GDP 更是首次突破一万美元，但正如党的十九大报告中所指出的，“我国仍处于并将长期处于社会主义初级阶段的基本国情没有变，我国是世界最大发展中国家的国际地位没有变”，基于此，我国教育事业的改革创新发展仍然任重而道远，全社会尊师重教的氛围还有较大的提升空间，广大一线教师的获得感、幸福感更需要随着经济社会发展而进一步提高，等等。因此，如上述案例所示，生活中教师如公开发表违背国家利益和公序良俗等不当言论，大多都有特殊的工作背景，具有深刻的经济社会根

① 参见吴佳灵：《四川一小学教师班级群斥学生拖后腿被家长举报！其与学校都受处分》，载《南方都市报·南都即时》2019 年 11 月 20 日。

源，并非简单的个案处理所能杜绝。

建设教育强国是中华民族伟大复兴的基础工程，广大教师重任在肩，故必须从主客观两个方面依法进行管理和引导：其一，在主观上，学校和老师都必须充分意识到，微博、QQ 群、微信群、公众号和朋友圈均具有公共空间的属性，网络空间也有法律规制；其二，在客观上，“难”是在任何领域前进道路上永恒的命题，职业道德更是全行业共同的遵循，对于现实中存在的问题，理应在遵从基本的事实判断和价值判断基础上，通过合法、合理的途径进行反映，偏离了大是大非，不但无益于解决问题，还会陷自身于不利，“牢骚太盛防肠断”，特别是在移动互联网时代，截图存证、投诉举报轻而易举。

2. 教师如公开发表违背国家利益和公序良俗等的不当言论，将可能面临多重不利后果，严重者甚至会断送职业生涯

第一，首先，对中小学教师[①]而言，依据《中小学教师违反职业道德行为处理办法》第四条，应予处理的教师违反职业道德行为包括：（1）在教育教学活动中及其他场合（不仅限于“在教育教学活动中”，须特别注意）有损害党中央权威、违背党的路线方针政策的言行；（2）损害国家利益、社会公共利益，或违背社会公序良俗；（3）通过课堂、论坛、讲座、信息网络及其他渠道发表、转发错误观点，或编造散布虚假信息、不良信息等。依据《中小学教师违反职业道德行为处理办法》第三条，该办法所称处理包

① 依据《中小学教师违反职业道德行为处理办法》第二条的规定，中小学教师包括公办和民办的普通中小学、中等职业学校（含技工学校）、特殊教育机构、少年宫以及地方教研室、电化教育等机构的教师。

括处分和其他处理：（1）处分包括警告、记过、降低岗位等级或撤职、开除。警告期限为6个月，记过期限为12个月，降低岗位等级或撤职期限为24个月；（2）其他处理包括给予批评教育、诫勉谈话、责令检查、通报批评，以及取消在评奖评优、职务晋升、职称评定、岗位聘用、工资晋级、申报人才计划等方面的资格。取消相关资格的处理执行期限不得少于24个月。其次，对幼儿园（含公办和民办）教师而言，《幼儿园教师违反职业道德行为处理办法》第三条和第四条也有类似规定。

第二，公办中小学和幼儿园教师，如为事业单位工作人员，其违法违纪还应当承担纪律责任的，依照《事业单位工作人员处分暂行规定》给予处分。如因发表违背国家利益和公序良俗等的不当言论被查处的中小学和幼儿园教师是中共党员，同时还将面临相关党纪处分；如进一步涉嫌违法、犯罪（如散布谣言等），可能被移送公安机关、司法机关依法处理，包括受到行政处罚、被追究刑事责任等。随着民主党派内部监督机制的日渐完善，身为民主党派成员的中小学和幼儿园教师有前述违反职业道德行为的，也难免遭受民主党派内部处理。

第三，对中小学和幼儿园教师而言，一旦发表违背国家利益和公序良俗等不当言论被查处，短期来看，一是学校很可能面临处理，二是学校通常会对该教师作出通报批评、书面检讨、取消评优晋级资格甚至解除聘用合同等内部处理。长期来看，由于教育部门、公办学校人事招聘基本都有考察和公示环节，有发表不当言论被查处经历的教师也往往难以通过，对职业生涯的影响不可谓不大。

第四，依据《中小学教师违反职业道德行为处理办法》第十条和《幼儿园教师违反职业道德行为处理办法》第十条的规定可知：（1）教师受到处分，符合《教师资格条例》第十九条规定的，由县级以上教育部门依法撤销其教师资格。（2）教师受处分期间暂缓教师资格定期注册。依据《教师法》第十四条规定丧失教师资格的，不能重新取得教师资格。（3）教师受记过以上处分期间不能参加专业技术职务任职资格评审。

39. 学校要建立健全教职工犯罪预防工作机制

典型案例

2015年6月5日，昆明市盘龙区人民法院对致6死35伤的昆明某小学踩踏事故案作出一审判决：该小学校长李某甲、副校长杨某、体育教师李某乙犯教育设施重大安全事故罪，分别被判处2年至1年不同刑期。

法院查明：2004年，该小学将校园内的教职工宿舍楼的10套宿舍改变用途，用于组织学生集体午休。李某甲作为校长、杨某作为分管后勤和安全工作的副校长，明知将该宿舍楼作为学生午休楼使用明显不符合国家标准文件《中小学校设计规范》等的相关要求，存在重大安全隐患，且未采取有效的防范措施并一直使用。2014年9月25日17时许，李某乙作为该校体育老师，违反体育器材使用管理的相关规定，擅自将教学使用的两块海绵垫倚墙立放于午休楼一楼楼道处。次日14时许，该校一、二年级500余名小学生结束午休，在经过一楼过道返回教室上课时，因立放于过道的海绵垫倾倒在楼道上阻碍学生顺利通行，致大量学生相互叠加挤压，引发严重踩踏伤亡事故。[①]

① 参见雷思明著：《依法治校与学校规范化管理操作指南》，教育科学出版社2018年版，第63页。

法律风险分析与应对

1. 学校应借助法律专业力量梳理校园常见犯罪行为

校园内的犯罪行为，严重损害未成年学生的身心健康，也败坏学校、教师的良好社会形象，学校应予以高度重视并采取充分的防范措施。从司法实践来看，学校教职工的违法行为通常可能涉及以下 14 个方面的 19 个罪名（按涉嫌的刑法条文先后排序）①：

第一，《刑法》第一百三十八条规定的教育设施重大安全事故罪。如上述案例所示，对校舍或教育教学设施负有安全管理职责的教职工，发现或得知校舍、教育教学设施有危险，既未采取措施，也不及时报告，造成死亡一人以上或重伤三人以上事故的，就可能涉嫌教育设施重大安全事故罪。

第二，《刑法》第一百六十三条规定的非国家工作人员受贿罪和第三百八十五条规定的受贿罪。如在学生招生录取、基建工程、食堂承包、房屋租赁等环节，利用职务上的便利索贿，或受贿并为他人谋取利益；或者在教材、教具、校服或其他物品的采购活动中，利用职务上的便利，索取销售方财物，或非法收受销售方财物，为销售方谋取利益；又或者在经济往来中，利用职务上的便利，违反国家规定，收受各种名义的回扣、手续费归个人所有，若行为人属于国家工作人员的教职工，就可能涉嫌受贿罪；若行为人属于非国家工作人员的教职工，就可能涉嫌非国家工作人员受贿罪。

---

① 参见雷思明著：《依法治校与学校规范化管理操作指南》，教育科学出版社 2018 年版，第 160–167 页。

第三，《刑法》第二百三十二条规定的故意杀人罪和第二百三十四条规定的故意伤害罪，如教师体罚学生至轻伤以上，就可能涉嫌故意伤害罪。

第四，《刑法》第二百三十三条规定的过失致人死亡罪和第二百三十五条规定的过失致人重伤罪。例如，某雇用不具备校车资格的面包车多年接送幼儿，造成 11 名幼儿死亡、3 名幼儿受伤特大车祸的幼儿园园长就被判处过失致人死亡罪。[①]

第五，《刑法》第二百三十六条规定的强奸罪。如不论教职工采取什么手段，也不论不满十四周岁的女学生是否同意，只要与不满十四周岁的幼女发生性关系，就可能涉嫌强奸罪。

第六，《刑法》第二百三十七条第三款规定的猥亵儿童罪。如教职工为追求刺激或满足性欲等目的，用抠摸、舌舔、吸吮、亲吻、搂抱等方法对男童或女童实施淫秽行为，就可能涉嫌猥亵儿童罪。例如，广西防城港市某小学 51 岁的老师苏某于 2014 年 10 月至 2015 年 1 月，多次在课堂上以教写作业为由，借机对数名 5—7 岁的女学生进行猥亵；此外，苏某还趁其他老师不在办公室时，把一名四年级的学生叫到办公室默写古诗，其间不顾该学生的反抗对其强行猥亵持续 1 分多钟，最终被法院以猥亵儿童罪判处有期徒刑十年。[②] 甚至还有老师因强奸、猥亵学生被判处死

① 参见雷思明著：《依法治校与学校规范化管理操作指南》，教育科学出版社 2018 年版，第 11 页。

② 参见雷思明著：《依法治校与学校规范化管理操作指南》，教育科学出版社 2018 年版，第 68 页。

刑[1]等。

第七，《刑法》第二百三十八条规定的非法拘禁罪。如教职工多次或长时间关学生禁闭，一旦造成不良后果（如诱发精神疾病、自伤），就可能涉嫌非法拘禁罪。

第八，《刑法》第二百四十六条规定的侮辱罪。如有的老师强令未完成作业的学生当众脱裤子、衣服或役使学生公然脱掉轻微违纪的学生裤子、衣服使其裸露身体，如果导致受害学生自杀、自残等严重后果，就可能涉嫌侮辱罪。

第九，《刑法》第二百五十三条之一规定的侵犯公民个人信息罪和第二百五十二条规定的侵犯通信自由罪。如本书第一章《学生的隐私权和个人信息受法律保护》一文中的老师利用工作之便收集学生信息卖给教育培训机构等。需要提醒的是，学校也可能构成侵犯公民个人信息罪。

第十，《刑法》第二百六十条之一规定的虐待被监护、看护人罪。如幼儿园教职工在照管幼儿的过程中，以冻饿、针扎、电熨斗烫等各种方式伤害、虐待幼儿，情节恶劣的（如持续时间长、虐待多人等），就可能涉嫌虐待被监护、看护人罪。需要提醒的是，学校也可能构成虐待被监护、看护人罪。

第十一，《刑法》第二百七十一条规定的职务侵占罪。如公办学校不具有事业单位编制的教职工，或民办学校的教职工利用职务上的便利，将原本属于学校的财物非法占为己有，数额较大的，就可能涉嫌职务侵占罪。

---

① 详见《教育部、公安部、司法部关于辽宁等地相继发生教师强奸猥亵学生事件的情况通报》。

第十二，《刑法》第二百七十五条规定的故意毁坏财物罪。如学校教职工将学生的手机摔坏，手机价值在人民币5000元以上的，就可能涉嫌故意毁坏财物罪。

第十三，《刑法》第三百八十二条规定的贪污罪。如具有国家工作人员身份的教师（具有事业单位编制的公办教师），利用职务上的便利，侵吞、窃取、骗取或以其他手段非法占有公共财物（指国有财产、劳动群众集体所有的财产和用于扶贫及其他公益事业的社会捐助或专项基金的财产），就可能涉嫌贪污罪。

第十四，《刑法》第三百九十八条规定的故意泄露国家秘密罪和过失泄露国家秘密罪。如教师在工作中可能接触到各级国家教育考试在启用之前的试题（包括副题）、参考答案和评分标准等国家秘密，如违规故意或过失泄露，情节严重，就可能涉嫌故意或过失泄露国家秘密罪。

需要注意的是，上述有部分罪名通常限于具备特定身份（如国家工作人员）的主体才能构成，但如果其他人员与之勾结、伙同，也不排除共犯的可能；另外，本文所称“教职工”不仅限于编内、编外正式员工，还应包括劳务人员、实习生、对外承包或委托经营的食堂人员、小卖部人员和劳务派遣保安员等学校人员，以避免“灯下黑”（特别是针对强奸罪和猥亵儿童罪）。

2. 学校应通过以案说法等形式加强对教职工的犯罪预防教育

综上可知，刑事犯罪是一条不容逾越的职业红线，且离我们并不遥远，毕竟教职工一巴掌将学生打成脑震荡，或摔坏学生价值5000元以上的手机等，过去都已是屡见不鲜。因此，学校一方面要通过定期化的师德和法治教育，借助以案说法等形式，为教职工全面梳理教学、管理领域常见的刑事法律风险，提高教职工的职业道德观念和法律意识，防止教职工发生违法犯罪行为；另一方面学校应积极建立健全各项规章制度，尤其是集体决策、公开透明的阳光采购制度和各岗位的工作职责、要求，以及相配套的监督、考评机制，规范教职工和学校的履职行为，也避免单位犯罪的风险。

第四章　学校与社会

权责明晰、良性互动

40. 学校应及时发现和处理校园周边存在的安全隐患

典型案例

中宁县某小学学生因购买校园周边小商店的食品而引发中毒事件引发社会关注。县人民检察院在履职中发现全县40余所中、小学校附近60家商店、小卖部，不同程度存在销售超保质期、无生产日期、来源不明的食品、饮料等问题，一些商店还存在未办理食品经营许可证、部分商店经营者未办理健康证或健康证过期等情况。县市场监督管理局对校园周边食品卫生安全依法具有监督管理责任。

通过实地检查、调查询问调查取证，县人民检察院于2018年6月向县市场监督管理局发出诉前检察建议，要求该局依法履行职责，加强校园及周边食品安全监督检查力度，杜绝不符合安全标准的食品出现在校园周围及全县其他地区。

收到检察建议后，县市场监督管理局迅速行动，开展城乡接合部、学校食堂、校园周边等专项整治活动，重点对粮、油、奶制品、豆制品、饮品等进行监督检查和专项治理。对843家餐饮单位、72所供餐学校、35所幼儿园、4659名从业人员进行了检查，下达责令整改通知书224份等。对县人民检察院发现的问题饮料，县市场监督管理局执法人员现场对已生产的问题饮料及用于制作饮料的原料、包装物进行了扣押，并将该加工点予以查封，对此加工点的负责人进行了行政处罚。①

法律风险分析与应对

1. 校园安全不限于校园内的安全，“校园周边”在法律上有其特定的空间范围

从狭义上讲，我们常说的校园安全，一般是指教师与学生在校园内的安全，但在市场经济条件下，从广义上讲，校园安全不仅限于校园内的空间范围，与部分社会安全、公共安全也有交集。“校园周边”虽非学校范围，在地理上属于“校外”，但同样是学生的主要活动场所之一。学生在课间、上学、放学的时候，往往要在学校周边活动一段时间，周边环境直接影响着学生的人身安全。实际上，学校周边是学校的延伸，学校周边的治安、交通、环境、产品等问题已经严重地影响着学校安全，学校周边的学生人身伤害事故时有发生。因江苏、山东、广西等地中小学、幼儿园周边地区先后发生数起安全事故，严重危害师生生命安全，教育部办公厅曾于2017年专门发布《关于加强中小学（幼儿园）周边安全风险防控工作的紧急通知》。

从法律法规层面看，“校园周边”见于《未成年人保护法》，该法第五十八条、第五十九条和第八十八条均使用了“周边”的

① 参见《最高检发布检察公益诉讼十大典型案例》，载最高人民检察院官网，https：//www.spp.gov.cn/spp/zdgz/201812/t20181225_403407.shtml，最后访问于2020年5月28日。

概念，包括“学校、幼儿园周边不得设置营业性娱乐场所、酒吧、互联网上网服务营业场所等不适宜未成年人活动的场所”和“学校、幼儿园周边不得设置烟、酒、彩票销售网点”，但该法并未明确“校园周边”的具体范围。《互联网上网服务营业场所管理条例》第九条则明确规定，“中学、小学校园周围200米范围内……不得设立互联网上网服务营业场所”，《国家工商行政管理总局关于认真学习贯彻党的十七届六中全会精神积极促进社会主义文化大发展大繁荣的意见》也明确提出“禁止在中小学校200米内开办网吧”。《国务院法制办公室对〈文化部关于提请解释《互联网上网服务营业场所管理条例》有关条文的函〉的复函》中进一步明确，《互联网上网服务营业场所管理条例》第九条中的“中学、小学”是指以未成年人为教育对象，实施中等和初等教育的学校，包括普通小学、普通中学和其他以未成年人为教育对象的实施中等和初等教育的各类学校。该条中的“200米范围内”是指自中学、小学围墙或者校园边界的任意一点向外沿直线延伸200米的区域（而非限于校园门口200米）。

2. 校园周边安全管理的内涵处于不断发展之中，各地要求也不完全一致，需要学校依法依规充分发挥主观能动性

结合《未成年人保护法》等有关法律法规的规定和实践来看，校园周边安全管理一般包括但不限于以下方面：（1）校园周边（尤其是校园门口）道路交通安全，特别是上学、放学交通秩序管理（如非法营运车辆搭载学生）；（2）校园周边（尤其是学校门前通道）摆摊设点以及堆放杂物、停放车辆、违章搭建、占道经营等风险防控；（3）校园周边道路地下管网井盖巡查、维护；（4）校园周边食品药品经营不法行为监管，如上述案例所示；（5）校园周边施工安全；（6）中小学校园周边不得设置营业性娱乐场所、酒吧、互联网上网服务营业场所和烟、酒、彩票销售网点等不适宜未成年人活动的场所；（7）校园周边污染物排放的监督、检测；（8）定期巡查、测评学校以及周边山体、水流、斜坡、挡土墙对学校建筑物、活动场所、通道的安全影响；（9）校园周边新建危险或污染建筑物、构筑物、设施或场所的监管；（10）校园周边治安管理；[①]（11）传染病风险的隔断等。[②]

需要说明的是，校园周边安全管理是一个综合治理的系统工程，上述内容大都涉及不同行政主管部门的职权，因此学校需要做的首先是树立“总体校园安全观”，及时发现和重视校园周边存在的安全隐患，[③]尤其是对重大安全隐患要有红线意识和底线思维。其次，当学校发现校园周边确实存在安全隐患时，如果属于学校自身职责范围内，应及时采取措施消除安全隐患；如果属于有关行政部门职责，[④]学校则应及时采取预防措施并向相关部门报告，必要时应上报教育部门进行协调（包括协调司法机关，村委会、

① 如冲击、破坏校园，非法携带枪支、弹药、管制刀具或爆炸性、易燃性、放射性、毒害性、腐蚀性物品以及其他危险物品，引诱、教唆、欺骗学生吸毒或向学生贩卖毒品，社会人员或学生欺凌、打架斗殴的等。

② 《市场监管总局办公厅、教育部办公厅、国家卫生健康委办公厅、公安部办公厅关于落实主体责任强化校园食品安全管理的指导意见》提出，“对学校周边用房有管理权限的学校，不得将周边用房租借给无证无照从事食品生产经营活动的个人或单位”。

③ 《未成年人学校保护规定》第四十条规定，学校应当定期巡查校园及周边环境，发现存在法律禁止在学校周边设立的营业场所、销售网点的，应当及时采取应对措施，并报告主管教育部门或者其他有关主管部门。

④ 《未成年人保护法》第八十八条规定，公安机关和其他有关部门应当依法维护校园周边的治安和交通秩序，设置监控设备和交通安全设施，预防和制止侵害未成年人的违法犯罪行为。

居委会等基层群众自治组织和妇联、残联、共青团等人民团体，以及社会工作服务机构、救助管理机构的力量等）。这都离不开学校自身在校园周边安全管理上依法依规充分发挥主观能动性，比如，校园周边有河道堤防、山塘、水库的，学校可建议相关管理单位在易发生溺水的行人日常通行地段显著位置设置安全警示标志；又如，校园周边区域治安情况复杂的学校可通过教育部门协调公安机关落实《公安机关维护校园及周边治安秩序八条措施》，建立健全校园周边日常巡逻防控制度，设置“护学岗”，加强对校园门口和校园周边安全区域的治安巡逻，在上学、放学时段校园门口安排警力重点守护等。

具体而言，“校园周边”安全管理关键在于学校建立健全长效工作机制，具体包括但不限于以下几个方面：（1）制定校园周边安全风险清单，提供安全风险提示，健全风险评估和预防制度，建立学校周边治安形势研判预警机制；（2）落实校园周边安全制度，强化对校园周边安全隐患、风险的排查，加强对老师、学生和家长的“校园周边”安全风险防控教育；（3）有条件的可建立学校安全保卫志愿者队伍，在上下学时段维护学校及校门口秩序；[①]（4）加强与公安、综治等部门在信息沟通、应急处置等方面的沟通协作，健全联动机制，通过教育部门及时协调会商和处理涉及学校周边地区安全稳定的突出问题等。

---

① 需要注意的是，如果学校在校门口设置了值勤人员，却未能提供对学生的恰当、合理照管，则可能要对其过失承担责任。参见顾昂然主编：《七五普法・青少年以案学法读本》，人民日报出版社2016年版，第22页。

41. 学校应依法有效防控相邻权纠纷

典型案例

案例 1：小学长期侵害他人相邻权被判担责[①]

某楼后院子北面与某小学相邻，建有公用围墙，2016—2017年，所有权人以公司名义多次向该小学发出安全告知函，主要内容为因小学扩建拆除的原因，共用围墙已大部分垮塌，其余的都已摇摇欲坠，且原拆除建筑排水沟已完全堵塞，下水管道污水直接排入公司坡地，致使公司院内各处大面积开裂滑坡，严重危害到公司财产及人员的生命安全；公司自 2016 年 9 月发现这一情况后多次派人或电话联系该小学解决此问题，而该校一直无明确答复；如该小学拒不给予答复解决，公司将采取措施，维护合法权益。后因公司对山体进行边坡开挖引发崩滑安全隐患，故所有权人将该小学等诉至法院。

法院认为，公司向该小学递交了《关于某小学扩建影响我公司安全函》后，该小学未予回复，也未作处理，致使事态进一步扩大，有一定的责任。同时，公司对护坡加固后，该小学是受益人，故对护坡加固工程费用，该小学承担 10%（112153.55 元）的责任

① 参见永州市中级人民法院（2019）湘 11 民终 1133 号二审民事判决书。

比较合理。

案例 2：小区物业不得对幼儿园停水停电，不得阻止幼儿园有关人员进出[①]

在某幼儿园小区物业管理公司的一桩纠纷中，法院认为：根据法律规定，小区大门及道路属业主共有。幼儿园位于小区内，系产权归政府所有的小区附属公益工程配套项目，有权使用小区大门及道路。管理处阻止幼儿园家长进入小区接送儿童，违反了相关法律规定，构成侵权。物业管理公司、管理处辩称不允许幼儿家长进入小区，是出于维护小区的安全及卫生考虑。但法院认为，即使幼儿及幼儿家长不从大门进入小区，而从邻近的某学校大门进入幼儿园，仍能够进入小区，不允许幼儿及幼儿家长从大门进入小区，起不到阻止幼儿及幼儿家长进入小区的作用。何况，幼儿园位于小区内，开办幼儿园必定有工作人员、幼儿、幼儿家长及相关服务人员进出，管理处无权阻止幼儿园的上述人员进出小区。

水电管道系小区共有部分，幼儿园位于小区内，有权使用上述管道。物业管理公司、管理处确认幼儿园有独立的电表和水表，如果幼儿园欠缴水电费，物业管理公司、管理处可不提供代缴水电费的服务，或另循法律途径主张权利，而不能以此为由停止供水、供电。

法律风险分析与应对

1. 相邻关系是学校办学过程中难免会遇到的问题，有其具体的表现形态

生活中，学校常被比喻为“象牙塔”，似乎不食人间烟火，但

---

① 参见深圳市中级人民法院（2014）深中法房终字第 2348 号二审民事判决书。

事实上，在市场经济条件和高度互动的现代社会背景下，学校的校舍、场地、设备设施等都难免会和周边环境产生诸多交织，而这种客观上的存在最终反馈到法律调整领域，就会产生相邻关系。一般而言，相邻关系是指相互毗邻的两个以上不动产权利人，在通行、通风、采光等方面根据法律规定产生的权利义务关系。[①] 在相邻关系中，一方在使用或经营自己的不动产时负有不得妨碍对方合理行使权利的义务，同时也有权要求对方不妨碍和侵犯自己权利的合理行使，在相邻关系中的这种权利称为相邻权，它既是一种财产权的限制，也是一种财产权的扩大。

同时，随着社会不断发展，相邻关系的内涵也在逐渐丰富，实践中比较复杂，依据《民法典》物权编有关相邻关系的规定来看，与学校有关的比较常见的相邻关系主要有：(1) 相邻土地使用关系，如上述案例2所示的通行权，幼儿园位于小区内，开办幼儿园必定有工作人员、幼儿、幼儿家长及相关服务人员进出；(2) 相邻用水、流水、截水、排水关系，特别是高低地、上下游、左右岸之间的需水与排水、水利与水害关系；(3) 相邻管线铺设关系，如因建造、修缮建筑物以及铺设电线、电缆、水管、暖气和燃气管线等必须利用相邻土地、建筑物的；(4) 相邻采光、通风和日照关系，建造建筑物不得违反国家有关工程建设标准，不得妨碍相邻建筑物的光照、通风；(5) 相邻防险、排污关系，不动产权利人不得违反国家规定弃置固体废物，排放大气污染物、水污染物、土壤污染物、噪声、光辐射、电磁辐射等有害物质；

① 转引自曾大鹏：《论相邻关系的定义与本质》，载《南京大学法律评论》2012年第1期。

（6）相邻安全关系，不动产权利人挖掘土地、建造建筑物、铺设管线以及安装设备等，不得危及相邻不动产的安全等。

值得注意的是，在迭代式发展的当今社会条件下，相邻关系的具体表现形态正日益多元化，比如现实中有不少学校，为了发布宣传、启示、警示、布告、招贴和商业性或公益性广告等内容，利用户外场地（如学校门口）、建（构）筑物等设置霓虹灯、发光字体、电子显示屏、电子翻板装置等，就有可能构成排放光辐射有害物质，侵害他人的相邻权引发附近居民投诉，这时就要结合国家和地方有关防治光污染的规定进行处理[①]。又如，在既有小区住宅增设电梯的过程中，学校的围墙可能影响周边居民安装电梯带来投诉甚至诉讼等。

2. 学校应区分情况依法及时处理相邻权纠纷，尤其要重视防控相邻安全关系纠纷

对相邻关系的处理，《民法典》第二百八十八条规定了“不动产的相邻权利人应当按照有利生产、方便生活、团结互助、公平合理的原则，正确处理相邻关系”的基本原则，同时第二百八十九条明确“法律、法规对处理相邻关系有规定的，依照其规定；法律、法规没有规定的，可以按照当地习惯”。基于此，首先，学校应预防因自身原因导致相邻关系纠纷，具体包括：其一，挖掘土地、建造建筑物、铺设管线以及安装设备等，学校不得违反国家有关工程建设标准，具体可在有关合同中对勘察方、设计方、施工方、安装方、监理方等予以明确要求；其二，学校不得违反国家规定弃置固体废物，排放大气污染物、水污染物、土壤污染物、噪声、

① 如《广州市户外广告和招牌设置管理办法》等。

光辐射、电磁辐射等有害物质，比如将学校场地提供给其他机构或个人做活动或施工的，应当书面要求其不得违反国家[①]或地方有关噪声防治的规定，学校自身播放喇叭也需注意符合相关时限和音量要求；其三，学校因用水、排水、通行、铺设管线等利用相邻不动产的，应当尽量避免对相邻的不动产权利人造成损害，可在有关施工或安装合同中，明确文明施工要求，如非学校过错的，由施工方、安装方或监理方承担损害赔偿责任等。

其次，当学校遇到相邻权纠纷时，千万不能疏忽大意甚至置之不理，如上述案例 1 所示，在相邻权人多次函告的情况下，涉事小学一直未予回复，也未作处理，致使事态进一步扩大，最后被法院认定有一定的责任，平白惹一场官司赔钱，幸好没有造成师生伤害事故。如前所述，相邻安全关系是相邻关系的一种，而安全是办学的底线，因此一旦遭遇相邻权纠纷，学校应高度重视，区分情况依法及时进行处理，比如前述居民投诉的学校围墙影响周边居民安装电梯问题，学校应立即核实相关围墙是否为违建，如系违建，应及时采取措施；如非违建，则应与有关居民代表进行协商，取得一致；如协商不一致，还可以通过教育部门在既有小区住宅增设电梯行政主管部门组织下进行调解解决等。

① 如《环境噪声污染防治法》第七条、《学校卫生工作条例》第六条等。

42. 学校应依法对外进行采购或合作，做好合同法律风险防控

典型案例

一批学校为改善学生的营养状况，推进国家“学生饮用奶计划”实施，经前期了解，拟选择一家具备学生应用奶供应经验，并曾受到上级教育部门认可的公司进行合作。双方主要合作模式为：合作期间内，该公司在校内选址以供安装运营学生饮用奶自助服务系统及配套设施设备，该公司向在校学生提供学生饮用奶产品，且该公司提供免费安装、运营、征订、保管、维护、维修等服务；同时，该公司实行自负盈亏的经营模式，运营费用自行承担，坚持学校引导、学生自愿付费购买饮用的原则。

后学校将双方拟签订的合作协议交由常年法律顾问律师团队审查，这才发现，经公开检索显示，该公司涉及十余宗诉讼案件（其中两宗为被告），且已被法院列入三宗案件的失信人信息，被法院生效法律文书确定的作为被执行人的支付义务总额远超其注册资本；与此同时，该公司近期还因未依照《企业信息公示暂行条例》第八条规定的期限公示年度报告，被市场监督管理部门列入经营异常名录，显然该公司存在较大的法律纠纷和安全风险隐患。

法律风险分析与应对

1. 学校应对合同相对方开展前置性的资质审查，并确保合作模式合法

随着社会主义市场经济深化发展，我国法律规定日益严密，社会整体的法治观念、法治意识和运用法律处理事务的能力日益提高，学校在教育改革发展中面临的风险、矛盾和挑战也逐渐增多，其中在对外进行采购或合作时的法律风险防控十分重要，学校必须选择具备相应生产经营资质和信誉、履约能力过硬的市场主体在合法合规的范围内展开合作。

从合同履行实践来看，对学校而言，选对合作主体，在对外采购或合作中的风险防控其实就已经成功了一半。如上述案例所示，最大风险就在于合同相对方现存重大债务，可能会出现后续有关设备被法院查封而导致合同无法履行的风险；同时要考虑该公司的债务问题是网上公开的，且该公司已被列入失信被执行人，支付义务总额远超其注册资本（说明该公司名下极可能无任何财产），公司还存在经营异常的情况（说明该公司出现了经营管理不善的情形），可能会有学生家长在知道公司的债务问题及经营状况后而对其供应的牛奶质量产生怀疑（不排除该公司在经营管理不善的情况下质控不严，确实出现奶品质量问题），对学校选择主体资信不佳的合作表象表示合理怀疑，很容易给学校带来一定的不良影响。因此，在常规的公司业绩考量因素之外，学校对于金额较小、影响不大的对外采购或合作项目，可以通过国家企业信用信息公示系统、中国裁判文书网、各行政部门官网等自行对合同相对方开展是否具备相应生产经营资质、信誉和履约能力（如注册资本、公司规模、办公环境、社会声誉、行业评级、消费者评价、经营异常、行政处罚、行业处分、涉诉情况、执行案件情况、失信情况等）方面的审查，并可要求合作方提供在有效期间内的营业执照或法人证书复印件供学校留底。如果是金额巨大、影响重大的对外采购或合作项目，则应当充分考虑聘请经验丰富的专业律师团队展开债务情况、诉讼情况等法律尽职调查。

此外，学校还应当注意采购模式和合作模式本身的合法合规性。比如对公办学校而言，对外采购需要注意符合政府采购、招标投标和事业单位财务结算方面的规定，又如有的中小学校以签订合作办学协议的方式为校外培训机构有偿补课提供教育教学设施或派遣师资等，明显违反《严禁中小学校和在职中小学教师有偿补课的规定》。而关于合作模式，需进一步明确交易的法律关系，确定合同的法律大方向，保证学校自身有能力进行交易且该交易事项合法合规。

2. 学校应当借助法律专业力量，强化合同管理意识，建立健全学校合同法律事务管理制度并落实

根据我国民法中的“合同意思自治原则”，在学校对外采购或合作活动中，相互之间一旦出现纠纷一般需依托有关合同解决。因此，如何通过合同最大限度地保障学校自身权益，日益成为学校管理者和教师们关注的重点。概言之，合同相对方的主体资质、信誉、履约能力和采购模式、合作模式合法性审查通常只是合同法律事务管理的起点，如何通过高效、优质的全流程合同法律事务管理充分发挥合同在促进学校发展中的作用，又最大限度地减小合同给学校带来的风险，已成为学校管理者和教师们不得不面对的一项重要课题。

具体而言，合同管理是一个系统的动态的过程，是包括合同洽谈、订立、签订、履行、变更、解除、终止、用章、归档等一系列与合同相关的活动的总称，须建立在对合同相关法律法规的熟悉以及丰富的合同争议纠纷处理经验之上，充分运用法律思维及智慧，让合同管理处在法律的引领之下，因此学校可充分借助法律专业资源建章立制、落实培训，除上述有关合同订立环节的注意事项外，还应包括：

（1）在合同形式选择及条款设置环节，需要注意结合交易本身的特点及风险，主要包括尽量选择书面合同形式、了解和把握必备条款和主要条款的设置、区分商务条款及法律条款的设置、注意合同条款的准确、规范用词及详尽程度、坚守合同保底条款，具体可参考行业主管部门推荐的合同范本等。

（2）在合同签订及履行环节，要注意审查合同订立主体与签约主体的一致性，通过法定代表人身份证明或授权委托书等核实签约人的真实身份（如某校长曾遭遇诈骗团伙，假冒大型企业名义，以召开大型会议需要发放纪念物品或委托培训等为由，诱骗他人签订假合同，然后索要骗取回扣[①]），并注意合同签订方式选择的有效性。同时需动态关注对合同履行的自我监管、合同相对方履行监管、合同签订时的客观情况监管等。

（3）在合同变更环节，主要需要注意：对合同变更事项的区分对待、对合同变更必要性的审查，对合同相对方资格及授权进行审查，注意对合同变更形式的选择以及对合同变更约定要清楚、

① 参见雷思明著：《依法治校与学校规范化管理操作指南》，教育科学出版社 2018 年版，第 175 页。

准确等。

（4）在合同解除环节，需要注意：明确合同解除的依据及权利来源，审查合同解除的必要性，把握合同解除权行使的期限，履行解除合同的前置程序等。

（5）在合同终止环节，要注意区分不同的合同终止原因，并对应进行不同的法律管理及操作，要根据合同性质及内容，把握合同附随义务（后合同义务）的履行，同时也要注意对合同中的结算及清理条款的把握，合同终止的同时及时作出书面约定等。

（6）在合同用章环节，需要注意：严格规范刻制及使用公章或合同专用章，将合同专用章的监管纳入学校印章管理之中，注意对加盖了公章或合同专用章的空白合同或文件的监管等。

（7）在合同归档环节，要做好两步走的工作，即对合同归档实行专人负责制以及对合同原件借阅实行登记制，并通过合同归档法律管理做到对合同法律关系的梳理及合同履行的法律监管。

上述提及的八个环节是整个合同法律事务管理的主要环节，此外还包括合同模式设计（如年度合同及子合同等）、合同转让（合同权利、义务全部或部分转让）、合同证据收集与保存、合同法定义务履行等其他方面的法律事务管理，学校与老师们也需要充分注意。

43. 学校组织学生到生产经营等单位实习应保障学生的合法权益

典型案例

钟婷（化名）就读于桂林某中等专业学校计算机应用专业，到了二年级下学期，按照学校教学计划，要安排她去企业跟岗实习。2018年3月6日，钟婷和同年级100多名同学在老师的组织下，到国内一家知名空调企业位于江门的工厂实习。

除了前3天适应期，工作时间是头一天20点到第二天早上6点半，之后钟婷每天要从头一天20点一直工作到第二天早上7点50分，中间只有一个半小时的宵夜和休息时间。3月16日凌晨三四点，连续工作了几个小时的她又累又困，渐渐地越来越跟不上流水线上迅速旋转的转台，一不小心，她的右手手腕被一旁刚焊好的零件烫伤了。

每天十多个小时不停地重复用手操作，加工几千个零件，钟婷的左手手腕因为使用过度出现了一个硬块，一工作便感觉有些疼痛。3月17日，钟婷将手腕出现异常和被烫伤的情况向班主任反映后，班主任廖老师在微信中对她说："问题不大，坚强点！"廖老师还表示，流水线基本都是这种情况，要适应也要接受。

当时，钟婷班上有一名男生上白班，因为站着操作的时间太长，加上体质比较弱，在流水线上昏倒了两次后，在家长的交涉下办理了离岗手续，因为受不了工厂高强度的工作，学校先后有20多名学生申请离岗。除了3月17日请假去医院，休息了一天，钟婷在这家工厂连续实习了12天都没有享受过法定假日。

后经钟婷的家人向教育部门举报，责成学校对违规问题进行整改，3月23日，钟婷在填写了离职申请表后，于25日回到了桂林。①

法律风险分析与应对

1. 中职学生到生产经营等单位实习的高风险性不容忽视，同时须打破实习利益输送链

除了直观可见的职校学生实习伤害事故，实践中侵害职校实习学生合法权益的各种乱象"花样繁多"，其中较常见的包括：（1）学校或实习学生以任何名义（包括勤工俭学）通过中介机构或有偿代理组织安排和管理学生实习工作；（2）学校与中介机构以"小时工"形式合伙侵吞实习学生利益；（3）安排、接收一年级在校学生进行顶岗实习；（4）安排未满16周岁的学生跟岗实习、顶岗实习；（5）安排学生从事有较高安全风险、禁忌性岗位实习；②（6）强制实习学生加班、安排学生夜班实习；（7）安

① 参见谢洋：《桂林一中职学校违规组织学生实习》，载《中国青年报》2018年4月3日，第4版。

② 依据《职业学校学生实习管理规定》第十五条、第十六条，具体包括：（1）安排未成年学生从事《未成年工特殊保护规定》中禁忌从事的劳动；（2）安排实习的女学生从事《女职工劳动保护特别规定》中禁忌从事的劳动；（3）安排学生从事高空、井下、放射性、有毒、易燃易爆，以及其他具有较高安全风险的实习。

排学生到酒吧、夜总会、歌厅、洗浴中心等营业性娱乐场所实习；（8）安排学生在法定节假日实习；（9）职业学校和实习单位向学生收取实习押金、顶岗实习报酬提成、管理费或其他形式的实习费用；（10）职业学校和实习单位扣押学生的居民身份证，要求学生提供担保或以其他名义收取学生财物，等等。这些屡禁不绝的乱象其实一定程度上反映的是必须切断的职校实习利益输送链，尤其是在临近国庆、“双十一”等职业学校学生实习高峰期。

2. 中职学校应在厘清实习目的的前提下，多措并举强化实习学生安全和合法权益保障

一直以来，实践教学都是职业院校培养技术技能人才的关键环节，职业院校组织学生实习是国家课程标准规定的教学内容。职校学生实习的高风险和各种乱象，其中也有校企合作中学校与企业一头热一头冷的原因。但正如有研究指出的，[①] 从保护学生和促进学生职业能力形成的角度看，虽有难为之因，学校层面仍应勠力有为。

依据《职业学校学生实习管理规定》等，学校应从如下方面做好职校实习学生保护：（1）职业学校应选择合法经营、管理规范、实习设备完备、符合安全生产法律法规要求的实习单位安排学生实习，在确定实习单位前，职业学校应进行实地考察评估并形成书面报告；（2）职业学校应会同实习单位共同组织实施学生实习，实习岗位应符合专业培养目标要求，与学生所学专业对口或相近，并应

---

① 参见徐健：《职校实习生高死亡率：制度执行之殇》，载《江苏教育》2015 年第 12 期。

当符合学生的心理、生理特点和身体健康状况；（3）职业学校应会同实习单位制定学生实习工作具体管理办法和安全管理规定、实习学生安全及突发事件应急预案等制度性文件，职业学校和实习单位应分别选派经验丰富、业务素质好、责任心强、安全防范意识强的实习指导教师和专门人员全程指导、共同管理学生实习；（4）学生参加跟岗实习、顶岗实习前，职业学校、实习单位、学生三方应签订实习协议，明确各方责任、权利和义务，未按规定签订实习协议的，不得安排学生实习；（5）未满18周岁的学生参加跟岗实习、顶岗实习，应取得学生监护人签字的知情同意书；（6）学校组织学生到生产经营等单位实习的，应在实习前对实习学生进行安全教育；（7）职业学校和实习单位要依法保障实习学生的基本权利，并不得有《职业学校学生实习管理规定》第十五条、第十六条、第十九条规定的情形；（8）学校应督促实习单位为实习学生提供安全健康的实习环境，采取劳动安全保护措施；（9）职业学校要和实习单位相配合，建立学生实习信息通报制度，在学生实习全过程中，加强安全生产、职业道德、职业精神等方面的教育；（10）职业学校安排的实习指导教师和实习单位指定的专人应负责学生实习期间的业务指导和日常巡视工作，定期检查并向职业学校和实习单位报告学生实习情况，及时处理实习中出现的有关问题，并做好记录；（11）职业学校组织学生到外地实习，应安排学生统一住宿，职业学校和实习单位要建立实习学生住宿制度和请销假制度。学生申请在统一安排的宿舍以外住宿的，须经学生监护人签字同意，由职业学校备案后方可办理；（12）安排学生赴国（境）外实习的，应根据需要通过国家驻外有关机构了解实习环境、实习单位和实习内容等情况，必要时可派人实地考察；（13）学校和实习单位应根据有关规定，落实实习学生实习责任险的投保责任;(14)中等职业学校要建立针对实习舆情风险的处置预案，要通过设置投诉电话、公众号等畅通反映不规范实习的渠道，对发现的违规实习行为要立即核查，妥善处理，确保安定稳定;(15)各中等职业学校校长是学生实习风险管理工作的第一责任人；等等。

44. 学校组织学生军训须充分保障学生安全

典型案例

2013 年 7 月，彭某某被青岛某中学录取为高一新生。之后，某中学组织安排高一新生参加军训，军训时间定为 2013 年 8 月 4 日至 8 月 10 日。该次军训由某中学负责对学生进行组织管理，彭某某按照某中学要求参加该次军训，并交纳相关费用。

8 月 9 日上午 10 时 10 分，彭某某向教官提出身体不适，经校医测量，彭某某体温为 39℃，校医遂让其服用扑热息痛 1 片，并嘱其休息，多饮水等，后彭某某体温略有回落，16 时 30 分许升高至 40℃，校医让彭某某再次服用扑热息痛 1 片，并要求彭某某到医院就医，班主任于 17 时 5 分许联系冷某某接彭某某就医，冷某某表示 18 点 30 分左右才能到达学校，其间班主任安排学生在宿舍照顾彭某某。彭某某于 19 时 35 分到达医院门诊就诊，被诊断为：热射病，于 8 月 10 日 0 时 30 分临床死亡，该院向彭某甲出具了死亡医学证明书，其中直接死亡原因载明："待查，中暑？"

法院认为：本案中，某中学在暑假时间内组织新生军训，违反了山东省教育厅相关规定，其行为存在一定的瑕疵。在发现彭某某发烧超过 39℃，经一般休息服药仍不见效的情况下，应能判断出其病情已超出普通发热及不适，应及时送医救治并通知家长，而青岛某中学对发病后的彭某某确实存在一定程度的疏于照料和送医延误。虽然彭某某死亡原因尚不明确，但某中学在彭某某发病后未尽到相应的管理、保护职责，对其病情发展有一定的不良影响。因此，结合本案的实际情况，酌定某中学对彭某某告的损失承担30%的赔偿责任（各项费用225539.52元、精神损害抚慰金60000元）。①

法律风险分析与应对

1. 学校组织学生军训是教学的一项重要内容，学生无特殊情况需参加军训

依据《学生军事训练工作规定》第三条、第五条和第十一条，学生军事训练是指高中阶段学校等组织的学生军事技能训练和军事理论课教学，以及与学生军事训练有关的其他活动，是学校教育和教学的一项重要内容，高中阶段学校应把学生军事训练工作纳入学校教育、教学计划，统筹安排。

同时，依据《学生军事训练工作规定》第六条和《教育部关于加强学生军事训练管理工作的通知》，高中阶段学校具有中国大陆户籍的学生应依法接受学校统一安排的军事训练；具有香港、澳门、台湾户籍的学生，本人自愿参加军事训练的，经学校批准后可以参加；参训学生要参加入学体检，有严重生理缺陷、残疾或疾病的学生，经本人申请和学校批准，可以减免不适宜参加的军事技能训练科目。

① 参见青岛市中级人民法院（2014）青民五终字第1734号二审民事判决书。

2. 学校组织实施学生军训计划应符合相关规定且适当、合理，避免出现学生伤害事故

依据《教育部关于做好学生军训安全工作的紧急通知》第二条、第三条和《教育部办公厅关于加强学生军训安全工作的通知》，学校组织开展军训活动，要把学生健康放在第一位，切实做好事故防范工作；要根据当地气候条件，针对高温、暴雨天气及洪涝灾害等，要及时调整军训活动计划，酌情调整军训时间、科目、训练强度，采取必要的防暑、防灾措施，科学施训、劳逸结合；要及时掌握学生的健康状况，对身体不适的学生可减免训练科目和内容。如上述案例中，该学校安排学生在暑期 8 月进行军训，天气较为炎热，且违反了教育部门的相关规定，导致学校承担了相应的责任。

依据《教育部关于加强学生军事训练管理工作的通知》，学校应按照循序渐进的原则，把握训练强度和进度，根据训练科目的特点，有针对性地提出预防训练事故的要求和注意事项，并根据学生的身体反应及时调整训练强度；还应根据气候特点安排训练任务，在气象部门发布灾害性天气（如高温、雷电、冰雹、暴雨、大风、雾霾和沙尘等）预报达到黄色预警以上时，应及时调整训练计划，直至停止露天训练，防止发生意外伤害等事故。

3. 学校须建立健全军训有关的安全制度及应急预案

依据《学生军事训练工作规定》第十三条、第四十一条、第四十二条和《教育部办公厅关于加强学生军训安全工作的通知》，第一，高中阶段学校在学生军事训练期间必须进行安全教育，事先完善各项安全制度，制定安全计划和突发事件应急处置预案，对各类安全问题要有应急措施，严防在军事技能训练、实弹射击、交通运输、饮食卫生等方面发生事故。

第二，学校要建立健全意外事故报告制度。学校在军训中发生各类安全事故后，应在采取处置措施的同时，及时向所在地教育部门、军事部门及相关部门报告；事故报告内容包括事故发生时间、地点、伤亡人数、事故原因；事故处理完毕，要将处理结果及改进措施报告上级教育部门。

第三，学校要建立安全责任制度，明确安全责任机构和人员的职责，应明确一名学校领导分管学生军事训练工作，指定具体部门和人员负责学生军事训练的计划安排和组织实施。

4. 军训期间，学校须从各方面尽到对学生的教育、管理及保护职责

实践中，一些学校可能存在理解上的偏差，即学校会认为军训期间的学生安全问题应由教官负责，故学校对学生应尽的教育、管理、保护职责在军训期间也应转移给教官，在军训期间，学校仅是提供协助义务。然而事实并非如此。军训活动的组织主体实际上还是学校，军训属于学校开展的教育教学活动的形式之一，在军训期间，学校仍需尽到对学生的教育、管理及保护义务，否则就如上述案例一样，学校需承担相应的学生伤害事故责任。具体而言，依据《教育部关于加强学生军事训练管理工作的通知》《教育部办公厅关于加强学生军训安全工作的通知》，对于军训期间的安全保障工作，学校需采取如下措施：

第一，参训学校要成立安全防事故组织机构，确定一名学校领导分工负责，要深入基层，对安全防事故工作实施全程督促检查，对发现的安全隐患，要切实采取措施，及时予以解决。

第二，学校有必要对参训人员专门安排时间进行安全防事故教育，要根据训练科目特点，有针对性地提出具体要求，制定具体措施，把安全防事故教育和措施贯穿军训的全过程。在军事训练开始前，学校要做到层层动员，广泛发动，学生全员参加，深刻阐明学生军事训练的重大意义，强化军事训练的安全意识、知识和技术教育。

第三，学校须依法加强落实各项卫生防疫与安全措施，对参训人员进行预防传染病、食物中毒及其他安全知识的教育，增强参训人员安全意识，防止各种传染病、食物中毒及其他安全事故发生；一旦发生传染病疫情、食物中毒及其他安全事故，应采取果断措施，全力组织救治。

第四，学校负责人应深入学生军事训练场，指导训练开展，检查训练安全，督导训练质量。

第五，在军事训练开始前，学校要对教师进行安全教育和安全技能培训，增强教师预防和处置突发安全事件的意识和能力，凡未参加相关培训的教师不得带训。教师必须全时在岗，全面掌握训练安全情况，及时解决出现的问题，指导学生正确处理突发安全事故；了解学生的身心特点，适时进行心理疏导。

第六，学校要配备足够的专业医护人员，配置相应的医护和急救药品、器具、急救车辆，以有效应对学生受伤等突发情况；乘车外出时，必须制订周密的运输计划，指定教师随车带队；在交通复杂时段组织大规模军事训练学生运输时，应商请交通管理部门予以协助。

45. 学校引进校外机构为学生进行体育技能训练，须明晰要求及责任

典型案例

刘某系某一中小学部学生，某一中自2018年11月下旬开始在午休时间组织学生参加冰刀训练课程。12月4日11时40分左右，刘某在教室内等待参加冰刀训练课时，向同学展示滑冰技术，不慎摔倒撞到讲台，导致牙齿受到严重损害，伤情严重，但未构成伤残。刘某以在某一中处学习期间受到人身损害，某一中未尽到教育、管理职责，存在过错为由提起诉讼。某一中辩称："学校速滑队是2018年11月2日开始训练，教练要求队员中午12点到综合楼大厅点名集合，训练到13点。从成立训练队时，教练就对全体队员进行了交通安全、训练安全等全面教育注意事项，所有队员对于训练时间和安全教育都十分清楚。"

法院认为：某一中利用午休时间，组织学生参加冰刀训练，应针对学生年龄、认知能力和法律行为能力的不同，采取相应的内容和预防措施。某一中未尽到管理职责，导致刘某未到指定场所进行训练，而是进入班级，在为其他同学展示技能时摔伤，学校负有主要责任。本案案发时，刘某已满11周岁，属于限制民事行为能力人，按其年龄和认知能力应知道冰刀技能展示需在特

定场所且具有危险性，对自己受到的伤害亦存在一定过错，应负次要责任，故判决某第一中学赔偿原告刘某各项经济损失 8440.74 元。①

法律风险分析与应对

1. 学校引入第三方教育机构或教练为学生进行体育技能训练，须尽到对学生的教育、管理及保护职责，否则将承担相应的责任

当前，从总体上看，学校体育仍是我国整个教育事业相对薄弱的环节，体育课和课外活动时间不能保证、体育教师短缺等问题依然突出，社会力量支持学校体育不够，故《国务院办公厅关于强化学校体育促进学生身心健康全面发展的意见》提出“整合各方资源支持学校体育”，具体包括“鼓励专业运动队、职业体育俱乐部定期组织教练员、运动员深入学校指导开展有关体育活动”和“支持学校与科研院所、社会团体、企业等开展广泛合作，提升学校体育工作水平”等；《中共中央办公厅、国务院办公厅关于全面加强和改进新时代学校体育工作的意见》提出“鼓励学校和社会体育场馆合作开设体育课程”。基于此，目前实践中有不少学校会聘请第三方教育机构或教练利用课余时间或上课时间为学生进行相应的体育技能训练，较为常见的有足球、篮球、跳绳、滑冰等。

对学校而言，学校安排学生从事第三方体育技能训练，一方面是为了丰富学生的教学活动，让学生身心健康、体魄强健、意志坚强、充满活力，另一方面也可能是按照上级主管部门的要求

① 参见建三江人民法院（2019）黑 8102 民初 1291 号一审民事判决书。

开展相应训练。虽然学生参加体育技能训练也能从中获得快乐、能力的提升和健康的体魄，但从某种程度上来讲，学校也是学生从事体育技能训练的受益者。尽管学校一般未从中获取直接相关的财产利益，但学校的整体教学质量及名誉得到了一定的提升。因此从这一角度出发，经检索相关公开案例，法院基本上都认定学校安排学生利用课余时间或上课时间进行体能训练，实际上是学校体育教学活动的其中一种，因此学校在安排学生从事体育技能训练期间，对学生负有教育、管理及保护职责，即使学校委托了第三方教育机构或教练对体育技能训练进行管理，也不能免除学校应尽的法定职责。

因此，依据《学生伤害事故处理办法》第九条、第十二条，若学校组织学生参加体育教学活动，未对学生进行相应的安全教育，并未在可预见的范围内采取必要的安全措施，由此造成学生伤害事故的，学校应依法承担相应的责任；但若是学生因为在对抗性或具有风险性的体育竞赛活动中发生意外伤害，学校已履行了相应职责（如已及时采取了适当的救助措施等），行为并无不当的，学校不承担责任。

2. 学校应对第三方教育机构或教练进行全方位的审查、评估，并签订相关协议，明确各自的职责并严格划分责任

首先，学校引入第三方教育机构或教练为学生进行体育技能训练的，建议参照本书第四章《学校应依法对外进行采购或合作，做好合同法律风险防控》一文，对第三方教育机构或教练的资质、信誉和履约能力进行综合审查。结合第三方教育机构和教练的实际，应当着重注意：（1）对第三方教育机构，学校需审查该机构是否取得相应的办学许可资质以及是否依法登记设立，确保该机构不存在违规经营的问题。对此，学校可要求第三方教育机构提供盖章版办学许可证复印件以及法人登记证书复印件供学校留底。（2）对教练，学校需审查该教练的身份证是否在有效期以及是否取得相应的教学或教练资格，如教师职业资格证或相应的教练员资格证书等。学校也可要求教练提供签名版身份证复印件及相应的教学或教练资格证书复印件供学校留底。（3）对经营异常、行政处罚、行业处分、涉诉情况、执行案件情况和失信情况等信誉方面的审查，要注重是否存在第三方教育机构或教练侵犯学生权益相关案件的情况，避免引发相关风险。（4）对于第三方教育机构指派到学校负责学生体育技能训练的教师，学校需审查该教师是否取得相应的教师资格以及按照国家规定取得对应体育项目培训的相关资质，以确保该教师具备为学生提供体育技能训练的资质及能力，避免因操作不规范等带来学生受伤的风险。

其次，学校应对第三方教育机构或教练安排的教学课程的质量进行测评及把控。一方面，学校引入第三方教育机构的目的可能是希望能为学校训练一支在某项体育技能方面很优秀的学生队伍，基于此，学校需对第三方教育机构或教练安排的教学课程进行测评，比如训练的方式方法或时间上的安排等是否能满足学校的前述需求；另一方面，学校在引入第三方教育机构或教练为未成年学生进行体育技能训练时，应严格按照国家颁布的相关教学大纲要求，合理科学地设置教学课程，不能超出学生能承受的体能训练程度，避免引发学生伤害事故。

最后，学校需从法律角度严格把控与第三方教育机构或教练之间所签署的相关服务协议。学校需从提高学生体育技能、保护学生安全的角度，在协议中明确第三方教育机构或教练应履行的法定职责及约定义务，如具备相应的教学资质，体育课程需设置科学合理，对学生进行安全知识教育等，以及明确违反法律规定或合同约定所需承担的相应责任，以对双方的责任及风险进行明确划分。一旦因第三方教育机构或教练教育方式方法不当或疏于管理而发生学生伤害事故，在学校无责或部分责任的情况下，学校后续可根据双方之间签订的相关协议对第三方教育机构或教练进行全部或部分追偿。对此，学校可聘请专业法律人士从学校及学生权益保护的角度，协助学校对前述相关协议的条款进行设置及审查，避免存在相关法律漏洞及风险。

46. 学校引进校外课后托管机构为学生提供服务，须明晰要求及责任

典型案例

陈某某及潘某某都是晋某小学的寄宿生（托管生），晋某小学每一学期收取全托费用 7000 元。2013 年 3 月 5 日晚自习下课后，潘某某在拉窗帘躲藏时不小心顺手推了陈某某，致使陈某某从窗台上摔倒受伤。当时没有老师在场。2014 年 4 月 10 日，司法鉴定结论为：陈某某伤残程度为十级伤残。

2008 年 5 月 27 日，晋某小学作为甲方与某铁路武术馆陈某作为乙方签订联合办学协议书约定："甲方同意将学校……场地提供给乙方作为武术队生活（食宿）及训练场所；甲方负责学生的文化课教学任务，乙方负责学生的训练和生活管理，学生在上课前及放学后所发生的各类安全问题均由乙方负责。"该武术馆既未经教育部门批准，亦未办理社会团体法人登记证书。

法院认为：陈某某及潘某某均属晋某小学学生，事故发生时，二人均属无民事行为能力人。晋某小学武术班系晋某小学内设班级，不具备独立的法人资格，故以晋某小学武术班名义收取学生寄宿及武术辅导或培训教学费用的行为可以认定系晋某小学的收费行为。晋某小学收取陈某某及潘某某监护人支付的全托费用，

可以认定双方形成委托监护及有偿托管合同关系。由于晋某小学已收取全托费用，但未提供有偿托管服务，未履行监护人之职责，根据相关法律规定，潘某某侵权的法律后果应由晋某小学承担。某铁路武术馆没有办学资质，没有独立的财产，无法独立承担民事责任，故晋某小学主张应追加某铁路武术馆作为被告参加诉讼，并由该武术馆承担责任，法院不予支持。据此法院判决：晋某小学赔偿陈某某人民币 111058.65 元。①

法律风险分析与应对

1. 学校为学生提供有偿校内课后服务，仍需尽到对学生的教育、管理及保护职责

为促进学生健康成长、帮助家长解决按时接送学生困难，《教育部办公厅关于做好中小学生课后服务工作的指导意见》第一条、第五条提出，广大中小学校要结合实际积极作为，充分利用学校在管理、人员、场地、资源等方面的优势，主动承担起学生课后服务责任，要强化学校管理，建立健全课后服务制度；同时，课后服务工作被纳入中小学校考评体系，由教育部门进行督导检查。《中共中央办公厅、国务院办公厅关于全面加强和改进新时代学校体育工作的意见》也提出，“综合利用公共体育设施，将开展体育活动作为解决中小学课后‘三点半’问题的有效途径和中小学生课后服务工作的重要载体”。《中共中央办公厅、国务院办公厅关于进一步减轻义务教育阶段学生作业负担和校外培训负担的意见》（以下简称《义务教育减负意见》）进一步要求“提升学校课后服

① 参见福州市晋安区人民法院（2013）晋民初字第 1947 号一审民事判决书。

务水平，满足学生多样化需求。”

由于国家层面全面展开学校课后服务工作的时间较短，经公开渠道未能搜索到关于学校引入第三方机构为学生提供课后服务的相关案例，故对于因此导致的学生伤害事故案件，基于笔者的法律实务经验及法律判断，可能存在学校侵权责任及违约责任的竞合。

一方面，学校提供的课后服务虽然从时间上来说是发生在课前或课后[①]，即非上课期间，但在学校主动提供收费课后服务期间，不排除法院认为，这在某种意义上也可视为学校教育教学职责的一种延续。因此从理论上来说，在此期间，学校也应对学生尽到教育、管理及保护职责，若未尽到相应职责，则可能将面临承担学生伤害事故赔偿责任等侵权责任的法律风险。

另一方面，学校自行或委托第三方机构为学生提供课后服务并收取服务费用的，在某种程度上讲，学校与学生之间建立了服务合同关系，或第三方机构与学校之间形成委托合同关系，学校成为第三方机构与学生之间的管理桥梁。若因为第三方机构管理不到位等原因导致发生学生伤害事故，学生及学生家长也可根据合同关系追究学校的相关违约责任。

但总的来说，无论是基于学校对学生应尽的法定职责还是基于学校与学生之间建立的服务合同关系，在学校为学生提供课后服务期间，学校都应对学生尽到必要的教育、管理及保护义务，避免学生伤害事故的发生。

---

① 如《广东省教育厅关于做好中小学生校内课后服务工作的指导意见》第三条第一款规定：“校内课后服务时间原则上为正常上课日的早上、中午及下午课后至18:00止，具体服务时间由县级以上政府教育行政部门根据实际情况规定。”

2. 学校引入第三方机构为学生提供课后服务，需严格审查第三方机构的相关资质及资信状况，并在协议中划分责任

依据《教育部办公厅关于做好中小学生课后服务工作的指导意见》第一条，确实不具备条件但有课后服务需求的中小学校，要积极协调学校、社区、校外活动中心等资源，做好课后服务工作。如《广东省教育厅关于做好中小学生校内课后服务工作的指导意见》进一步明确，鼓励学校与第三方社会机构（社区活动中心、勤工俭学服务中心、少年宫、妇女儿童活动中心、科技馆等，以及合法合规、安全有保障、服务质量高的社会培训机构）开展合作，发挥第三方社会机构的专业优势，共同做好服务。

同时，结合实践来看，学校通过引入第三方机构为学生提供课后服务的做法较为常见，因此学校作为课后服务提供的主导一方，在引入第三方机构协助提供课后服务时，建议参照本书第四章《学校应依法对外进行采购或合作，做好合同法律风险防控》一文，应注重对第三方机构的资质、信誉及履约能力进行全面审查，并在协议中划分相关责任，重点包括：

第一，审查第三方机构的相关资质、案件。若学校引入的第三方机构为社会培训机构或校外活动中心等，则需对应审查该机构是否取得相应的行政许可资质，确保不存在违规经营的问题，同时重点关注是否存在第三方机构侵犯学生权益的相关案件，避免引发相关风险。如上述案例所述，该学校引入第三方机构为学生提供课后的托管服务，但因为该机构不具备相应的办学资质而被法院认定无法独立承担民事责任，而最终由学校承担了全部的赔偿责任。

第二，学校需从法律角度严格设置与第三方机构之间所签署的相关委托协议。学校须从保障课后服务质量及学生安全的角度，在协议中明确第三方机构应履行的职责、服务的质量要求等，以及对双方的责任及风险进行明确划分，以最大限度减少学校的相关风险及责任。

3. 学校为学生提供课后服务，须严格按照相关规定实施，确保服务的合法合规性

依据《教育部办公厅关于做好中小学生课后服务工作的指导意见》《义务教育减负意见》的规定，以及结合广东省、江苏省、河南省等地方的规定，学校作为学生课后服务的提供一方，在创新服务模式的同时，应注重服务质量及服务的合法合规性，建议学校从如下四个方面从严把控：

（1）课后服务必须坚持学生家长自愿原则。中小学校开展课后服务工作，要事先充分征求家长意见，主动向家长告知服务方式、服务内容、安全保障措施等，建立家长自愿选择申请、班级审核、学校统一实施的工作机制。课后服务要优先保障留守儿童、进城务工人员随迁子女等急需服务的群体。

（2）须科学合理确定课后服务内容形式。课后服务内容主要是安排学生做作业、自主阅读、体育、艺术、科普活动，以及娱乐游戏、拓展训练、开展社团及兴趣小组活动、观看适宜儿童的影片等，坚决防止让课后服务变相成为集体教学或"补课"，不得利用课后服务时间讲新课，但可对个别学习有困难的学生给予免费辅导帮助。

（3）要切实保障课后服务学生安全。学校要完善安全管理制度，明确课后服务人员责任，加强对师生安全卫生意识教育。要强化活动场所安全检查和门卫登记管理制度，制定并落实严格的考勤、监管、交接班制度和应急预案措施，尤其是要切实消除在场地、消防、食品卫生、安全保卫等方面的安全隐患，确保学生人身安全。

（4）严禁以课后服务名义乱收费。若学校引入第三方机构为学生提供课后服务并收取费用，可就收费标准与家长委员会、第三方机构进行三方协商沟通，以确保合理确定收费标准。若学校委托第三方社会机构作为收费主体，应与家长签订相关服务协议进行明确，收取的费用要进行专账管理，并在每学期末公示收支情况。

47. 学校引进安保公司为学校提供服务，须明晰义务及安全责任

典型案例

2016 年 12 月 6 日晚上九点四十分，李某某在某技师学院宿舍左眼受伤。北京某眼科中心出具诊断证明：左眼黄斑前膜。病案手册记录左眼视力最低为 0.1，至 2017 年 5 月 11 日左眼视力为 0.8。

某技师学院声称："崔某某的行为属于个人行为，不属于职务行为。本案如发生赔偿责任应由中某公司承担。根据我单位与中某公司签订的宿舍管理约定中第五条第二款规定：由乙方（中某公司）安排的工作人员造成甲方及甲方工作人员、学生财产损失的由乙方承担赔偿责任。故本案如发生赔偿责任由中某公司承担，我单位不承担责任。"

法院认为：本案中，可以认定崔某某因执行职务致李某某受伤，基于崔某某系中某公司的员工，被派遣到某技师学院工作期间执行工作任务造成了李某某的左眼损伤，应由某技师学院承担侵权责任，现无证据证明中某公司对此事存在过错，故对李某某要求中某公司承担赔偿责任的诉讼请求，本院不予支持。据此法院判决：某技师学院内给付李某某各项费用共计

28684.73 元。[①]

法律风险分析与应对

1. 学校引进保安公司派遣保安提供安保服务的，学校与保安公司之间形成派遣法律关系，学校为用工单位

实践当中，很多学校出于方便后勤人员的管理或是应上级主管单位的统一要求，会将学校的安保工作外包给保安公司，通过保安公司派遣保安到学校进行安保的方式，保障学校安全。基于此，学校与保安公司之间签订相关安保服务协议或派遣协议等。经了解，很多学校认为学校与保安公司仅仅是服务合同关系，双方仅是根据所签订的合同享有权利及履行义务，比如学校支付派遣费用或服务费，保安公司派出保安到学校。但实际上，依据《劳务派遣暂行规定》第二十七条“用人单位以承揽、外包等名义，按劳务派遣用工形式使用劳动者的，按照本规定处理”等规定，学校与保安公司之间除了合同法律关系，还存在劳务派遣法律关系。

2. 即使学校与保安公司签订的相关协议约定相关责任由保安公司承担，学校作为用工单位也需承担相应的责任

还有一些学校认为将安保工作外包给保安公司可以避免学校相关责任及风险，比如若是因为保安的工作疏忽导致学校发生学生伤害事故或其他安全事故，责任应由保安公司承担，因为学校与保安公司之间签订了相关协议，在协议中明确约定了因保安工作问题引发的一切责任由保安公司承担，与学校无关，这种观点是片面的。

---

① 参见北京市大兴区人民法院（2018）京 0115 民初 20387 号一审民事判决书。

首先，学校与保安公司之间签订的相关协议，如安保协议、派遣协议或服务协议等，若不存在违反我国法律法规强制性规定和公序良俗的情形，且为协议双方的真实意思表示，则协议本身为合法有效协议，对学校及保安公司均具有法律约束力，双方都应严格按照协议约定履行各自的义务。但基于合同的相对性原理，该份协议的效力仅涉及学校及保安公司两方主体，若出现需对第三人承担责任或履行义务的情形等，则前述协议对第三方不发生法律效力，学校对外也不能免除根据法律规定应承担的作为用人单位的相关责任。

其次，依据《民法典》第一千一百九十一条，若因为派遣到学校的保安在执行工作任务期间造成学校师生或其他第三人财产或人身损害，学校作为用工单位应承担相应的侵权责任，若保安公司本身存在过错，保安公司承担相应的过错责任。本文中引用的案例正是学校作为用工单位承担侵权责任的体现。

最后，学校作为特殊的一类用工单位，对全体学生负有教育、管理及保护的义务。而前述义务为法定义务，不能通过约定而转移。依据《学生伤害事故处理办法》第九条，若因为学校的保安员执行工作过程中存在重大疏忽，未正确或全面履行工作职责，导致学校存在重大安全隐患，如校外人员冲进校园对学生造成人身伤害，那么即使该保安是通过保安公司外派的，学校与保安公司之间签订的相关协议中也明确约定了因保安工作疏忽所引发的责任由保安公司承担，也无法免除学校作为教育机构应对学生尽到的保护义务。

3. 学校需对所引进的保安公司进行全方位有效监管，避免相关法律风险

首先，学校引进保安公司派遣保安提供安保服务的，建议参照本书第四章《学校应依法对外进行采购或合作，做好合同法律风险防控》一文，对保安公司和保安员的资质、信誉和履约能力进行综合审查。结合保安公司和保安员的实际，应当着重注意：（1）学校在与保安公司进行洽谈的阶段，就需先审核保安公司是否取得保安服务许可证以及许可证是否在有效期间内，并可要求保安公司提供相关许可证件的复印件留底；（2）需要了解所引进的保安公司是否存在关于该保安公司或所派出的保安员不履行职务或存在故意或重大过失导致其他第三方人身损害的相关案件，以对该保安公司的安保工作规范程度及可靠程度等进行初步评估；（3）学校在引进保安公司时，对于保安公司派遣到学校的保安，学校可要求保安公司提供所派遣人员的保安员证，以确保学校保安有证上岗；（4）学校对于保安公司派遣的保安员，还应注意了解相关保安员是否存在《保安服务管理条例》第十七条规定的不得担任保安的不良记录，可让保安公司提供相关保安员的无犯罪记录等相关证明文件。

其次，学校需与保安公司签订相关安保服务协议，明确各自的职责并严格划分责任。虽然如上所述，学校作为用工单位，在所派遣的保安员侵犯第三人权益时，需承担相关的责任，但并不代表学校与保安公司之间所签订的相关协议就无任何实质意义。实际上，若学校因此承担了相关责任，可以根据与保安公司签订的相关协议就所承担的赔偿费用向保安公司进行追偿。故学校需在相关协议中对保安公司的资质问题、保安员上岗资质、保安员无不良过往记录、因保安员工作职责疏忽等导致的责任承担问题等进行明确约定，对相关责任进行明确划分，以充分保障学校的权益。

最后，学校须做好保安员职务履行的监督管理，若发现保安员存在不认真履行职责等情况，应及时要求保安公司更换人员。虽然保安员系与保安公司建立劳动关系，但依据《中小学幼儿园安全防范工作规范（试行）》第四条，学校保安员实行由派驻的保安服务公司和学校双重管理，日常管理以学校为主。被派遣的保安员是在学校校园内提供安保服务，对学校的安全保障工作发挥着重要的作用，一旦保安员疏于职守，会给学校带来重大安全隐患。因此，学校需加强对保安员日常工作情况的监督管理，一旦发现保安员存在任何不认真履行工作职责或其他可能给学校带来安全隐患的行为，需及时与保安公司进行沟通，及时要求更换保安员，以免导致相关风险。①

① 比如，2020年6月，广西某小学一名保安持刀砍伤多名学生，经初步核查，受伤人数为39人，其中37人轻微伤，2人伤势稍重。参见《官方通报广西一小学保安持刀伤人事件，39人受伤，"并非都为砍伤"》，载凤凰网，http://news.ifeng.com/c/7x1mdBXUTQX，最后访问于2021年1月4日。

48. 学校在校内组织施工时，须与施工方明确要求及安全责任

典型案例

李某系某小学学生。某日上午8时，李某参加学校组织的10分钟晨间劳动，被安排在室外擦窗。擦完窗，李某下地时踏在某建筑装修公司停放于窗外的翻斗车上，致使装满大理石的翻斗车倾斜，压到李某右手中指。后李某因此手指坏死被截去末节指。

某小学辩称：李某发生的事故属意外事件，学校并无责任。建筑装修公司辩称：公司将翻斗车停靠在车棚无人走动的地方，是李某踏上翻斗车，致该车前倾轧伤其手。某小学、建筑装修公司均愿作一定人道主义补偿。

一、二审法院认为：李某在学校参加劳动时踏上翻斗车致手指压断而截指，某小学应承担民事赔偿责任；建筑装修公司由于车辆停放不当而造成李某伤残，同样负有过错责任，亦应承担相应的民事赔偿责任。至于赔偿数额的确定，应根据李某受伤后所造成的直接经济损失及医疗鉴定部门之意见合理确定。①

① 参见谭晓玉：《学生校内劳动致伤害的两个案例解析》，载《思想理论教育》2007年第6期。

法律风险分析与应对

1. 学校在校内组织施工时的常见安全与法律风险梳理

众所周知，建设工程施工领域本身就是常见的风险高发领域之一，而学校内部的施工往往涉及大量的人、车、物等长时间出入学校，无疑会给学校履行对学生的教育、管理和保护职责带来极大挑战。结合实践来看，学校在组织内部施工时可能遇到的安全或法律风险主要有如下四种：

第一，依据《学生安全事故处理办法》第九条，学校的校舍、场地、其他公共设施，以及学校提供给学生使用的教育教学和生活设施、设备不符合国家规定的标准，或有明显不安全因素，造成学生伤害事故的，学校应依法承担相应的责任；同时依据《民法典》第一千二百五十二条，建筑物、构筑物或其他设施倒塌、塌陷造成他人损害的，由建设单位与施工单位承担连带责任，但是建设单位与施工单位能够证明不存在质量缺陷的除外。因此，一旦学校组织施工的工程、设施或安装的设备不符合国家规定的标准，或有明显不安全因素，就容易引发学生、教职工、家长等的人身损害风险。

第二，《建筑法》第十三条明确规定，从事建筑活动的建筑施工企业，按照其拥有的注册资本、专业技术人员、技术装备和已完成的建筑工程业绩等资质条件，划分为不同的资质等级，经资质审查合格，取得相应等级的资质证书后，方可在其资质等级许可的范围内从事建筑活动。但现实中存在着大量的挂靠施工情形，在学校组织内部施工时，一旦有工人因操作不规范造成自身或其他工友人身伤害事故，虽然从理论上讲，这应属于工人与挂靠单位之间的纠纷，实践中却难免牵扯到学校。近些年来，甚至还出现了一些受伤的工人以学校为便于其施工期间出入而发放的证件等为凭，通过信访、劳动仲裁、诉讼等各种方式向学校主张工伤或侵权赔偿的情况。

第三，依据《民法典》第一千二百零一条，无民事行为能力人或限制民事行为能力人在幼儿园、学校或者其他教育机构学习、生活期间，受到幼儿园、学校或其他教育机构以外的第三人人身损害的，由第三人承担侵权责任；幼儿园、学校或者其他教育机构未尽到管理职责的，承担相应的补充责任。在学校组织内部施工时，也不排除学生、教职工和家长受到工程伤害，如上述案例所示，教室的窗户外并非施工场所，而某建筑装修公司将装满建筑材料的翻斗车停放于此，属不当停车，客观上为原告发生事故创造了条件[①]，而学校在安排劳动时，因教师疏于管理，客观上使李某的事故发生成为可能，故认定学校也具有过错。

第四，建设工程施工合同通常都有比较长的履行期限，同时工程质量要求又比较高，实践中因工程质量不合格、违法分包和转包、进度款支付等而产生的纠纷不计其数，一些施工单位为给学校制造压力，除组织工人围堵、冲击学校等极端情形外，有时还会将大型的施工设备、不易搬运的物料等滞留在学校内部施工场地，导致学校场地无法正常使用，也难以安排新的施工单位进场，同时还给师生安全带来隐患。在这种情况下，如学校贸然处理施工单位滞留在学校内部施工场地的设备、物料，不排除施工

① 谭晓玉：《学生校内劳动致伤害的两个案例解析》，载《思想理论教育》2007年第6期。

单位进一步主张财产损害赔偿，同时也会造成搬运费甚至是储存费等一系列负担，学校对此也应尽量预作防控。

2. 对“工程”应作广义理解，学校应与施工方等签订书面合同，明确安全、文明施工要求和各方责任、权利和义务

首先，鉴于学校内部施工安全的极端重要性，建议学校从实操层面，对“工程”从生活意义上作广义的理解，不仅包括建设工程，如建筑物和构筑物的新建、改建、扩建、装修、拆除、修缮等；还应包含诸如高层空调、指示牌安装与维修、修缮安装地下设备等同样具有一定危险性的作业，将之纳入施工安全与法律风险防控之中。

其次，依据《国务院办公厅转发教育部等部门关于建立中小学校舍安全保障长效机制意见的通知》，校舍维修、加固、重建、改扩建项目，必须严格执行项目法人责任制、招投标制、工程监理制、合同管理制。结合《民法典》第七百九十一条、第七百九十六条，对前述需在校内组织施工的事项，建议学校在依法遴选具备相应资质条件的勘察、设计、施工、监理等相关单位基础上，与相关单位签订书面合同，明确安全、文明施工要求和各方责任、权利和义务，具体包括：（1）除《民法典》第四百七十条规定的必备条款外，应重点对工程质量（含空气质量和环保要求）、竣工验收（包括施工图纸及说明书、国家和地方颁发的有关施工验收规范与质量检验标准）、质量保修范围和质量保证期作出明确约定，并对应设置施工单位违约应承担的责任；（2）应明确施工单位应具备相应的工程施工资质，并对应设置施工单位违约应承担的责任；（3）应结合学校实际明确施工单位具有保证工程质量和安全的具体措施（如对施工现场与学生活动区域进行有效隔离，对危险较大的施工项目进行封闭管理等），可进一步签订施工安全责任书，并对应设置施工单位违约应承担的责任；（4）应明确工人与学校无劳动关系，因施工单位或工人自身原因造成的本人或其他工人人身伤害事故，由施工单位承担全部赔偿责任，与学校无关；（5）应明确因施工单位或工人自身原因造成的学生、教职工、家长等人身伤害事故，由施工单位承担全部赔偿责任，与学校无关；（6）应对合同的变更、提前解除和终止，以及合同解除或终止时的施工单位配合义务（如清场）等作出相应明确规定；（7）在施工期间，学校还应有针对性地对本校学生进行安全教育，如施工范围、施工日期、采取的安全措施、安全注意事项等，增强学生安全防范意识等。

49. 校内体育设施对外开放，须谨防致人损害

典型案例

李某是某小学附近的居民，周末去该小学体育馆内踢毽子锻炼身体，由于体育馆内地面湿滑不慎滑倒在地，造成左胫骨腓骨远端骨骨折。经治疗，花去医疗等费用 11524.26 元。之后经有关部门鉴定，李某的伤构成十级伤残，后李某以学校室内体育场馆地面湿滑并且缺乏安全警示牌为由提起诉讼，要求学校赔偿原告医疗费。后法院经审理后判决，学校因未尽到管理义务及注意事项存在过错，对李某承担一定赔偿责任。①

法律风险分析与应对

1. “推动有条件的学校体育场馆设施在课后和节假日对本校师生和公众有序开放”是政策所向，但实践中需谨防伤害事故

鉴于“当前我国面临着体育场馆的教学属性和社会健身要求不相匹配，学校体育场馆设施的资源不足、使用效益不高与学校、社会需求之间的供求矛盾；面临着教学时间和社会开放时间冲突，

① 参见上海市教育委员会政策法规处编：《中小学校依法治校常见法律问题应对处置“校长手册”》，华东师范大学出版社 2018 年版，第 97 页。

服务运行的盈利性和公益性难以平衡及责任的认定难以区分等严峻形势”，[①]《国务院办公厅关于强化学校体育促进学生身心健康全面发展的意见》明确提出“推动有条件的学校体育场馆设施在课后和节假日对本校师生和公众有序开放”；《中共中央办公厅、国务院办公厅关于全面加强和改进新时代学校体育工作的意见》提出“完善学校和公共体育场馆开放互促共进机制，推进学校体育场馆向社会开放、公共体育场馆向学生免费或低收费开放，提高体育场馆开放程度和利用效率”；《全民健身条例》第二十八条也规定，“学校应当在课余时间和节假日向学生开放体育设施。公办学校应当积极创造条件向公众开放体育设施；国家鼓励民办学校向公众开放体育设施”。《未成年人学校保护规定》第三十一条第二款规定，学校应当完善管理制度，保障学生在课间、课后使用学校的体育运动场地、设施开展体育锻炼；在周末和节假日期间，按规定向学生和周边未成年人免费或者优惠开放。

但需要指出的是，学校体育场馆向社会开放，学校作为体育场馆的管理者，需尽到相应的安全保障义务，否则造成伤害事故的，很可能将依法承担侵权责任。首先，依据《公共文化体育设施条例》第二十五条，公共文化体育设施管理单位应当建立、健全安全管理制度，依法配备安全保护设施、人员，保证公共文化体育设施的完好，确保公众安全；公共体育设施内设置的专业性强、技术要求高的体育项目，应符合国家规定的安全服务技术要求。其次，依据《民法典》第一千一百九十八条，体育场馆等经营场所、公共场所的经营者、管理者或群众性活动的组织者，未

① 《教育部、国家体育总局关于推进学校体育场馆向社会开放的实施意见》。

尽到安全保障义务，造成他人损害的，应当承担侵权责任；因第三人的行为造成他人损害的，由第三人承担侵权责任；经营者、管理者或组织者未尽到安全保障义务的，承担相应的补充责任；经营者、管理者或组织者承担补充责任后，可以向第三人追偿。

结合有关司法实践，在学校体育场馆向社会开放的情境下，法院理解的学校应尽的安全保障义务要求是非常细的，比如有案例显示①，苏州市民马某在家附近一所大学的操场跑道上慢跑时，被正在跑道内侧红土区域踢足球的校外人员朱某撞伤，法院认为红土区域并非绿茵场地，不能作为足球场地使用，学校既未在醒目之处设置警示标志及警示用语，又未对朱某等人的不当行为加以纠正及制止，因而对事故的发生也存在过错，故其应承担20%的次要赔偿责任。因此，在有关配套政策尚不周全的情况下，学校体育场馆应在有条件的前提下有序开放，建立起一整套有效管理机制，其中最重要的就是解决安全和管理问题。

2. 学校体育场馆向社会开放引发的纠纷并不鲜见，学校应在严格落实有关开放办法的基础上有序开放

实践中，因学校体育场馆向社会开放而引发安全和管理问题纠纷且学校可能因未尽到安全保障义务而担责的情形主要有如下几种：（1）未协调周边社区和街道制定具体场馆开放的安保实施方案和突发事故紧急处置预案；（2）由于学校教学以外人员不足，假期不能依法配备安保人员，如无专人负责管理；（3）选购体育器材设施，未建立体育器材设施与场地安全台账制度；（4）未

---

① 参见《校外人员在校内锻炼被撞伤　学校担责两成》，载中国法院网，https://www.chinacourt.org/article/detail/2018/03/id/3245424.shtml，最后访问于2020年6月6日。

根据体育器材设施及场地的安全风险进行分类管理；（5）体育设备设施（包括消防设施、换衣间、淋浴房、储物柜等附属设备设施）因不达标、损坏、老化等出现故障未及时维修造成伤害；（6）学校体育场馆对外开放的安全管理制度未建立或不健全，如未制定体育场地、器材、设备的管理维修制度；（7）体育场馆存在安全隐患，如上述案例中的地面湿滑；（8）校外人员在学校体育场馆锻炼时，相互之间发生冲突，学校未依法及时制止导致不良结果加重；（9）校外人员损坏学校体育设备设施，学校未依法及时制止导致发生伤害事故；（10）校外人员未经允许进入教学区、生活区，学校未采取必要管理措施或未依法及时制止导致侵权；（11）学校体育场馆违规对校外人员收费；（12）学校对校外人员使用体育场馆未提供相应的服务提示、说明；（13）具有安全风险的体育器材设施，未设立明显警示标志和安全提示；（14）校外人员车辆违规进入校园或停放在校内造成损害；（15）对外开放的高损耗影响学生正常使用学校体育场馆等，其中大部分也同样适用于校内师生使用体育场馆的情形。

基于上述种种现实存在的实操困境，《教育部、国家体育总局关于推进学校体育场馆向社会开放的实施意见》在坚持“校内优先，安全为重”的基本原则下，作出了一系列的配套制度安排，具体包括：

（1）明确场馆开放学校的5项基本条件，包括“学校体育场馆有健全的安全管理规范，明确的责任区分办法和完善的安全风险防控条件、机制及应对突发情况的处置措施和能力”“学校体育场馆在满足本校师生日常体育活动需求的基础上，还应有向社会开放的容量和时间段”“学校体育场馆区域与学校教学区域相对独立或隔离，体育场馆开放不影响学校其他工作的正常进行”“学校体育场馆、设施和器材等安全可靠，符合国家安全、卫生和质量标准及相关要求”和“学校有相对稳定的体育场馆设施更新、维护和运转的经费，能定期对场馆、设施、器材进行检查和维护”。

（2）明确场馆开放时间。学校的体育场馆开放应该在教学时间与体育活动时间之外进行。在课余时间和节假日优先向学生开放，并在保证校园安全的前提下向社会开放，可实行定时定段与预约开放相结合。开放具体时段、时长由各地、各校根据实际情况予以明确规定。

（3）合理确定开放对象。学校体育场馆开放主要面向本校学生、学区内学生、学校周边社区居民和社会组织。根据体育场馆面积、适用范围和开放服务承受能力，合理确定开放对象范围和容量。

（4）确定开放场馆名录。学校室外场地设施，如操场、球场、田径场跑道等要先行开放，室内场馆设施开放由各校提出并报上级教育部门确定。对于高危险性体育项目场地，由县级政府根据当地实际制定开放名录。

（5）实施开放人群准入制度。场馆开放的具体实施部门可以根据情况，建立开放对象信息登记和发放准入证件制度，提出健康管理和安全使用场馆设施的基本要求，明确各方责任。可以要求开放对象持证入校健身，做好身份识别。

（6）明确开放的收费标准。学校体育场馆根据不同对象可采取免费、优惠或有偿开放方式，有偿开放不能以营利为目的。根据《全民健身条例》第二十八条第三款，学校可以根据维持设施运营的需要向使用体育设施的开放人群收取必要的费用，收费标准应经当地物价部门核准，并向社会公示。对青少年学生、老年人、残疾人等原则上实行免费。

（7）形成稳定的运营模式。学校要积极探索体育场馆开放的运营方式，建立适合当地需要的运营模式。鼓励学校开展以校管理为主的运营模式，探索建立通过政府购买服务、委托第三方专业组织运营的模式。①

另外，需要提醒的是，《全民健身条例》第二十八条第二款规定，县级人民政府对向公众开放体育设施的学校给予支持，为向公众开放体育设施的学校办理有关责任保险，故开放学校应争取支持购买专项责任保险，同时也可鼓励引导个人购买运动伤害类保险。学校探索委托第三方专业组织运营体育场馆模式的，应遴选资质齐全且具备相应专业能力、人员的组织，并与其签订委托运营协议，提前明确各方责任、权利和义务，同时做好相关衔接工作。

---

① 《国务院办公厅关于加强全民健身场地设施建设发展群众体育的意见》进一步提出，“挖掘学校体育场地设施开放潜力，在政策范围内采取必要激励机制，鼓励各地区委托专业机构集中运营本地区符合对外开放条件的学校体育场馆，促进学校体育场馆开放”。

50. 学校接受捐赠须合规，并与赠予方明确安全责任

典型案例

某知名公办小学收到某体育公司主动发出的口头体育赞助意向，由于该小学某体育项目曾获得数十枚世界大赛金牌，该公司提出愿意赞助该体育项目，并发来了品牌战略框架意向协议。后学校常年法律顾问律师团队在审查该协议时发现，该体育公司发来的协议实际并非其之前所称的赞助协议，而是由该小学校名品牌授权形象入股合作，该公司则有权使用该小学校名品牌形象资产进行产品开发、推广与运营；同时该小学需负责取得相关管理部门的授权许可，并以书面形式提交乙方，以规避相关政策等不可抗力风险；而且双方合作期限为20年，公司赞助总金额仅为5万元，无正当理由不得中途解约，否则该小学需赔偿该公司前期投入500万元等。显而易见的是，该协议涉嫌违规，且协议内容明显有利于该公司，校方法律风险较大。

法律风险分析与应对

1. 学校等公益性、非营利的事业单位接受捐赠的，应符合《公益事业捐赠法》等有关规定

《教育法》第六十条规定，国家鼓励境内、境外社会组织和个人捐资助学。我国中小学学生规模大、农村学校多、基础条件差，因此《公益事业捐赠法》第三条明确将非营利的教育事业列为公

益事业，《民办教育促进法》第三条进一步规定“民办教育事业属于公益性事业，是社会主义教育事业的组成部分”。在市场经济条件下，教育捐赠领域并非一片净土，依据《公益事业捐赠法》等有关规定，依法成立的从事公益事业的不以营利为目的的教育机构在接受捐赠时应当注意符合如下要求：

首先，在总的要求上：（1）捐赠应是自愿和无偿的，禁止强行摊派或变相摊派，不得以捐赠为名从事营利活动；（2）捐赠财产的使用应尊重捐赠人的意愿，符合公益目的，不得将捐赠财产挪作他用；（3）捐赠应遵守法律、法规，不得违背社会公德，不得损害公共利益和其他公民的合法权益。

其次，在捐赠和受赠上：（1）自然人、法人或非法人组织可选择符合其捐赠意愿的学校进行捐赠，但捐赠的财产应是其有权处分的合法财产。（2）捐赠人可与受赠人就捐赠财产的种类、质量、数量和用途等内容订立捐赠协议，捐赠人有权决定捐赠的数量、用途和方式。（3）捐赠人捐赠财产兴建公益事业工程项目，应与受赠人订立捐赠协议，对工程项目的资金、建设、管理和使用作出约定。（4）捐赠的公益事业工程项目竣工后，受赠单位应将工程建设、建设资金的使用和工程质量验收情况向捐赠人通报。（5）捐赠人对于捐赠的公益事业工程项目可留名纪念。捐赠人单独捐赠的工程项目或主要由捐赠人出资兴建的工程项目，可由捐赠人提出工程项目的名称，报县级以上政府批准。[①]（6）境外捐赠

① 依据《民办教育促进法实施条例》第五十三条，民办学校可以依法以捐赠者的姓名、名称命名学校的校舍或者其他教育教学设施、生活设施；捐赠者对民办学校发展做出特殊贡献的，实施高等学历教育以外的其他民办学校经省、自治区、直辖市人民政府教育行政部门或者人力资源社会保障行政部门按照国家规定的条件批准，可以以捐赠者的姓名或者名称作为学校校名。

人捐赠的财产，由受赠人按照国家有关规定办理入境手续。捐赠实行许可证管理的物品，由受赠人按照国家有关规定办理许可证申领手续，海关凭许可证验放、监管。华侨向境内捐赠的，县级以上政府侨务部门可协助办理有关入境手续，为捐赠人实施捐赠项目提供帮助。

再次，在捐赠财产的使用和管理上：（1）受赠人接受捐赠后，应向捐赠人出具合法、有效的收据，将受赠财产登记造册，妥善保管。（2）学校应将受赠财产用于发展本单位的公益事业，不得挪作他用。对于不易储存、运输和超过实际需要的受赠财产，受赠人可变卖，所取得的全部收入应用于捐赠目的。（3）受赠人与捐赠人订立了捐赠协议的，应按照协议约定的用途使用捐赠财产，不得擅自改变捐赠财产的用途。如果确需改变用途的，应征得捐赠人的同意。（4）受赠人应依照国家有关规定，建立健全财务会计制度和受赠财产的使用制度，加强对受赠财产的管理。（5）受赠人每年度应向政府有关部门报告受赠财产的使用、管理情况，接受监督。必要时，政府有关部门可以对其财务进行审计。（6）捐赠人有权向受赠人查询捐赠财产的使用、管理情况，并提出意见和建议。对于捐赠人的查询，受赠人应如实答复。（7）受赠人应公开接受捐赠的情况和受赠财产的使用、管理情况，接受社会监督。

最后，在法律责任上，受赠人未征得捐赠人的许可，擅自改变捐赠财产的性质、用途的，或者挪用、侵占或贪污捐赠款物的，或者受赠单位的工作人员滥用职权，玩忽职守，徇私舞弊，致使捐赠财产造成重大损失的等，都将受到相应的行政处罚或由所在单位依照有关规定予以处理；构成犯罪的，依法追究刑事责任。

2. 学校接受捐赠的常见法律风险梳理及防控

从实践来看，学校接受捐赠的常见法律风险主要包含以下四种情形：

第一，捐赠的工程、物品质量不符合国家或产品标准引发的安全风险。对此，《公益事业捐赠法》第十三条第二款规定“捐赠的公益事业工程项目由受赠单位按照国家有关规定办理项目审批手续，并组织施工或者由受赠人和捐赠人共同组织施工。工程质量应当符合国家质量标准”，《学生伤害事故处理办法》第九条规定，学校的校舍、场地、其他公共设施，以及学校提供给学生使用的学具、教育教学和生活设施、设备不符合国家规定的标准，或有明显不安全因素，造成学生伤害事故的，学校应依法承担相应的责任。

第二，以资助学生为名，套取学生银行账户及密码实施诈骗的风险。2019 年 1 月 28 日教育部官网发布的《学生寒假安全预警》强调，“特别要防范诈骗分子冒充教育部门、民政部门或者慈善机构人员，以‘资助贫困学生’为名，电话或短信联系学生或者学生家长，以捐助无法到账，需要核实身份证、银行卡等信息为由套取关键信息，实行诈骗”，因此学校在接受捐赠时也应注意相应风险。

第三，名为捐赠，实为从事营利性活动的风险。如上述案例所示，该体育公司口头提出赞助意向，发给学校的协议名称也为“赞助协议”，但其内容实际是要求该公办小学以校名品牌授权形象入股合作，显然不属于无偿捐赠；同时，双方合作期限为 20 年，公司赞助总金额仅为 5 万元，无正当理由不得中途解约，否则该小学需赔偿该公司前期投入 500 万元，双方权利、义务和责任明显不对等且风险极大，有给学校“挖坑”的嫌疑。

第四，以家长委员会名义通过“学校改造捐赠款”“赞助费”“捐资助教费”“共建费”等方式强制摊派，或捐赠活动的开展和买分、买学籍、择公办或重点学校等入学、升学、学生分班、调座位、选班干部、评奖、推优或考试等方面与捐赠人利益相关的行为挂钩[①]，或以捐赠之名进行变相乱收费等风险。比如，据报道[②]，雅安市天全县某中学召开家长会，家长委员会提出为资助辛苦的老师，号召家长捐款至少1200元，上不封顶，被家长们称为“感恩费”，学校则辩称为“奖教助学金”，系为缓解学校全面实施封闭管理所需经费的不足，后被当地教育局“叫停”，并经纪委介入调查，校长被停职。

综上，学校应区分情况，在接受捐赠前进行安全、合规审查，在签订捐赠协议时明确各方责任、权利、义务等，通过各种方式依法切实防控相关法律风险。

---

① 《民办教育促进法实施条例》第十条第二款规定，民办学校及其举办者不得以赞助费等名目向学生、学生家长收取或者变相收取与入学关联的费用。《未成年人学校保护规定》第十四条第二款规定，学校不得违反规定向学生收费，不得强制要求或者设置条件要求学生及家长捐款捐物、购买商品或者服务，或者要求家长提供物质帮助、需支付费用的服务等。

② 参见《家长被劝捐“感恩费”引热议》，载《山东教育》2018年第Z3期。

51. 学校、教师不得侵犯他人的知识产权

典型案例

据报道，2020 年 2 月 26 日，山东淄博一小学语文老师王某某在其个人微信公众号上发文称，2018 年 5 月第一次在微信里刷到“胡某某阅读单六十例”，发现其中一部分书目全是盗用自己的作品《中高年级共读共写指导书》。此外，胡某某照抄我国台湾地区作家林玫玲的《假如要有学习单》（2008 年幼狮文化事业公司出版）作为胡某某自己的作品《儿童阅读的导读智慧——学习单设计实例》（2015 年东北大学出版社出版）。当时，胡某某为深圳市龙岗区某小学副校长，曾获省、市等一系列荣誉。

3 月 6 日，龙岗区教育局在官网发布情况通报[①]，称经调查，该区某小学教师胡某某在其出版的书籍、儿童阅读工作室微信公众号的推文、主编的校本教材中等存在学术不端行为。根据相关法律法规，该局决定对胡某某作出如下处理：1. 责令其立即停止所有侵权行为。2. 撤销其某小学副校长职务，调离教学岗位。3. 撤销“龙岗区胡某某名师工作室”，撤销其龙岗区“先进教育工作

① 参见《情况通报》，载深圳市龙岗区教育局官网，http://www.lg.gov.cn/bmzz/jyj/xxgk/qt/tzgg/202003/t20200306_19042389.htm，最后访问于 2020 年 5 月 31 日。

者”“优秀校长”等荣誉称号。4. 责成所在学校在本学年度师德师风考核中将其定为“不合格”等次。对胡某某已获得其他相关荣誉称号，该局将积极配合相关部门和单位按相关规定处理。

法律风险分析与应对

1. 学校或老师侵犯他人知识产权的，均需承担相应的法律责任

首先，就学校层面而言，依据《著作权法》第二十四条，为学校课堂教学或者科学研究，翻译、改编、汇编、播放或者少量复制已经发表的作品，供教学或者科研人员使用，可以不经著作权人许可，不向其支付报酬，但应当指明作者姓名或者名称、作品名称，并且不得影响该作品的正常使用，也不得不合理地损害著作权人的合法权益，且不得出版发行。比如，某学校未经著作权人许可，以商业经营为目的，以公开销售的方式复制发行试题，其使用作品的方式已超出了课堂教学合理使用的范围，构成侵犯著作权，理应承担相应的法律责任，故二审法院判决该学校应赔偿著作权人经济损失 2430773.2 元及合理诉讼支出 2.2 万元。[①] 与之相类似，教案也是受《著作权法》保护的作品[②]，学校和老师开发教案时也应注意知识产权的合规。当然，反过来说，学校也应加强自身的知识产权保护和运用意识，对学校的校徽、教案乃至发明、外观设计等智力成果依法申请注册保护。

其次，就教师层面而言，以往对教师“抄袭”的关注主要表现在高校领域，因此教育部在 2016 年制定了《高等学校预防与处

---

① 参见北京市高级人民法院（2003）高民终字第 1392 号二审民事判决书。

② 参见重庆市第一中级人民法院（2005）渝一中民初字第 603 号一审民事判决书。

理学术不端行为办法》，但从实践来看，中小学领域的教师“学术不端”问题同样需要重视。例如，2016 年某省某中学教师参加正高职称评审，提交的 61 篇“公开发表”论文中有 48 篇载于假杂志，因此受到行政警告、5 年内不得再申报正高职称等处分；[①]同时，一稿多投、重复发表等现象在中小学教师中也有所发生；除此之外，论著撰写过程中的抄袭、剽窃、虚假挂名、买卖论文、代写代发论文等也不乏其人。

导致中小学教师出现知识产权侵权行为的影响因素与大学领域有相似性，更多地出现在那些本身科学研究素养不足，难以取得高质量研究成果，同时又希望获得学术、经济等利益的人群当中，具体原因主要包括：[②]（1）有的教师将科研作为谋求职称晋升、学术地位、经济收入等个人利益的手段，难免会出现功利心理和投机心理，从而不顾法律与规章制度，铤而走险；（2）有的教师由于缺乏必要的法律认识，不清楚“合理使用”他人知识作品的行为边界，无意之间侵犯了他人的合法权益；（3）有些教师没有将学术道德与规范视为学术活动本身应该遵循的基本原则，行为自由度过大，难免有意或无意间出现学术不端行为；（4）有的教师本身没有形成遵守学术规范的行为习惯，从而更容易受到功利心理和投机心理的驱使而游走在侵权的边缘。

对此，必须指出的是，学校是知识生产和技术创新的重要场所，教师则是其中最活跃的主体性因素，在知识创新与应用过程

① 参见李瑛：《教师教育科研学术不端行为的防范策略》，载《基础教育研究》2018 年第 11 期。

② 参见张国强：《高校教师知识产权侵权行为与预防策略研究》，载《河北大学学报（哲学社会科学版）》2018 年第 6 期。

中，学校、教师势必都需要借鉴和参考他人的知识成果，移动互联网时代的到来也让知识传播更加便利，行为稍有偏差就可能导致学术不端或侵害到他人知识产权。一方面，党的十九大报告提出的“倡导创新文化，强化知识产权创造、保护、运用”已成为社会共识，且 2016 年起安徽等个别省（区）已在全国率先开展中小学正高职称评审教育科研成果代表作文字相似性检测，同行网络举报更是易如反掌；另一方面，《关于深化中小学教师职称制度改革的指导意见》提出的“中小学教师专业技术水平评价标准……注重师德素养，注重教育教学工作业绩，注重教育教学方法，注重教育教学一线实践经历，切实改变过分强调论文、学历的倾向”正在实践中纵深推进。在这种大背景下，学校和老师都应端正和强化知识产权保护意识，不断加强学术自律，通过提升自身科学研究水平实现发展，否则一旦侵犯他人知识产权，就很可能承担相应的法律责任，如侵权赔偿、纪律处理等。特别值得一提的是，《民法典》第一千一百八十五条规定，故意侵害他人知识产权，情节严重的，被侵权人有权请求相应的惩罚性赔偿。

2. 未成年学生的智力成果和荣誉权同样受法律保护①

学校和老师对学生知识产权的尊重和保护也需重视，《未成年人保护法》第六十一条规定，经未成年人的父母或者其他监护人同意，未成年人参与演出、节目制作等活动，活动组织方应当根据国家有关规定，保障未成年人合法权益。依据《未成年人学校保护规定》第十五条，学校以发布、汇编、出版等方式使用学生

---

① 同理，对于教师取得的教学成果，包括职务作品和委托作品等，学校也应依法尊重和保护。

作品的，应当取得学生及其家长许可，并依法保护学生的权利。以著作权为例，《著作权法》第二条规定，中国公民、法人或非法人组织的作品，不论是否发表，依照该法享有著作权，该法第五十二条则进一步列举了著作权侵权行为的具体表现。例如，语文老师为出版小学生作文写作技巧的书，在未经家长和学生同意的情况下，就引用学生平时写的作文作为分析评论对象，便可能构成“未经著作权人许可，发表其作品的”侵权行为。又如，随着我国经济社会各方面的快速发展，生活条件日益改善，中小学生的创意创造能力增强，一些中小学生创作的书法、美术等作品已达到较高的艺术水准，生活中不排除有些老师在学生及家长不知情的情况下，通过篡改作品名称等方式将之收录到个人的出版作品中，也有可能构成“剽窃他人作品的”侵权行为等。一旦教师侵犯学生著作权，依据《著作权法》第五十二条的规定，根据具体情况，可能将承担停止侵害、消除影响、赔礼道歉、赔偿损失等民事责任，同时也可能面临纪律处理等，显然是得不偿失的，值得广大教师警惕。学校尤其要注重组织教师知识产权法律知识学习、培训，准确把握“合理使用”的界限，以免在无意中构成侵权。

52. 学校和教师应依法依规与商业活动隔离

典型案例

在2018年4月市教育局出台《马鞍山市严禁在职中小学教师有偿补课的若干规定》文件后，马鞍山市某中学教师王某仍然在家开展有偿补课，顶风违纪、影响恶劣。鉴于王某积极配合调查，认错态度较好，花山区教育局和学校责令王某立即停止有偿补课行为、全额清退违规所得，给予警告处分，扣发当年奖励性绩效工资，当年年度考核评定为不合格。花山区教育局取消王某花山区第二届名班主任工作室主持人资格，市教育局撤销王某第五届市级骨干教师、2017年度市优秀教师称号。鉴于王某为中共党员，花山区教育局党工委根据有关规定报花山区纪委按照《中国共产党纪律处分条例》给予处理。[①]

① 参见《马鞍山4名教师有偿补课被实名通报》，载人民网，http：//ah.people.com.cn/GB/n2/2018/0530/c358428-31645841.html，最后访问于2020年6月1日。

法律风险分析与应对

1.“不得组织、参与有偿补课，或为校外培训机构和他人介绍生源、提供相关信息”是新时代中小学教师职业行为十项准则的内容之一

过去一段时期，受市场经济条件下“功利化”思潮的负面影响，中小学领域一些在职教师在课堂上故意不完成教育教学任务、课上不讲课后到培训机构讲并收取补课费，以及打击报复不参与有偿补课学生等严重违纪、败坏师德的行为时有发生，增加学生学业负担，成为人民群众反映强烈的教育行风问题。为此，教育部于2015年印发《严禁中小学校和在职中小学教师有偿补课的规定》，明确严禁“中小学校组织、要求学生参加有偿补课”“中小学校与校外培训机构联合进行有偿补课”“中小学校为校外培训机构有偿补课提供教育教学设施或学生信息”“在职中小学教师组织、推荐和诱导学生参加校内外有偿补课”“在职中小学教师参加校外培训机构或由其他教师、家长、家长委员会等组织的有偿补课”和“在职中小学教师为校外培训机构和他人介绍生源、提供相关信息”①六类行为。

《国务院办公厅关于规范校外培训机构发展的意见》也明确要求“校外培训机构……不得聘用中小学在职教师”“中小学校不得举办或参与举办校外培训机构”（实践中包含投资、参股、委托、提供场地或设施、派遣师资等多种违规形式）、“禁止中小学校与

① 比如，山西省运城市某中学王某某老师，因曾在暑假期间违规向家长提供校外辅导机构电话等，被学校给予留校察看一年处分并取消其评优资格。参见《运城市东康中学一教师违规向家长提供校外辅导机构电话被处分》，载新浪网，http://k.sina.com.cn/article_2769582141_a514783d00100sywk.html，最后访问于2021年1月3日。

校外培训机构联合招生”和“禁止将校外培训机构培训结果与中小学校招生入学挂钩”等。同时，《中小学教师违反职业道德行为处理办法》明确将“组织、参与有偿补课，或为校外培训机构和他人介绍生源、提供相关信息”列为应予处理的教师违反职业道德行为，并将适用对象从《严禁中小学校和在职中小学教师有偿补课的规定》中的“在职中小学教师”扩展为“普通中小学、中等职业学校（含技工学校）、特殊教育机构、少年宫以及地方教研室、电化教育等机构的教师”（包括民办学校教师），同时在第三条、第十二条分别详细规定了违规教师和学校应承担的各种责任。

需要特别提醒的是，教育部在《严禁中小学校和在职中小学教师有偿补课的规定》的通知中强调，扎实有序开展有偿补课专项治理活动，把治理有偿补课纳入督导检查的重点内容，将在职教师是否组织或参与有偿补课作为年度考核、职务评审、岗位聘用、实施奖惩的重要依据，实行一票否决制，并对监管不力、问题频发、社会反响强烈的学校和地方，严格追究其主要负责人的责任等，官方对此“零容忍”的态度可见一斑。

另外，结合有关实践来看，教师“组织、参与有偿补课，或为校外培训机构和他人介绍生源、提供相关信息”的违规行为，往往还会与中小学教师“违反教学纪律，敷衍教学，或擅自从事影响教育教学本职工作的兼职兼薪”的违规行为有所纠缠，也需要广大教师注意防控，学校也可综合考虑组织开展教师“廉洁从教从业”等相关书面承诺活动。

2. 严禁商业广告、商业活动和有害 APP 进入中小学校和幼儿园，学校依法不得从事经营活动或组织营利活动

与教师违规有偿补课的情况类似，商业广告、商业活动进入中小学校和幼儿园的问题也须警惕。比如地方教育部门已对相关单位和人员进行严肃查处和问责的“某小学开展‘交通安全进校园’活动时，现场工作人员发放了印有商业广告的小黄帽和红领巾”“某小学为表彰优秀学生发放了印有某眼科广告字样的奖状或含有服装广告的学生综合素质报告书”和“某影城工作人员，在校（园）领导同意的情况下，进入某小学、某幼儿园进行了商业赠票和宣传”事件等。[①]

对此，《教育部办公厅关于严禁商业广告、商业活动进入中小学校和幼儿园的紧急通知》和《教育部办公厅关于近期几起商业广告进校园事件有关情况的通报》等明确要求：（1）教育部门要建立各类“进校园”活动备案审核制度，对活动内容、具体方案、举办单位和参加人员等进行严格把关；（2）对于各类进入校园或组织中小学生、在园幼儿参加的活动，由县级及以上教育部门进行审批，实行备案管理；（3）凡未经批准的活动，一律禁止进入校园或组织中小学生、在园幼儿参加；（4）对于经审批进入校园或组织中小学生、在园幼儿参加的活动，县级及以上教育部门要明确责任人负责全程监管，一经发现与审批备案情况不符，或存在发布或变相发布商业广告的行为，要立即采取措施予以制止，并第一时间报告县级及以上教育部门；（5）教育部门要健全日常监管制度，切实减少与学校教书育人无关的各类活动，经批准同意进入校园的各类教育活动，必须坚持公益性原则，不得干扰学校正常的教育教学秩序，不得给学校和师生增加额外负担；（6）学校要坚决抵制各类利用中小学生和幼儿的教材、教辅材料、练习册、文具、教具、校服、校车

① 参见《教育部办公厅关于严禁商业广告、商业活动进入中小学校和幼儿园的紧急通知》和《教育部办公厅关于近期几起商业广告进校园事件有关情况的通报》。

等发布或变相发布广告，将红领巾及其名义用于商标、商业广告以及商业活动或夹带商业活动等。

对于近些年来十分火爆的 APP 进校园问题，《教育部办公厅关于严禁有害 APP 进入中小学校园的通知》也明确规定了类似要求，尤其是要建立学习类 APP 进校园备案审查制度，按照“凡进必审”“谁选用谁负责”“谁主管谁负责”的原则建立“双审查”责任制，学校首先要把好选用关，严格审查 APP 的内容及链接、应用功能等，并报上级教育主管部门备案审查同意；坚决杜绝包含色情暴力、网络游戏、商业广告等内容及链接，或利用抄作业、搞题海、公布成绩排名等应试教育手段增加学生课业负担等有害 APP 侵蚀校园；凡未经备案审查的学习类 APP 一律禁止在校园内使用，不得在课外统一组织或要求、推荐学生使用未经备案审查的学习类 APP 等。

此外，廉洁从教从业是教师职业道德和依法办学、执教的基本要求，因此需要提醒注意的是：（1）依据《未成年人保护法》第三十八条、第五十三条、第六十一条、第七十四条第三款规定，学校、幼儿园不得安排未成年人参加商业性活动，不得向未成年人及其父母或者其他监护人推销或者要求其购买指定的商品和服务，[①]学校、幼儿园不得与校外培训机构合作为未成年人提供有偿课程辅导，任何组织或者个人不得在学校、幼儿园播放、张贴或者散发商业广告，不得利用校服、教材等发布或者变相发布商业

① 比如，根据乐清市教育局 2021 年 8 月 27 日情况通报，因该市雁某某旅游学校擅自允许某通讯公司营销人员进入校园，预存话费送带有屏蔽游戏和不良信息功能的手机给学生，故决定给予该校校长倪某某免职处理，并通报全市教育系统，手机全部收回并全额返还话费。参见《情况通报》，载微信公众号“乐清教育发布”，2021 年 8 月 27 日。

广告，不得组织未成年人进行危害其身心健康的表演等活动；以未成年人为服务对象的在线教育网络产品和服务，不得插入网络游戏链接，不得推送广告等与教学无关的信息；（2）《义务教育法》第二十五条规定，学校不得违反国家规定收取费用，不得以向学生推销或变相推销商品、服务（如图书报刊、教辅材料、社会保险）等方式谋取利益，第五十六条设置了对应罚则；（3）《民法典》第三百九十九条、第六百八十三条分别规定，学校、幼儿园等为公益目的成立的非营利法人（如公办学校、非营利的民办学校，下同）的教育设施不得抵押，以公益为目的的非营利法人、非法人组织不得为保证人；（4）《中小学幼儿园安全管理办法》第三十三条规定学校“不得组织学生参加商业性活动”，第三十四条规定“学校不得将场地出租给他人从事易燃、易爆、有毒、有害等危险品的生产、经营活动；学校不得出租校园内场地停放校外机动车辆；不得利用学校用地建设对社会开放的停车场”；（5）《中小学校财务制度》第八条第二款规定“义务教育阶段学校按照国家有关规定不得从事经营活动”；（6）《幼儿园工作规程》第四十七条第三款规定幼儿园“不得以营利为目的组织幼儿表演、竞赛等活动”，《幼儿园教师违反职业道德行为处理办法》第四条将“组织幼儿参加以营利为目的的表演、竞赛活动”列为应予处理的教师违反职业道德行为；（7）依据《教育部等十一部门关于推进中小学生研学旅行的意见》，研学旅行不得开展以营利为目的的经营性创收[①]；

① 公办学校在职在编教师还可能涉及《事业单位工作人员处分暂行规定》第十八条规定的“有违反国家规定，从事、参与营利性活动或者兼任职务领取报酬行为的，给予警告或者记过处分；情节较重的，给予降低岗位等级或者撤职处分；情节严重的，给予开除处分”的问题。

（8）依据《民办教育促进法实施条例》第七条和第四十五条，实施义务教育的公办学校不得举办或者参与举办民办学校，也不得转为民办学校，其他公办学校不得举办或者参与举办营利性民办学校，公办学校举办或者参与举办非营利性民办学校，不得以管理费等方式取得或者变相取得办学收益，实施义务教育的民办学校不得与利益关联方进行交易。比如，2020年5月，江苏省宿迁市沭阳县某学校教师耿某在上课时间带领学生为娱乐明星应援，并录制视频在网上传播，造成不良影响，耿某被处以停职检查处理，教育局对学校校长进行诫勉谈话。①

---

① 参见《宿迁沭阳翰林学校老师带领学生应援明星被教育部曝光》，载人民网，http://js.people.com.cn/n2/2020/1207/c360307-34460496.html，最后访问于2021年1月3日。

53. 学校面临仲裁或诉讼案件时，应依法、及时、主动应对

典型案例

案例 1：学校不举证和缺席庭审，承担巨额不利后果

申请人阳某某以某初中为被申请人，向某区劳动人事争议仲裁委申请仲裁，仲裁请求为要求某初中支付经济补偿金和加班费共约人民币 18 万元。但经仲裁委依法送达应诉、开庭通知，该初中无正当理由拒不到庭，缺席庭审，也没有提交任何证据材料和答辩资料。故仲裁委依法对被申请人作出缺席裁决，并根据申请人提供的证据认定双方存在劳动关系；基本支持了申请人的经济补偿金请求；对加班费，因被申请人没有提供反驳证据，仲裁委对申请人主张的加班时间均予以采信，明确由被申请人承担举证不能的不利后果，也基本支持了申请人的加班费请求，且该裁决为终局裁决。

案例 2：学校正确应诉，可有效止损、化解矛盾和减少风险

申请人黄某某以某中学为被申请人，向某区劳动人事争议仲裁委申请仲裁，仲裁请求为要求某中学支付一次性伤残补助金、一次性伤残就业补助金、一次性工伤医疗补助金、交通费、工资、经济赔偿金和高温补贴共约人民币 19 万元。学校委托了常年法律

顾问律师代理，经律师指导举证和参加庭审质证、答辩，最终在仲裁委主持下调解结案，学校仅需支付人民币5万元，比法律规定的数额还要低许多，不仅迅速化解了矛盾，而且有效降低了学校的损失，更减少了引起员工不当效仿的风险。

法律风险分析与应对

1.“打官司就是打证据”，当学校面临仲裁或诉讼案件时，应依法及时、合理、充分举证

实践中，有部分学校或老师一方面出于对仲裁或诉讼程序的陌生，不愿参加仲裁或诉讼庭审；另一方面源于对仲裁或诉讼程序的轻视，认为事实一清二楚，仲裁委或法院自然会公正裁判，难免会在学校遇到仲裁或诉讼案件时，存在一定的忽视情绪，突出表现之一就是不重视举证。必须指出的是，首先，从常理来讲，在学校不举证的情况下，仲裁员或法官客观上只能“偏听偏信”，真实的情况很难被发现；其次，仲裁员或法官必须基于事实、证据和法律法规进行裁判，庭审之中证据为王，因此为提高仲裁或诉讼解决争议的效率和基于公平公正原则等，法律本身就对举证责任进行了分配，并明确了举证时限要求，举证不能自然就要承担相应的不利后果，通常也就是上述案例1中的“败诉”。

具体来说，以民事诉讼为例：第一，依据《民事诉讼法》第六十四条和《最高人民法院关于适用〈中华人民共和国民事诉讼法〉的解释》第九十条、第九十一条等，原则上学校对自己提出的诉讼请求所依据的事实或反驳对方诉讼请求所依据的事实，应提供证据加以证明；学校主张法律关系存在的，应对产生该法律关系的基本事实承担举证证明责任，学校主张法律关系变更、消灭或权利受到妨害的，应对该法律关系变更、消灭或权利受到妨害的基本事实承担举证证明责任；在作出判决前，学校未能提供证据或证据不足以证明其事实主张的，则由负有举证证明责任的学校承担不利的后果。[①]这同时也要求学校和老师在日常教学、管理中，要牢固树立“保留证据、维护现场”的存证意识[②]，否则就难免“证到用时方恨无”了。

第二，《民事诉讼法》第六十五条、《最高人民法院关于适用〈中华人民共和国民事诉讼法〉的解释》第九十九条、第一百条等还对举证期限和申请延期举证作出了明确规定，司法实践中法院一般均会在送达应诉通知书、举证通知书等案件材料中一并告知举证期限[③]，如未明确告知，建议学校尽快与法院主动沟通（法院传票上一般都附有经办法官或书记员的联系电话），确定具体的举证期限，并视情况申请延期举证。

第三，依据《民事诉讼法》第六十八条和《最高人民法院关于适用〈中华人民共和国民事诉讼法〉的解释》第一百零三条、第一百零四条等，证据应在法庭上出示，并由当事人相互质证，

---

① 此外，《最高人民法院关于适用〈中华人民共和国民事诉讼法〉的解释》第一百零二条规定：“……当事人非因故意或者重大过失逾期提供的证据，人民法院应当采纳，并对当事人予以训诫。当事人一方要求另一方赔偿因逾期提供证据致使其增加的交通、住宿、就餐、误工、证人出庭作证等必要费用的，人民法院可予支持。”

② 如《中小学幼儿园安全防范工作规范（试行）》第十五条规定，学校视频监控保存时间应不少于30天。

③ 《最高人民法院关于民事诉讼证据的若干规定》第五十一条规定：“举证期限可以由当事人协商，并经人民法院准许。人民法院指定举证期限的，适用第一审普通程序审理的案件不得少于十五日，当事人提供新的证据的第二审案件不得少于十日。适用简易程序审理的案件不得超过十五日，小额诉讼案件的举证期限一般不得超过七日……”

未经当事人质证的证据，不得作为认定案件事实的根据。[①]故对于对方当事人提交的证据，学校应围绕证据的真实性、合法性以及与待证事实的关联性进行质证，并针对证据有无证明力和证明力大小进行说明和辩论，提前准备质证意见，争取让法院不予采纳或采信对方当事人提交的证据。

此外，《民事诉讼法》《最高人民法院关于适用〈中华人民共和国民事诉讼法〉的解释》和《最高人民法院关于民事诉讼证据的若干规定》等还对证据种类、自认、申请法院调查收集证据、申请证据保全、证据份数、原件核对、中文译本等作出了规定，实践中法院对电子邮件等证据一般还会要求进行公证等，学校可以根据应诉实际需要灵活运用。

2. 仲裁或诉讼案件的裁判具有亲历性，真理“不辩不明、越辩越明”，学校应高度重视并积极参与仲裁或诉讼庭审

《民事诉讼法》第十二条规定，“人民法院审理民事案件时，当事人有权进行辩论”；第一百二十五条规定，“人民法院应当在立案之日起五日内将起诉状副本发送被告，被告应当在收到之日起十五日内提出答辩状”和“被告不提出答辩状的，不影响人民法院审理”；第一百四十四条规定，“被告经传票传唤，无正当理由拒不到庭的，或者未经法庭许可中途退庭的，可以缺席判决”。《最高人民法院关于民事诉讼证据的若干规定》第四十九条也规定：“被告应当在答辩期届满前提出书面答辩，阐明其对原告诉讼

① 值得注意的是，《未成年人保护法》第一百一十条规定，人民法院开庭审理涉及未成年人案件，未成年被害人、证人一般不出庭作证；必须出庭的，应当采取保护其隐私的技术手段和心理干预等保护措施。

请求及所依据的事实和理由的意见。”

基于上述规定，当学校遇到仲裁或诉讼案件时，要对司法活动的专业性予以重视并确定全程跟进的出庭人员，按时出庭且提出答辩意见；如学校拒不出庭，或不提出答辩意见，事实上就是学校自行放弃了法律赋予的抗辩权，“败诉”的风险无疑将大增。具体而言，学校可委托工作人员出庭应诉，如案件涉及的法律关系复杂，或金额比较大，或社会影响广泛，或对方当事人有聘请律师等学校认为难以自行应诉的情形。诉讼、仲裁毕竟是专业性很强的活动，非法律专业人士未受过专门训练，不具备娴熟的诉讼、仲裁技能，不一定能充分维护学校、教师的合法权益，故也可考虑委托《民事诉讼法》第五十八条等规定的法律专业人士出庭应诉，须提交的学校相关主体资料和授权、委托代理人身份资料可与法院或仲裁委事先沟通；答辩意见应基于正确的诉讼策略，遵循“以事实为根据，以法律为准绳”的原则，通过清晰地梳理有关事实和证据，指明举证责任和对方当事人举证不能的法律后果，辅之以明确的法律依据，严密论证己方观点。

实践中，随着全面依法治国深入推进和民众法治意识不断增强，学校除可能遭遇仲裁或诉讼案件外，还不乏遭遇行政复议、行政处罚和社保、住房公积金查处等情形，故此也建议学校参照上述应对思路慎重对待，如上述案例 2 所示，力争充分保障学校的合法权益。

54. 学校可探索建立健全学校治理社会化创新工作机制

典型案例

2018年9月1日上午，时任最高人民检察院党组书记、检察长张军接过北京市第二中学校长钮小桦颁发的聘书，成为该中学法治副校长。随后，张军为全校学生讲授首次法治课，主题为“学法懂法用法，做社会主义法治的崇尚者、遵守者、捍卫者”，希望通过这堂法治课在学生心里播下法治的“种子”。法治课接近尾声，张军检察长与同学们展开“亲密互动”。“学法律相关专业的学生是最初就会确认自己的职业发展方向吗？”“作为青少年，有哪些维护我们合法权益的方式？”同学们频频提问，张军检察长耐心地答疑解惑，课堂气氛再次被推向高潮。[①]

① 参见《张军检察长为北京市第二中学学生讲授首次法治课》，载最高人民检察院官网，http://www.spp.gov.cn/spp/zhibo/zjjsscfzk/index.shtml，最后访问于2020年6月24日。

法律风险分析与应对

中共十九大报告提出“打造共建共治共享的社会治理格局”，要求“提高社会治理社会化……水平”，中共十九届四中全会更是吹响了“坚持和完善中国特色社会主义制度、推进国家治理体系和治理能力现代化”的号角，这对推进学校治理现代化同样有重要而积极的指导意义。《预防未成年人犯罪法》第二十一条规定，教育行政部门鼓励和支持学校聘请社会工作者长期或者定期进驻学校，协助开展道德教育、法治教育、生命教育和心理健康教育，参与预防和处理学生欺凌等行为。[①] 为协助学校更好履行对学生的教育、管理和保护职责，促进全面依法治教、全面依法办学和全面依法执教的深度融合发展，结合各地有关实践，囿于篇幅，建议学校可从如下五方面探索建立健全学校治理社会化的创新工作机制，[②] 抛砖引玉供参考：

① 比如，《中小学教育惩戒规则（试行）》第十三条第二款规定，学校可以根据实际和需要，建立学生教育保护辅导工作机制，由学校分管负责人、德育工作机构负责人、教师以及法治副校长（辅导员）、法律以及心理、社会工作等方面的专业人员组成辅导小组，对有需要的学生进行专门的心理辅导、行为矫治。

② 依据《未成年人保护法》第四十二条、第八十二条，全社会应当树立关心、爱护未成年人的良好风尚；国家鼓励、支持和引导人民团体、企业事业单位、社会组织以及其他组织和个人，开展有利于未成年人健康成长的社会活动和服务；各级人民政府鼓励和支持有关人民团体、企业事业单位、社会组织开展家庭教育指导服务。

第一，探索建立卫生健康副校长制度。[1]实践中，由于教师并非医疗专业人士，目前中小学校、幼儿园卫生室（医务室、保健室）的设置实际上并不能完全满足未成年学生卫生、健康教育的客观需要，尤其是在学生在校期间突发疾病或受伤，家长因对医院选择、治疗方案等不满，不配合采取适当救助措施的情况下，学校和老师都缺乏足够的专业说服力，同时也不利于学校对学生伤害事故的后续调解。基于此，学校可参考广东省教育厅、省卫健委、省红十字会签订《广东省医校卫生应急协作备忘录》[2]的做法，与当地医疗机构、红十字会机构等建立和完善医校协作的长效工作机制（必要时可通过上级教育部门进行统一协调），由医疗机构向对接的中小学校选派并兼职卫生健康副校长，负责统筹、指导医校协作工作，全面开展师生应急救护知识宣教和自救互救技能培训；学校的医务室还可增设卫生应急救护站，学校与对接的医院共同制订校医进修计划，医院接收学校医务室人员进行业务培训或进修学习，急救专家定期或不定期到学校，举办相关讲座，提高学校医务人员的业务素质，并不断增强学校和师生防范、化解安

① 《未成年人保护法》第九十条规定，各级人民政府及其有关部门应当对未成年人进行卫生保健和营养指导，提供卫生保健服务；卫生健康部门应当依法对未成年人的疫苗预防接种进行规范，防治未成年人常见病、多发病，加强传染病防治和监督管理，做好伤害预防和干预，指导和监督学校、幼儿园、婴幼儿照护服务机构开展卫生保健工作；卫生健康部门应当做好未成年人心理治疗、心理危机干预以及精神障碍早期识别和诊断治疗等工作。《预防未成年人犯罪法》第十九条规定，学校可以根据实际情况与专业心理健康机构合作，建立心理健康筛查和早期干预机制，预防和解决学生心理、行为异常问题。

② 参见《全省学校将有卫生健康副校长》，载广东省政府官网，http：//www.gd.gov.cn/zwgk/zcjd/snzcsd/content/post_2386004.html，最后访问于 2020 年 6 月 24 日。

全风险等能力等。同理，学校也可进一步与当地疾病预防控制机构参照建立学校传染病防控的长效工作机制；学校还可以心理辅导室为平台，充分利用校外教育资源开展学生心理健康教育。[①]

第二，完善兼职法治副校长和法治辅导员制度。《中共中央关于全面推进依法治国若干重大问题的决定》提出“在中小学设立法治知识课程”，为进一步加强青少年学生法治教育，推进青少年学生法治教育工作科学化、制度化、规范化建设，《预防未成年人犯罪法》第十八条规定，学校应当聘任从事法治教育的专职或者兼职教师，并可以从司法和执法机关、法学教育和法律服务机构等单位聘请法治副校长、校外法治辅导员。依据《教育部等四部门关于加强青少年学生法制教育工作的若干意见》，在中小学推行兼职法治副校长制度，从政法机关选派政治觉悟高、有责任感、业务精、宣讲能力强的政法干部到所在辖区中小学校兼任法治副校长，协助学校开展法治教育和校园周边治安综合治理工作，并加强对法治副校长的培训和必要的考核，努力提高业务素质。同时，依据《教育部等五部门关于进一步加强青少年学生法制教育的若干意见》，学校可借“加强法律志愿者、专业社工队伍建设”的东风，充分发挥本地高等学校法律院系教师和大学生、离退休法律工作者等专业人员的专长，为学校法治教育服务。

第三，建立健全法律顾问制度。为适应加快建设社会主义法治国家要求，发挥法治在学校管理中的重要作用，提高学校治理

① 《未成年人学校保护规定》第三十二条规定，学校应当建立学生心理健康教育管理制度，建立学生心理健康问题的早期发现和及时干预机制，按照规定配备专职或者兼职心理健康教育教师、建设心理辅导室，或者通过购买专业社工服务等多种方式为学生提供专业化、个性化的指导和服务。

法治化、科学化水平，维护学校、教师、学生各方合法权益，中共中央办公厅、国务院办公厅印发《加快推进教育现代化实施方案（2018—2022年）》明确将“全面推进依法治教，加快完善教育法律制度体系，加快推进教育行政执法体制机制改革，建立健全教育系统法律顾问制度，加强学校法治工作，广泛深入开展青少年法治教育”列为推进教育现代化四个方面的保障措施之一。

第四，探索建立学校安全风险防控专业服务机制。[①]针对学校安全工作还存在相关制度不完善、不配套，预防风险、处理事故的机制不健全、意识和能力不强等问题，依据《国务院办公厅关于加强中小学幼儿园安全风险防控体系建设的意见》，有条件或有需要的学校（必要时可通过上级教育部门进行统一采购），可积极培育为学校提供安全风险防控服务的专业化社会组织，采取志愿服务、购买服务等方式，鼓励、引导和支持具备相应专业能力的机构、组织，研发、提供学校安全风险预防、安全教育相关的服务或产品，协助制定、审核学校安全风险防控预案和相关标准，组织、指导学校有针对性地开展专项安全演练、预防和转移安全风险等工作。

第五，建立多元化的伤害事故风险分担机制。为有效解决目前实践中存在的学校承担过重安全责任的问题，依据《国务院办公厅关于加强中小学幼儿园安全风险防控体系建设的意见》，有条

① 《未成年人保护法》第九十九条还规定，地方人民政府应当培育、引导和规范有关社会组织、社会工作者参与未成年人保护工作，开展家庭教育指导服务，为未成年人的心理辅导、康复救助、监护及收养评估等提供专业服务；第一百一十六条进一步规定，国家鼓励和支持社会组织、社会工作者参与涉及未成年人案件中未成年人的心理干预、法律援助、社会调查、社会观护、教育矫治、社区矫正等工作。

件的学校可积极探索与学生利益密切相关的食品安全、校外实习、体育运动伤害等领域的学校责任保险，充分发挥保险在转移、化解学校安全风险方面的功能作用；同时，可大力增强师生和家长的保险意识，引导家长根据自愿原则参加学生意外伤害保险，与学校责任险构成双重保护，分担学生在学校期间因意外而发生的风险；并可通过教育部门统筹学校以财政拨款、社会捐赠等形式设立校园伤害赔偿准备金，鼓励各种社会组织设立学校安全风险基金或学生救助基金，健全学生意外伤害救助机制。

附录　教育相关法律法规、政策文件

一、法律

1.《中华人民共和国教育法》

2.《中华人民共和国教师法》

3.《中华人民共和国义务教育法》

4.《中华人民共和国职业教育法》

5.《中华人民共和国国防教育法》

6.《中华人民共和国民办教育促进法》

7.《中华人民共和国家庭教育促进法》

8.《中华人民共和国未成年人保护法》

9.《中华人民共和国预防未成年人犯罪法》

二、行政法规

10.《教师资格条例》

11.《教学成果奖励条例》

12.《学校卫生工作条例》

13.《学校体育工作条例》

14.《校车安全管理条例》

15.《全国中小学勤工俭学暂行工作条例》

16.《幼儿园管理条例》

17.《残疾人教育条例》

18.《中华人民共和国民办教育促进法实施条例》
19.《中华人民共和国中外合作办学条例》
20.《教育督导条例》

三、部门规章

21.《〈教师资格条例〉实施办法》
22.《未成年人学校保护规定》
23.《小学管理规程》
24.《幼儿园工作规程》
25.《特殊教育学校暂行规程》
26.《技工学校工作条例》
27.《少年儿童体育学校管理办法》
28.《中小学教育惩戒规则（试行）》
29.《学生伤害事故处理办法》
30.《实施教育行政许可若干规定》
31.《教育行政处罚暂行实施办法》
32.《教育系统内部审计工作规定》
33.《中小学幼儿园安全管理办法》
34.《学校食品安全与营养健康管理规定》
35.《托儿所幼儿园卫生保健管理办法》
36.《中华人民共和国中外合作办学条例实施办法》
37.《学校招收和培养国际学生管理办法》
38.《中小学校长培训规定》
39.《中小学教师继续教育规定》

四、规范性文件

40.《教师和教育工作者奖励规定》

41.《义务教育学校管理标准》

42.《少年儿童校外教育机构工作规程》

43.《中等职业学校管理规程》

44.《中小学幼儿园安全防范工作规范（试行）》

45.《学校卫生监督工作规范》

46.《中小学生健康体检管理办法》

47.《学校和托幼机构传染病疫情报告工作规范（试行）》

48.《农村义务教育学校食堂管理暂行办法》

49.《学校体育运动风险防控暂行办法》

50.《学生军事训练工作规定》

51.《中小学实验室规程》

52.《中、小学校实验室工作的规定》

53.《职业学校学生实习管理规定》

54.《民办学校分类登记实施细则》

55.《营利性民办学校监督管理实施细则》

56.《教育收费公示制度》

57.《中小学校财务制度》

58.《普通高级中学收费管理暂行办法》

59.《中等职业学校收费管理暂行办法》

60.《中小学校领导人员管理暂行办法》

61.《中小学班主任工作规定》

62.《中小学生学籍管理办法》

63.《严禁中小学校和在职中小学教师有偿补课的规定》

64.《中小学教师违反职业道德行为处理办法》

65.《幼儿园教师违反职业道德行为处理办法》

66.《教育重大突发事件专项督导暂行办法》

67.《教育信访工作规定》

五、政策性文件

68.《中共中央、国务院关于学前教育深化改革规范发展的若干意见》

69.《中共中央、国务院关于深化教育教学改革全面提高义务教育质量的意见》

70.《中共中央、国务院关于全面加强新时代大中小学劳动教育的意见》

71.《中共中央办公厅、国务院办公厅关于全面加强和改进新时代学校体育工作的意见》

72.《中共中央、国务院关于全面深化新时代教师队伍建设改革的意见》

73.《中共中央办公厅、国务院办公厅关于进一步减轻义务教育阶段学生作业负担和校外培训负担的意见》

74.《国务院关于加快发展现代职业教育的决定》

75.《国务院关于鼓励社会力量兴办教育促进民办教育健康发展的若干意见》

76.《国务院办公厅关于加强中小学幼儿园安全风险防控体系建设的意见》

77.《国务院办公厅关于强化学校体育促进学生身心健康全面发展的意见》

78.《国务院办公厅转发教育部等部门关于建立中小学校舍安全

保障长效机制意见的通知》

79.《国务院办公厅转发教育部等四部门关于进一步加强学校体育工作若干意见的通知》

80.《国务院办公厅、中央军委办公厅转发教育部等三部门关于在普通高等学校和高级中学开展学生军事训练工作意见的通知》

81.《国家教育委员会关于〈中华人民共和国教师法〉若干问题的实施意见》

82.《最高人民法院等四部门关于依法惩治性侵害未成年人犯罪的意见》

83.《最高人民检察院等九部门关于建立侵害未成年人案件强制报告制度的意见（试行）》

84.《教育部等九部门关于防治中小学生欺凌和暴力的指导意见》

85.《教育部等十一部门加强中小学生欺凌综合治理方案》

86.《教育部等十一部门关于推进中小学生研学旅行的意见》

87.《教育部等八部门关于进一步激发中小学办学活力的若干意见》

88.《教育部等八部门关于加快和扩大新时代教育对外开放的意见》

89.《人力资源和社会保障部、教育部关于深化中小学教师职称制度改革的指导意见》

90.《教育部等六部门关于加强新时代乡村教师队伍建设的意见》

91.《教育部关于加强残疾儿童少年义务教育阶段随班就读工作的指导意见》

92.《教育部办公厅关于严禁商业广告、商业活动进入中小学校和幼儿园的紧急通知》

93.《教育部办公厅关于严禁有害 APP 进入中小学校园的通知》

94.《教育部办公厅关于做好中小学生课后服务工作的指导意见》

后记

什么是面向未来的教育？

本书的写作，事实上源于笔者多年来经历和思索所得的两点自我反思：其一是新中国成立特别是改革开放以降，我国经济社会等各方面建设总体上均取得了举世瞩目的巨大成就，“我们比历史上任何时期都更接近中华民族伟大复兴的目标”，[①] 这背后显然离不开中国特色社会主义教育制度的突出贡献，但当我们将目光投向近一段时期以来（甚至包括当下）的自媒体和知识界的时候，就会发现其中充斥着对我国教育制度的无端否定，而这种否定尽管许多经不起认真推敲，却也不乏一时喧闹的群氓现象。笔者作为法律工作者，时常在想，从法治的角度，我们该如何运用法治思维和法治方式，去为中国特色社会主义教育制度的优越性正名，乃至于引导和塑造普罗大众的教育自信，更好地服务于实现中国梦的宏伟目标？其二是笔者今日的职业选择和人生选择，其实都实实在在地建立在受我国从学前教育到高等教育这一完整学段培养的结果，是母校和恩师们精心培育出来的，因此正如自序中所述，当我们有幸在学校与教育法律服务领域有了比较丰富的实务经验之后，便不由自主地在心底反复问自己：于保障学校、教师

① 习近平：《在纪念孙中山先生诞辰150周年大会上的讲话》（2016年11月11日）。

和学生、家长的合法权益方面，什么是我们的专业贡献?

正因如此，我们衷心地期待，当学校和老师们读到这本书时，除了能在学校与教育领域的法律知识和法治思维方面有所获益以外，更能感受到我们这样一份不泯的初心，共建面向未来的教育，那必将是我们此次拙作付梓的最大成就。与此同时，我们也清楚地知道，囿于笔者自身知识、经验等主客观条件的限制，本书的缺漏甚至谬误是在所难免的，故我们真诚地期望，广大读者，尤其是各位校长、老师不吝惠赐教益，让我们得以像从前在校园里一样，再次沐受知识和思想的洗礼。

从写作分工的角度，本书由蒋利提出构想和初步的目录，由蒋利、陈小英共同商定目录和初步统稿，蒋利负责最终统稿、定稿，七易其稿，前后历时约一年半。其中，第6、10、11、13、21、36、37、44、45、46、47篇由陈小英执笔，第4、53篇由蒋利、陈小英共同执笔，其余均由蒋利执笔。

最后，特别感谢陈岸涛、张永华两位教授的大力支持，以及在本书撰写过程中，在文献占有、法律检索、案例选编、修改完善等方面予以参与和支持的刘雅菲、孟令君等伙伴和同事们。在本书出版过程中，中国法制出版社编辑王佩琳女士也给予了全程的专业指导，我们对此感铭于心。

未来已来，教育是触及灵魂的高贵事业，诸君雅正为荷，是为跋。

蒋利

2021年8月于广州

图书在版编目(CIP)数据

校园法律风险防控教师手册 / 蒋利，陈小英著 .— 北京：中国法制出版社，2021.11（2025.8 重印）

ISBN 978-7-5216-2029-0

Ⅰ. ①校… Ⅱ. ①蒋… ②陈… Ⅲ. ①学校管理—法律—中国—手册 Ⅳ. ① D922.165.4

中国版本图书馆 CIP 数据核字（2021）第 225565 号

责任编辑：王佩琳 (wangpeilin@zgfzs.com)　　封面设计：李　宁

校园法律风险防控教师手册

XIAOYUAN FALÜ FENGXIAN FANGKONG JIAOSHI SHOUCE

著者 / 蒋　利　陈小英

经销 / 新华书店

印刷 / 北京虎彩文化传播有限公司

开本 / 880 毫米 ×1230 毫米　32 开　　印张 / 10.5　字数 / 235 千

版次 / 2021 年 11 月第 1 版　　2025 年 8 月第 2 次印刷

中国法制出版社出版

书号 ISBN 978-7-5216-2029-0　　定价：39.80 元

北京市西城区西便门西里甲 16 号西便门办公区

邮政编码：100053　　传真：010-63141852

网址：http://www.zgfzs.com　　**编辑部电话：010-63141801**

市场营销部电话：010-63141612　　**印务部电话：010-63141606**

（如有印装质量问题，请与本社印务部联系。）